模型理论 3
——破译趋势基因

孙国生 著

山西出版传媒集团
山西人民出版社

图书在版编目（CIP）数据

模型理论. 3, 破译趋势基因 / 孙国生著. -- 太原：山西人民出版社, 2018.5
ISBN 978-7-203-10046-1

Ⅰ. ①模… Ⅱ. ①孙… Ⅲ. ①股票投资－经济模型－经济理论 Ⅳ. ①F830.91

中国版本图书馆CIP数据核字(2017)第166117号

模型理论3：破译趋势基因

著　　者：孙国生
责任编辑：孙宇欣
复　　审：贺　权
终　　审：员荣亮

出　版　者：山西出版传媒集团·山西人民出版社
地　　址：太原市建设南路21号
邮　　编：030012
发行营销：0351-4922220　4955996　4956039　4922127（传真）
天猫官网：http://sxrmcbs.tmall.com　电话：0351-4922159
E-mail：sxskcb@163.com　发行部
　　　　sxskcb@126.com　总编室
网　　址：www.sxskcb.com

经　销　者：山西出版传媒集团·山西人民出版社
承　印　厂：三河市祥达印刷包装有限公司

开　　本：710mm×1000mm　1/16
印　　张：15.5
字　　数：242千字
印　　数：1—5000册
版　　次：2018年5月第1版
印　　次：2018年5月第1次印刷
书　　号：ISBN 978-7-203-10046-1
定　　价：198.00元

如有印装质量问题请与本社联系调换

推荐序 1

戴若·顾比

> 戴若·顾比是国际著名的金融技术分析专家，经常做客CNBC，被誉为"图表先生"。他是《股票交易》《趋势交易》《股市投资36计》的作者。他开发的几种领先的技术分析指标被世界各地很多市场的投资者广泛应用。

The series of books "Model Theory" mentions the important differences between numbers and patterns. It suggests that Western thinking is more concerned with numbers and Eastern thinking is more concerned with patterns. I am a western trader but my trading decisions are based on patterns of behaviour. This is the great truth of the market. The market data and information is made up from numbers, but these numbers capture the psychological behaviour of the participants in the market. The market is not really made of numbers, it is made of people. The numbers are just a record of behaviour. Understanding how the people behave is the key task for investors and traders in the financial markets.

However, numbers in the form of algorithms can be used to track and understand the behaviour of groups of individuals. This is now an essential part of the modern model theory of the market. We hear of the terms Big Data in the common marketplace, but Big Data has been the foundation of financial market technical and chart analysis for centuries. The early candlestick charts created by Japanese rice traders capture the extremes of human emotions

and behaviour in the price activity. They looked at the aggregate of market behaviour – the Big Data – and used this to understand the behaviour of the market participants. Understanding this behaviour is the first step towards understanding the potential future behaviour of market participants.

Modern thinking has advanced our understanding of this market and economic model. The series of books "Model Theory" looks at this in interesting detail. It surveys the achievements of other economic model masters from Karl Marx and Adam Smith to Keynes. This series of books comes at an interesting time because following the Global Financial Crisis in 2008 the operation of the financial markets has changed. There is a desperate need for a new understanding and development of new models to better understand and explain the new market behaviour. The behaviour has been complicated by the growth of derivative trading instruments so the connection between the individual and the market is distorted. The structure of satisfying supply and demand has changed. We need to develop new models to understand this new market condition. This series of books is an important step in developing this understanding.

"模型理论"系列丛书讲到了数和形两者间的重要区别，它谈到西方的思维更关注数，而东方的思维更关注形。而作为一个西方交易者，我的交易决策却都是建立在交易行为的形态基础之上——形态是市场的实质。市场数据和信息是由数所构成的，但是这些数字反映的是市场参与者的心理行为。市场真的不是由数字构成的，而是由人构成的，数字只不过是行为的记录而已。对于金融市场中的投资者和交易者来说，关键是要理解人的行为。

然而数字运算可以用来追踪和理解群体的行为，这是当前市场模型理论的基本组成部分。我们都听过应用于大众市场的"大数据"这个词，但是几个世纪以来，大数据已然成为金融市场技术分析和图表分析的基础了。早期由日本米商所创设的K线图捕捉的是人类情感在价格活动中的极值和行为。他们观察市场行为的综合表现（大数据）并以此来了解市场参与者的行为，而这正是理解市场参与者潜在的未来行为的第一步。

现代思维扩展了我们对市场和经济模型的理解，"模型理论"系列丛书对此作了生动的描述，该书把卡尔·马克思、亚当·斯密到凯恩斯这些经济模型大师的成果进行了调查和汇总。因为在经历了2008年的全球金融危机之后，金融市场的操作已然发生了改变，所以这套书问世的时间很令人关注，此时亟须一种对新模型的理解和发展，以更好地理解和解释新的市场行为，随着衍生交易工具的发展，市场行为也日趋复杂，所以个体和市场之间的关联被扭曲了。满足供求关系的结果也发生了变化。我们需要发展新的模型来理解这个新的市场状况。这套书在这方面迈出了重要的一步。

推荐序 2

杰瑞米·杜·普莱西斯

> 杰瑞米·杜·普莱西斯,《点数图指南》的作者。

I first met Mr. Sun in June 2016 at the Bogu International Investment Forum he was hosting. I soon realized that he is a respected master of stock market forecasting with a huge following across China and beyond. He has trained thousands from well-known institutions and universities in the art of market analysis. Using the techniques explained in this book, he has predicted the turning points in the Shanghai Composite index with precision.

The theory in this book was found for the first time on China's Stock Market, so is important for all who trade and invest in the market. It's about Mr. Sun's Model Theory. As I started to read, I became more and more intrigued by the concept. I am a technical analyst, so I believe in the power of charts, but Model Theory has opened my eyes because it uses mathematical formulas and logical rules to make forecasts.

Whereas most theories are either quantitative or qualitative, Model Theory makes its forecasts using both quantitative analysis of historical data based on mathematical formulas, as well as qualitative analysis based on patterns. It is what Mr. Sun calls the prediction of time and space. There is no vagueness in the Model Theory, it predicts highs and lows with mathematical precision.

But I am being simplistic about this groundbreaking subject. The only way you are going learn more and profit from Model Theory is to turn the page and start reading this fascinating book. You won't regret it.

我第一次见到孙先生是在 2016 年 6 月，在他举办的博股国际投资论坛现场。我很快意识到，他是一位受人尊敬的股市预测派大师，在中国甚至海外有着数量庞大的追随者。他在知名机构以及大学里给上万人培训过市场分析的艺术，同时他用这本书中阐述的技术知识，精准预测了上证指数的转折点。

这本书中所阐述的关于中国股市的理论，我还是第一次看到，所以模型理论对那些在市场中交易和投资的人们来说是意义重大的。当我刚开始阅读孙先生的《模型理论》时，对他书中概念的兴趣不断加深。我是技术分析者，所以我相信图表的力量，但是《模型理论》开拓了我的视野，原因在于它是使用数学公式和逻辑规则进行预测的。

现有的大多数理论是定量或者定性的，而《模型理论》做出的所有预测，既有对基于数学公式的历史数据做定量分析，也有基于图形形态的定性分析——孙先生称之为时空预测。《模型理论》中没有含糊其词的表述，有的都是高低点的精准测算。

但我只是简单描述了这个开创性的课题。如果你想了解更多，或者想从《模型理论》中获利，唯一的途径就是翻开它，开始阅读这本很棒的书。选它，你不会后悔。

推荐序 3

拉瑞·威廉姆斯

> 拉瑞·威廉姆斯是威廉指标（W&R）的创始人，也是当今美国著名的期货交易员、作家、专栏编辑和资产管理经纪人。他曾获得罗宾斯杯期货交易冠军赛的总冠军——在不到十二个月的时间里使1万美金变成了110万美金。拉瑞·威廉姆斯就职于美国国家期货协会理事会，并曾在蒙大拿州两次竞选国会议员。在过去的25年里，他是始终被公众追随的优秀投资顾问之一，曾多次被《巴伦斯》《华尔街日报》《福布斯》《财富》专访。著有《未来的繁荣时光》《短线交易秘诀》等书籍。

Here's a book with a new and unique slant on how to become a successful trader. My friend Mr. Sun will open your mind to new thoughts, cement old ones and help you become a better trader. Some books we just skim through; this one you want is to be read.

这本书以全新而独特的视角，告诉你如何成为一名成功的交易者，我的好友孙先生将使你开拓思维，展开新思想，巩固旧知识，帮助你成为更优秀的交易者。有些书涉猎即可，而此书将让你百看不厌。

别着急！先看序，再学习

孙国生

当您即将阅读本书的时候，我强烈建议您先看完了我的序再开始，否则就像系扣子，一开始就错了，而你还坚持到最后才发现。实际上读一本书更是这样，不要在好奇心的驱使下"鲸吞"这本书，看完才发现不是你的菜，鞋不合脚。鞋合不合脚需要知道鞋的结构和尺码，人和人之间的区别往往是认知的不同，人们虽然喜新厌故、喜慧厌拙，但对于未知的事物还是过于草率，根据经验和主观判断做出评价。我衷心希望此书能让你清俗肠，醒倦眼。为了高效率地阅读，先弄懂这几个问题：模型理论是什么，不是什么？模型理论能学什么，不学什么？模型理论该用什么，不用什么？

模型理论是什么，不是什么？

七年前我开始萌发写模型理论的想法，当时是苦于阅读股票书的困惑。本人虽不至嗜书如命，也是日不绝书，坚信人的智慧大都来自前人的积累，没有人是完全的独创，悟者比我多读两本书而已。在这种心理作用下，我大量阅读中外投资经典，从开始的如饮神浆聆天乐，到最后的如吃残食嚼白蜡，要么复杂到没有用，要么简单到不管用，要么大讲投资心灵鸡汤，要么全篇理念冗长，实战百困，时常抱影衔思，忽忽不知所属。最后一总结，道理全懂，方法不通。

对于一个世界观恒定的人来说，方法论是泥泞路上的踏脚石，汪洋海中的多面帆，虽遇变幻而总能过关。在这样的背景下，我决定将

模型理论

破译趋势基因

股市多年来的方法论摘其优、汇成集，写一些法外法、声外声、韵外韵，而这些方法里我优选的是预测方面的知识，我认为所有人的所有决策都来自对事物本身的预测，褒贬喜好、弃取存留，无不如此。投资失败不在于看不懂股市的变幻无常，而是在无常发生时，错误决策，当然更多的时候是不决策，导致不能跟踪趋势发展。错误决策和不决策都是源于对未来预测的失误，所以我把预测放在首位。我认为股市投资逻辑是分析→预测→决策→交易，因此模型理论是在投资者已经具备技术分析轮廓基础上学习的。当然，预测比分析难得多，分析是对历史的总结，预测是对未来的判断，总结自然要比判断简单一些。

综上所述，可以回答模型理论是什么、不是什么了。

模型理论是什么？

模型理论是时空预测的方法集，是数形分析的逻辑式，是量化交易的基础库。

模型理论不是什么？

模型理论不是分析工具，不是奇技淫巧，不是传统技术。

模型理论能学什么，不学什么？

在模型理论上一次出版后，反馈的评价不一。有的人觉得作者顾盼伟然，技冠群书；有的人觉得微于缕黍，空洞玄虚；有的人阅后认为是丽典新声，采知获秘；有的人阅后顿感獭祭诗书充著作；有的人学后雷转霆鞠，神鹰掣鞴；有的人学后兔起鹘落，仰天笑而冠缨绝……为什么会出现这样的悬殊呢？我觉得这就是读者没有知其然，所以更不知其所以然的结果。读书不求解，如暬食不肥体。阅读不能改善交易行为，那就是尝鲜式阅读，猎奇过后反生悔意。其实，读书如品茶，一次不为佳，往往在两三泡时，才能体会茗香通窍。书籍，尤其是方法类的书籍，更是如此，一读蠲愁，再读释疑，三读去疾，没有这么三次品读，恐难得其精要。

模型理论是系列书籍，每一册研究的深度不同、方向不同。第一册重点讲解了台阶模型、独立波模型和四段五点模型，它们都属于空间模型，让我们知道结构背后的价格，价格背后的规律，规律背后的模型，它们一直像一只无形的手，左右着市场的走势。为了增加可读性，渲染精确率，有些案例十分完美，接近于神奇，大盘一个点不差，个股一分钱无缺，但实际过程中并非每只如此、每次如此。简单的方法都有其局限性，不可能放之四海而皆准，凡是书籍都会找典型，抓样板。你在书籍中能看到的是官渡之战、淝水之战等精彩的以少胜多案例，而大量的以多胜少则不会被作为经典口口相传，因为这是常识。股市的预测也是这样，不要因为几次的精确而震撼，也不要因为偶尔的失误而抓狂，因为接受股市就是接受不完美，股市是科学与艺术的结合，既有必然性，也有偶然性。

综上所述，可以回答模型理论能学什么、不能学什么了。

模型理论能学什么？

模型理论能学结构规律的公式，逻辑推理的过程，反复运算的验证。

模型理论不能学什么？

模型理论不能学不差分毫的顶底，屡战屡胜的交易，未卜先知的箴言。

模型理论该用什么，不该用什么？

我遇见过一些投资者学习了模型理论后，就变成了大仙，总喜欢在人前卖弄自己的预测，总是鼓吹某次某时、某底某顶都精确地预测到了，听起来似乎每次他都能抄底卖顶，但实际上把精力都用到了预测上，自己操作得一塌糊涂；还有一些投资者用模型理论的方法做过几次漂亮的波段，就觉得天下无敌，不管趋势的方向，博取得不偿失的微利，实难称为智者。就在前几日，一位老者告诉我，只要有百分之三的波动他都会操作，还说今年都赚了3倍了，我听后说了一句话："你比我强，你这样能持续吗？"

我不希望读者学完模型理论后变得更贪婪，更不自知。模型理论是追求理性的交易，你学模型愈久愈理性，不在疯狂时欢喜，不在绝望时沮丧。要随着对模型理论的深入了解，多方求证，学积而备于前，智浚而行于捷，也就是提前准备，行动迅捷，没有提前准备就不能防患于未然，没有行动迅捷就是空学误己。

综上所述，可以回答模型理论该用什么、不该用什么了。

模型理论该用什么？

模型理论该用公式而计算，该用计算而验证，该用验证而交易。

模型理论不该用什么？

模型理论不该用来当大仙，不该用来反趋势，不该用来博微利。

最后的最后

世间之法有先易后难和先难后易，重点不是开始而是结果，先易后难的结果往往是越来越难，先难后易的结果是越来越易。模型理论就属于先难后易的方法，喜欢模型者多为重视结果者，艰难的开始，曲折的过程，都是为了美好的结果。世间没有万能药、千灵丹，只有百宝箱，一把钥匙开一把锁，一个方法解一处难，只有把百宝箱都备满了，才能应付各种跌宕起伏。模型理论不仅仅是操作模型，更多的是预测模型，当大家去学习这些预测方法的时候，一定要知道预测的三个规律，第一，预测难免失误，你必须接受这一点，预测没有那么简单，否则你就不会一直学习了，股票市场是受多重因素影响的，所以预测失误也总是会发生；第二，不是精准而是接近，预测之前可以精准，但是市场验证的时候，接近就可以了，没有人能准确无误地预测每一次涨跌，预测是推断市场的各种可能性的方法，所有的抉择都是一种预测；第三，指数预测会比个股预测要可靠一些，在股票市场个股走势更容易被操纵，而指数相对而言更稳定，无论采取哪一种预测方法，指数预测的可靠性要大于个股预测的可靠性。所谓的预测都是基于大量的数据统计和客观走势规律来的，都是一种概率游戏，随着科技的进步，这种概率也会提升，也就是"大数据"的概念，所谓的智能也不过是基于某个模型的预测，我们应该秉持着好奇和质疑的态度，不断将其完善，而不是迷信和守旧。

模型理论是系列书籍（现已写到第六册），每一册都有不同的市场模型，深度也是逐步加强，需要读者对各种方法灵活运用，在此过程中遇到问题，可以发邮件到模型理论解疑邮箱（moxinglilun@163.com），也可以在模型理论公众号上留言。当然，您也可以买一套相关的软件，这样可以省去大量计算的时间。详情可登录中国弘历集团官网了解（http://www.hl1998.com）。让我们以此为开端，探索股市的奥秘，见证模型的神奇。

最后，本书的完成要感谢我的同事孙彬，大部分手稿是由他整理编辑的；要感谢我的爱人蔡静女士，是她不断地鼓励才让我挤出时间来写书；最后的最后，要感谢所有的"模迷"们，是你们的追捧才让模型理论一版再版，谢谢你们的支持！

2017 年 2 月 27 日于北京

更多精彩内容,请关注模型理论微信公众号

序

太阳总是东升西落，草木总是春华秋实，万事万物都有规律，对于大多数事物而言，从它诞生起，规律就会一直伴随它直到消亡。

利用星辰的运动规律来预测未来的方法古已有之，而掌握这种方法的人，在东方被称为方士或者术士；在西方被称为占星师。事实上，东西方历史上很多时代都是有类似"钦天监[1]"的部门的，专门负责研究星辰运动的规律。通俗地讲，钦天监就是中国古代国家天文台，承担观察天象、颁布历法的重任。

地球的自转和公转形成了日和年的循环，自古以来，人们用地球的自转和公转来计算时间（日晷的发明和应用就是典型的例子），形成了时间单位这一概念。进而以7日为一周，以30日为一月，逐渐形成了时间周期的概念，周期形成之后，很多事物的运动或者人的行为都会依照周期循环发生，这样规律就形成了。

比如我们总是周一至周五工作，周末休息，即使你的工作规律并不是这样，也会受到这条规律的影响。很多人每逢周末会不自觉地放松，减慢生活节奏，即使这一天对他来说是工作日。大家都遵循这种规律，就会形成一种社会环境，这种环境会加深你所受到的影响，最终使大多数人都按照规律生活和工作。例如每逢周一至周五，北京的某些道路总会堵车，而周末则不会。每逢比较重要的节假日，各个城市的人流量就会增大等等。这些规律说来简单，但作用却不小，知道了这些规律，你周--之前就知道会堵车，过节之前就知道人流会增大，这就是预测。俗

---

[1]：钦天监是古代制定历法、推算节气、观察天象的官署。

模型理论 ③ 破译趋势基因

话说：秀才不出门，便知天下事。掌握了规律，很轻易地就能预测未来会发生什么。而类似这样的规律广泛存在于世界上的每一件事物中，股市也不例外，就像道氏理论中说的那样，历史会不断重演。但是，相比于知道历史会重演，更重要的是要知道历史何时会重演，你能相信股价循环的规律居然会与星体的运行息息相关么？

在本书中，笔者会为大家重点介绍股市中周期循环的规律，以及如何使用这些规律来对股价未来的走势做出预测。

通过对股市的研究，我们可以发现，股价会随着周期的运行而循环往复，但周期循环的规律却不是千篇一律，短期预测有短周期循环的规律，长期预测有长周期循环的规律，不同的周期有不同的规律，这些规律是股市诞生之初，乃至股市诞生以前就已经形成了的，这些规律就是获利的捷径，就是股市中最大的秘密。

发现规律之后，如何应用这些规律也是一门学问，不同的规律需要有不同的应用方法，这些方法各有优劣，甚至同一规律不同的应用方法，也会有不同的效果，不同的方法适用于不同的情况。当然，一旦读者熟练掌握了这些，获利将并不复杂，甚至可以说是轻易，这就是时间周期循环的魅力，这就是预测的魅力。

本书中，笔者将为你展现它的魅力，揭开它所隐藏的一切奥秘，如果你真的学懂了书中的知识，那么，预测对你来说将不再是难题。

愚昧者成为历史，先知者成就未来。

笔者一直很认同的一句古话就是：书中自有黄金屋。 你认为呢？

目　录

第一卷　固定轮廓周期
——大周期循环规律 / 1

第一章　股市周期概述——一场经济危机"催生了股市周期" / 5

第一节　1929 年美国经济危机与股市周期研究 / 6

第二节　经济周期运行的基本原理 / 8

第二章　股市轮廓周期——时间是市场万能的主宰 / 13

第一节　年线周期循环密码 / 14

第二节　周线周期循环密码 / 24

第三章　24 周期循环——经典的循环周期 / 37

第一节　24 周期循环密码 / 38

第二节　24 周期循环在其他时间范围上的应用 / 57

第三节　邻近时空的相似性 / 64

第二卷　巧合背后的秘密
——小周期循环规律 / 69

第四章　场内次序和场外次序——两种不同的循环方式 / 71

第一节　一个巧合 / 72

第二节　神奇4日循环 / 74

第三节　场内次序和场外次序的概念 / 77

第四节　场内循环和场外循环的规律 / 79

第五节　场内次序和场外次序的交汇点 / 84

第五章　市场次序实战应用——安全交易 / 89

第一节　安全交易日的操作方法 / 90

第二节　安全交易日的实战应用 / 93

第三卷　你不知道的另类神秘趋势线
——如何把握大趋势 / 97

第六章　趋势穿越线——股市中的杠杆原理 / 99

第一节　趋势穿越线的神奇功用 / 100

第二节　穿越线的实战案例 / 101

第七章　扩散三角形——趋势线与终结线组成的三角形 / 105

第一节　波浪终结者——波浪终结线 / 106

第二节　波浪终结线实战案例 / 108

第八章　收敛时空线——扩散三角形的时空双重预测 / 117

第一节　收敛时空线的预测原理 / 118

第二节　收敛时空线的预测实战 / 120

第九章　趋势的三段跟踪法——150年的交易秘诀 / 125

第一节　再涉分形 / 126

第二节　五段跟踪法 / 129

第三节　五段跟踪法实战 / 137

第四卷　趋势的潜藏基因
——微趋势密码 / 143

第十章　微趋势 ——预知趋势反转的利器 / 145

第一节　为什么要研究微趋势？ / 146

第二节　为什么要做短线交易？ / 150

第三节　利润和风险应当如何平衡？ / 152

第四节　短线交易的核心理念 / 154

第十一章　微趋势密码 ——根据微趋势进行系统交易 / 159

第一节　趋势反转的节奏——三三节奏预测顶底 / 160

第二节　微趋势跟踪与 5 日分形 / 166

第三节　微趋势基础与跟踪 / 177

第十二章　微趋势实战案例解析—— 一次实践胜过千年空谈 / 195

第一节　微趋势在年线上的应用 / 196

第二节　微趋势在半年线上的应用 / 201

第三节　微趋势在季线上的应用 / 204

第四节　微趋势在月线上的应用 / 208

第五节　微趋势在日线和周线上的应用 / 212

结束语 /219

后　记——阅读是一种智慧 / 221

不进行研究的投资,就像打扑克从不看牌一样,必然失败。

——彼得·林奇

第一卷　固定轮廓周期
——大周期循环规律

破译趋势基因

炒股的目的是什么？

为什么学习技术分析？

技术分析的核心是什么？

有没有一劳永逸的方法？

要用多长时间才能做到精通？

这些问题都是投资者在入市之初会经常问的问题，这些问题看似简单，但是如果搞不明白，就不可能对股市有一个清醒的认识。而一旦明白了这些最基本的问题，就意味着投资者知道了应该用什么样的理念和模式来炒股。因为这些都是股市中的轮廓，是作为投资者首先要了解的。懂得股市中的轮廓之后还要勤加学习和研究，做到如琢如磨，才能一步一步在成功的道路上越走越远。下面笔者将一一地回答上述问题。

Question one：炒股的目的是什么？

答：理财。有的人说：不就是赚钱嘛。这个回答不能说是错，但是太过片面。简单地理解，炒股是为了赚钱；但实际上，炒股是一种理财。理财涉及个人资产的打理，理财与资金的多少没关系，而是一种观念和分配。简单来说，炒股对有些人来说是赌博，是赔是赚全看运气；对有些人来说是投资，只要有方法，平稳获利很容易，而其中的区别就是投资者是否具有理财的观念。理财也是一种投资，比如：国家爆发大范围的传染病，此时医药公司的业绩会有提升，我们无法短时间内去实际投资医药公司，但是我们可以买它的股票，而当疫情结束以后我们就选择离场了，这个过程其实就是一个短期投资过程，这也是炒股所特有的方式。

Question two：为什么炒股要学习技术分析呢？

笔者的回答是"简单实用"。首先是简单，大多数选择技术分析的投资者，都是因为技术分析比基本面分析简单才开始学习的，但是在学习的过程中就会发现技术分析没有想象的那么简单，在这一点上技术分析就像太极拳一样，入门容易，精通很难。但与之相比，基本面分析不但很难还需要大量的数据和时间，据笔者所知，在国内有渠道获得大量准确数据并且有足够的时间投入股市中的投资者凤毛麟角，技术分析是多数人的选择。

Question three：技术分析的核心是什么？

答：量价时空，这短短的四个字，想要研究明白，却需要花费投资者几年甚至几十年的时间。其实它们之间是逐渐递进的关系，大多数投资者对于股市的研究往往因量价简单实用、易学易用而止于量价，因时空晦涩难懂、高深莫测而缺于时空。据笔者所见，大多数投资者不了解时空，要么因为太难学不会，要么因为不知道从哪里开始学。

总有股民向笔者抱怨说技术分析不灵，其实股市是量价时空四大要素的契合，投资者对股市的研究如果仅止于量价而不涉及时空，就像一台精密的仪器里面有一半的硬件处于瘫痪状态，能启动已经很厉害了，还指望它能发挥全部的功能么？所以投资者应该随着炒股时间的增长，加强对时空的了解和研究。

Question four：有没有一劳永逸的方法？

答：没有。股市中永远都是少数人赚多数人的钱，在零和游戏的本质下，股市不会自己产生钱，而上市公司的分红派息又少得可怜，所以只有不断地成为少数人才能一直获利。而随着某一个方法的普及，知道的人越来越多，少数人自然成了多数人，方法也就随之失效或错误频出了。但是这不代表股市的基本规律会改变，比如说趋势和周期，这些是不会变的，因为它们是市场的轮廓。

破译趋势基因

Question five：学习技术分析要用多长时间才能做到精通？

笔者认为：一个牛熊轮回。在股市中最少要经历一个牛熊市的轮回，才能做到对技术分析的精通，因为就算你天资聪明，勤奋好学，几乎涉猎技术分析的所有典籍，但是这些不能让你做到精通，你还需要去股市中实践。没有实践就没有经验，就好像没有上过战场的战士，无论多优秀，都不会成熟，因为让人成熟的不是知识，而是残酷的战争。所以在华尔街流行一句谚语："炒股十年者不赚钱，二十年者赚小钱，三十年者赚大钱。"这个谚语说明了一个深刻的道理——炒股的经验只能通过自身实践去积累。前文的谚语中讲到"十年不赚钱"，十年差不多就是一个牛熊市的周期，其实一个牛熊轮转的标准周期是9.2年，它是股市中的轮廓周期，几乎是不变的。9.2年怎么来的呢？又是谁发明的？适合所有的股市吗？会不会因为时间的流逝而逐渐失效？带着这些问题，让我们展开对股市固定轮廓周期的研究。

第一章　股市周期概述

——一场经济危机"催生了股市周期"

谈到股市固定周期，我们就会想到斐波那契数列、黄金分割、螺旋周期甚至是中国的周易周期等等，这些都属于固定周期。它们都有着相同的特点，那就是均符合周期的循环性，就像春夏秋冬年复一年是一种循环，小到草木大到宇宙，都存在着某种循环周期，且几乎是固定不变的。而投资者在将它们应用于股市中时，会发现它们也都有着共同的缺点，那就是它们的周期都不来自于股市本身。

只是随着股市的繁荣，人们发现，把它引用到股市中来也具备分析意义，有没有来自股市本身波动规律的周期呢？很多投资大师都想发现这些规律，为此也做了无数次的实践和证明，他们都知道时间是影响股市波动的重要因素。江恩曾经说过"时间是决定一切的因子"，不仅是江恩，几乎是每个投资大师，他们都知道时间周期对股市的影响，也发现了一些现象，但是一直没有决定性的成果，直到一个人的出现，人们才正式开始了对股市时间周期的研究，他就是爱德华·杜威，被称为股市时间周期研究的第一人。

第一节 1929年美国经济危机与股市周期研究

爱德华·杜威（1895年—1978年），美国经济学家，毕生致力于研究周期（不局限于经济周期），1931年被美国商务部任命为首席经济分析师。爱德华·杜威试图寻找1929年和1930年美国经济大萧条的原因，1940年在匹兹堡组建了历史上最早从事周期研究工作的基金会（The Foundation for the Study of Cycles）。爱德华·杜威一生中有两本最重要的著作，其一是《周期，科学预测》（Cycles,The Science of Prediction，与埃德温·福来登·戴金合著）；其二是《周期：触发事件的神秘力量》（Cycles: The Mysterious Forces That Trigger Events，与奥格·曼狄诺合著），他最有特色的思想是认为"先不要问为什么，要问如何"。

在1931年，美国政府专门邀请爱德华·杜威成立了一个团队，并任命他为美国商务部首席经济分析师，让他带领一个团队研究1929年和1930年美国经济大萧条真正的原因。

1929年10月份之后，美国股市从最高点的386点，最低跌到41点，这是美国有股市以来最惨的一段时间。在1929年之前，人们不知道什么叫作股灾，因为在此之前，股票对于投资者而言就是买进、持有、发财，所以美国人的投资率达到三分之二，市场处在极度的繁荣时期。但是自从经历了1929年的股灾以后，股市从386点跌到41点，百分之八九十都跌没了，那就意味着人们的财富急剧缩水，投资100万仅剩下不到10万，股市的惨烈程度可想而知。

所以经历了1929年到1931年的崩溃以后，美国政府痛定思痛，专门让爱德华·杜威组织了一批人去研究1929年到1931年爆发经济危机的根本原因。1940年，杜威开始在匹兹堡成立了周期研究基金会，这是世界范围内最早从事周期研究的组织。他们将研究出的成果都发表于《周期》杂志上，并且发表了涉及许多领域的有关研究报告，不仅仅是股市，也涉及经济和农作物等领域，其中以经济和商业两个领域的贡献最为突出，对股市和商品市场这方面的研究最为经典。前文中提到爱德华·杜威一生中两本最重要的著作，这两本书至今为止虽然已经出版几十年了，但是还没有中文版。

经过杜威和他的团队几十年的研究，在搜集、分析了世界范围内几乎所有有用的资料后，最终他们得出一个结论，而这个结论也让人们很震惊：美国的经济危机和股灾不是人为因素造成的，而是因为受到一种不可抗拒的力量而产生的，这种不可抗拒的力量就是时间。

杜威认为，每当时间达到一个周期以后，必然会出现一种危机，这就是人们经常提到的经济周期。经济周期这个概念在杜威研究之前几乎没人研究过，是他经过十几年的研究之后最终得出结论：经济是有周期的。所以自他得出该结论之后，美国再也没有爆发过大规模的经济危机，至今快100年。原因是什么？因为美国政府知道，经济的发展是有周期的，当周期处于低迷的时候，他们应该提前准备好应对策略。世界范围内的经济危机从美国而起，而美国却是全世界第一个复苏的国家，并且在这次危机后，美国的制造业现在已经恢复正常，并且逐步上涨。根源是什么？——这个国家和政府，在很久很久之前就做好了准备。

杜威不仅发现了周期的存在，也发现了周期的运行规律，并总结出了周期运行基本原理。其中最重要的四条原理是：叠加原理、谐波原理、同步原理、比例原理。

第二节 经济周期运行的基本原理

叠加原理

叠加原理是指所有的价格变化均为一切有效周期简单相加的结果。在图1.2.A中，最上方的价格形态，是通过下面两个周期简单地叠加得来的。请特别注意在叠加波C波上出现的双重头的形状。周期理论认为，所有的价格形态都是由两个或两个以上不同的周期叠加而成的。叠加原理对周期理论的理论基础提出了重要的注解，价格变化都是不同周期之和；假定我们能够从价格变化中分解出每个周期成分，那么，只要把每个周期都简单地向后推延，然后再合成起来，结果就应当是未来的价格趋势了。

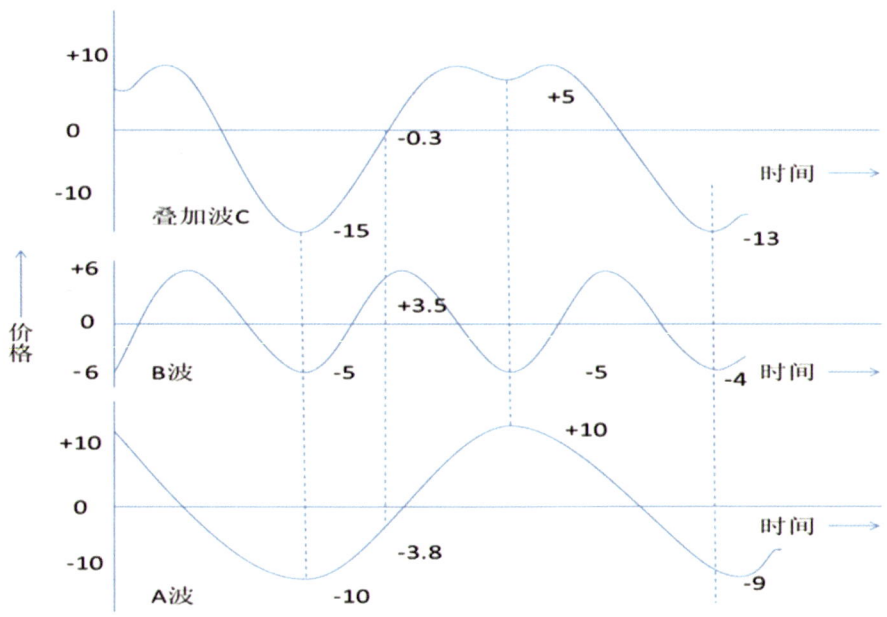

图 1.2.A 叠加原理示意图

谐波原理

谐波原理较简单，指相邻的周期长度之间通常存在着倍数关系，一般为 2 倍或者 1/2。如图 1.2.B，谐波原理是相邻波段最清楚的时间周期表现形式。

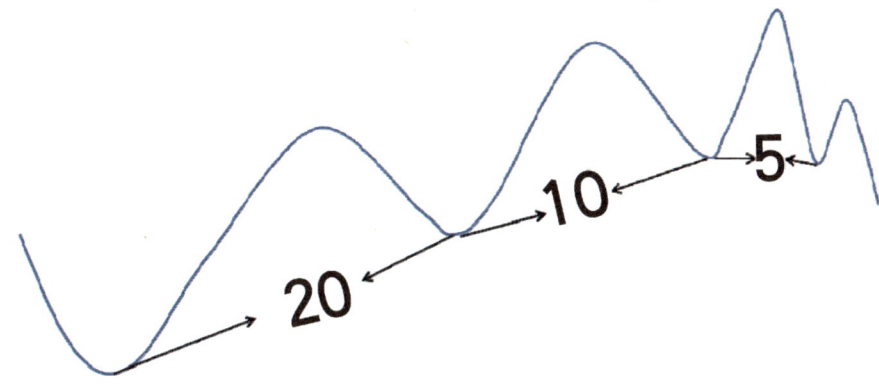

图 1.2.B 谐波原理示意图

同步原理

同步原理是指一种强烈的倾向性，即不同长度的周期常常在同一时刻达到谷底。图 1.2.C 中显示的是不同周期的三种表现形式，图中的 B 波长度为 A 波的一半（图中上方为 A 波，下方为 B 波）。A 波周期中包含了两个 B 波周期，表现出了 A、B 两波的谐波关系。请注意，当 A 波到底时，B 波也往往处于波谷，显示了两波之间的同步关系。另外，根据同步原理，不同市场但长度相近的周期往往也是同时进退。这种同步就形成了我们经常提到的共振。

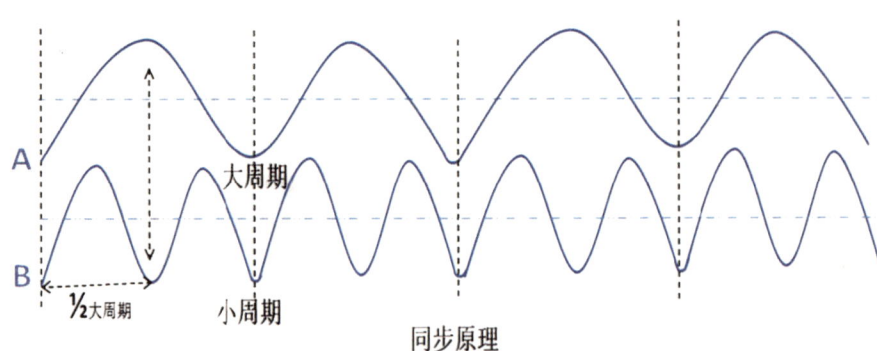

图 1.2.C　同步原理示意图

比例原理

比例原理是指在周期长度与波幅之间具备一定的比例关系。周期延长，那么其波幅也应当成比例地放大。如图 1.2.D 所示：

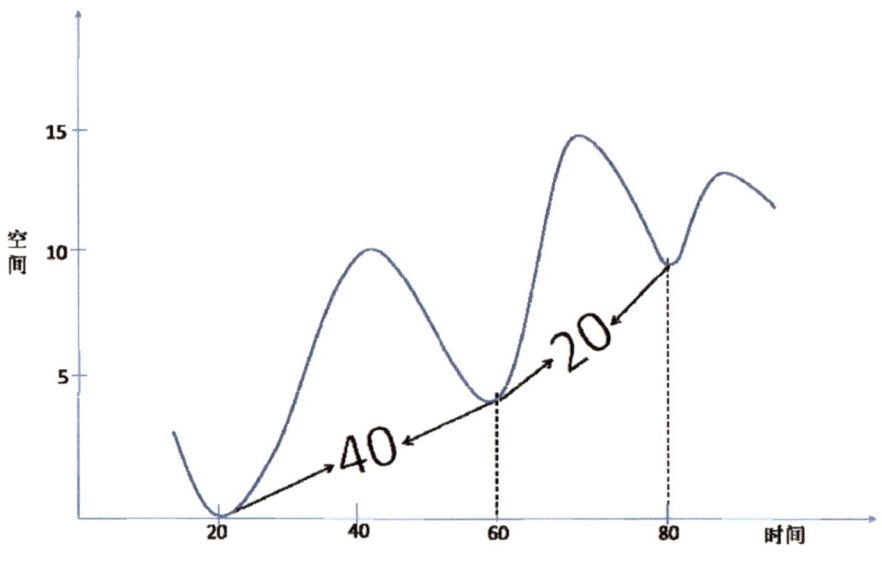

图 1.2.D　比例原理示意图

这些原理是周期的表现形式，它们同时存在，很多情况下，我们无法提前辨认它们采取哪种运行方式，甚至还会同时出现两种兼容的形式。

所以，时间周期属于模糊预测范畴，几乎没有一个方法能百分百预测时间周期的必然产生，要想能应用得好，就需要不断地去研究和完善，因此初学者要从股市轮廓周期开始学起。

小　结

怎样的人才是一个成熟的投资者？在股市中，先知先觉者运筹帷幄，从容取胜，后知后觉者如没头苍蝇一般乱撞。除了掌握的消息和能力之外，对于一个投资者来说最重要的一点，就是选择用什么样的理念和模式来炒股，运筹帷幄者不一定是天生最聪明的人，却一定是做事情时拥有自己的理念和正确的行为模式的人，生活如此，股市中也是如此。只有对股市有一个清醒的认识，了解和掌握股市中的轮廓，才能把握先机，赢在股市。

本章节中笔者为大家介绍了股市轮廓周期的起源，以及周期运行的四种基本原理：叠加原理、谐波原理、同步原理、比例原理。

叠加原理认为所有的价格变化均为一切有效周期简单相加的结果。价格变化都是不同周期之间互相影响的结果，叠加原理的发现对我们预测股市中价格的变化有重要的意义。

谐波原理认为周期长度之间通常存在着倍数关系。有趣的是，这种倍数关系通常表现为最简单的 2 倍或者 1/2 的关系。谐波原理的发现对我们研究股市中时间的变化有着重要作用。

同步原理认为不同长度的周期常常在同一时刻达到谷底。实际上这是股价运行时的一种强烈的倾向性，之所以是波谷而不是波峰，则是因为股市中上涨往往受人为影响较多，而下跌则更多地反映股市中的自然规律。

破译趋势基因

比例原理认为在周期长度与波幅之间具备一定的比例关系。通俗来讲,股价运行一个周期所耗费的时间越长,那么它在周期内的涨幅或者跌幅就越大,周期长度的增加和股价涨跌幅度的变化往往是成比例的。

股市的神奇之处总是让我们不由感叹它的魅力,千百年来,它就像一个高峰,吸引着投资者们不断研究,不断向上攀登。或许在对股市的研究上,笔者踩着前辈巨人们的肩膀取得了些许成果,现在愿将这些成果与每一位读者分享,成为后来者进步的基石。——这也是笔者写这本书的目的。

在本书中,笔者会为你揭开股市的神秘面纱,描绘出它运行的轮廓。

第二章　股市轮廓周期

——时间是市场万能的主宰

经过后人的不断补充，爱德华·杜威所得出来的周期结论开始应用于股市当中。实战中应用最广泛的是年线周期和周线周期，在各国的股市中这两种方法表现都非常好。这两种方法都属于固定周期的范畴，也就是说它们的表现形式和运行方法是不变的，只不过根据市场走势来确定起始点就可以了。

第一卷　固定轮廓周期

破译趋势基因

第一节 年线周期循环密码

年线周期循环

杜威通过对世界上各国股市图表进行大量的统计研究，得出两个结论：一是股市是有年周期循环的，且这种大周期的循环，不会轻易改变；二是年周期循环决定价格走势，也就是说股价的转折遵循时间周期运行图上的规律。

杜威首先提出了股市的年线周期是9.2年，即股市的运行从一个起点到另外一个起点，中间的时间是9.2年。这里说的是世界范围内，不仅仅是中国，也不仅仅是美国，任何一个国家的股市，它的周期都是这样。就像同一种树木，在某个国家种是几年能成材，能长多粗，换一个国家种植也差不多，这个周期规律和哪个国家的股市没关系，而是事物本身的性质。因此，杜威经过大量的研究得出来的结果就是：世界所有股市的周期是9.2年。

经过深入的研究以后，杜威又发现了股价运行年周期图，当然了这不是他生前完成的，而是在他死后，别人将他的思想归纳总结，并推演得出年线周期固定运行图。这个运行图在杜威生前已经开始研究了，但没有最终成型，经过后人的不断实践终于定形，尤其是 J. M. Hurst，他被公认为周期分析的鼻祖，1970年出版了《股票交易时机的获利法宝》（The Profit Magic of Stock Transaction Timing），在这本书里作者不仅提出了价格运行模型，还用周期的理论来解释通道线、趋势线和均线等。该书出版后就被《周期》作为蓝本，编撰了周期理论教材，最终形成了年线周期运行图。

我们首先来看一下股市年线周期。杜威提出了9.2年的概念，具体指的是什么呢？其实这里的9.2年是低点和低点之间的时间，为什么是低点呢？在时间周期理论中，一般都以波谷之间的周期来衡量，波峰的准确率较低，原因是每一次市场的上涨都是资金追捧和推动的结果，而市场下跌则不需要资金推动。在上涨市场形成波峰，往往人们的购买情绪不再疯狂，而对人们情绪的疯狂是不能准确预测的，就像牛顿说的那样："我可以计算天体运行，却无法预测人性的疯狂。"所以波峰往往不作为周期计算的标准。如图 2.1.A 所示：

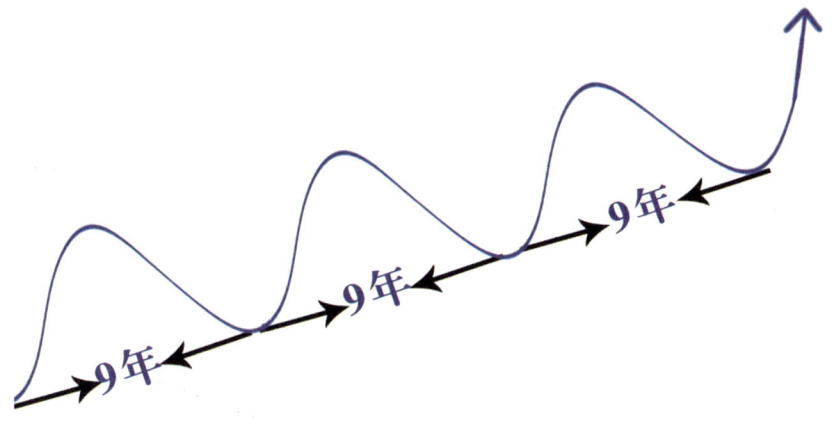

图 2.1.A　股市年线周期示意图

这种低点之间的 9 年周期，在股市中起着决定性作用，基本上都是牛市的起点。这里不考虑波幅——尽管波幅也和周期有着一定比例的关系，这里单纯研究时间周期。图 2.1.B 是上证大盘的月 K 线走势图，图中走势的第一个起点是 1996 年 512 点。之所以选择这个点，是因为这是一个非常重要的低点，从 1996 年以后中国股市才开始成熟，才开始有了涨跌停板和"T+1"制度。之前的股指市场性偏弱，几乎都是一边倒，也没有可分析性，一直是暴涨或者暴跌，从 512 点开始一直上涨，直到 2001 年，这一波大牛市的持续时间是最长的。从 1996 年的 512 点到 2005 年的 998 点，正好是 9 年的时间，这就是两个低点之间存在的周期，即年线周期；其实不仅是时间，空间也是如此，1996 年 512 点到 2005 年 998 点，股价正好翻了一番，最低的月线收盘于 1060 点。这

样你就能发现一个规律，市场用9年的时间，从一个重要低点到另一个重要低点，两个低点空间则涨了一倍，那么这个规律会不会在下一个9年里延续呢？

在图2.1.B中我们可以看到，从2005年的998点，9年之后就是2014年，2014年的最低点1974点，最低收盘点位是2026点，空间又翻了一番，你觉得这是巧合吗，一个股市18年形成的巧合？肯定不是，这让我们看到了杜威提出的9年周期是适合中国的，按照这样的规律推算下去，下一个9年就是2023年，即一个牛市的起点，空间应该是4000点附近。

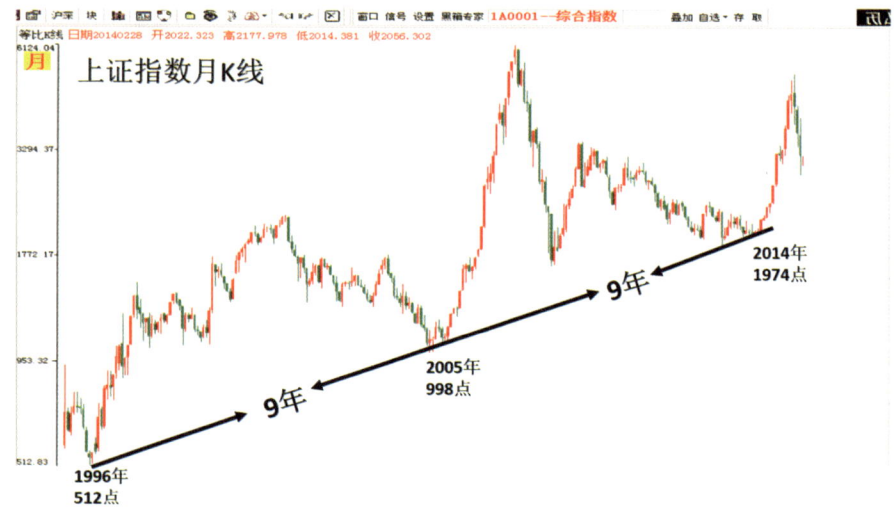

图 2.1.B　上证大盘月线走势图

如果各位读者有兴趣研究牛市高点的空间，会发现其中也是有一些规律的，知道了这些规律，同样可以对未来有一个预测。但是根据笔者的经验，高点几乎无法做到精准地预测，上文中提到过，人们的疯狂是很难预测的。当然你也可以按照低点规律来预测，比如从第一个牛市的高点2245点，上涨一倍是4490点，那么你就知道在这个点位以后市场就很危险了，应该减轻仓位或者提前出局。

年线周期运行图

年线周期运行图是在年线周期的基础上推演出来的，杜威得出的股市周期是9.2年，不是整数。也就是说有些时候，这个周期会是8或10，所以才会有9后面的小数部分，后来经过不断深入的研究和推算，以道琼斯指数为样本总结出了一个年线周期运行图，如图2.1.C所示：

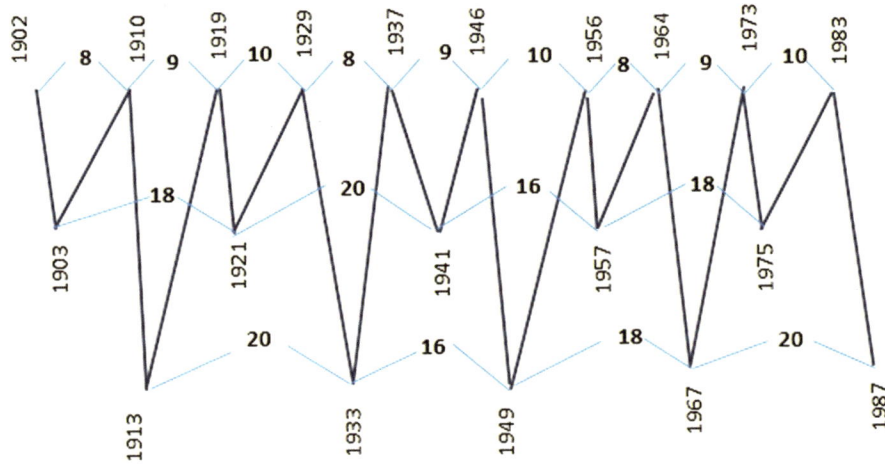

图 2.1.C　年线周期运行图

在图2.1.C中我们可以看到，8年、9年、10年的周期循环周而复始，每结束一个8年、9年、10年周期，就会继续进入一个新的8年、9年、10年的循环，这是上一个头部和下一个头部之间的关系；中间是两个次低点之间的关系，是16年、18年、20年的周期循环，次低点的循环周期长度是高点循环周期长度的两倍。

此处需要注意的是，读者必须仔细分辨头部的循环周期长度，如果两个头部的周期是9年，不一定两个次低点的周期就是18年，它们是根据16年、18年、20年的周期的循环决定的，比如说上一个次低点之间的周期是16，下一个就是18，再下一个就是20；同理，最下方的两个低点之间的周期长度也是16年、18年、20年的周期循环，它们也是

头部 8 年、9 年、10 年的周期循环的 2 倍。其实这个运行图很简单，就是 8 年、9 年、10 年的循环和它们的倍数循环，只要记住这种节奏就能提前做出预测。如图 2.1.D 是笔者根据周期运行图推演出的从 1987 年到 2041 年股价的走势：

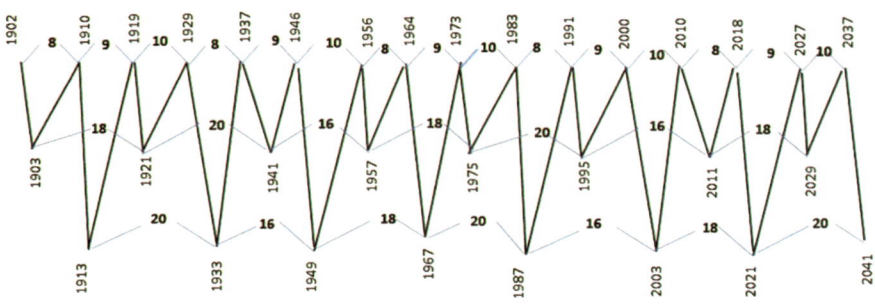

图 2.1.D　周期循环运行推演图

图 2.1.E　道琼斯指数月线走势图

图 2.1.E 是道琼斯指数的月 K 线图，在图中我们可以看到，2000 年的头部、2003 年的底部、2010 年的头部和 2011 年的底部预测得都非常精确，只是 2008 年出现了金融危机，导致一轮暴跌，但股价最终还是恢复市场的规律。找到了这样的规律，你就能很容易地对股市

做出判断，比如说这一次上涨的头部应该在 2018 年，在这个上涨阶段中买美国的股票风险还是比较小的。通过对周期运行的实战应用，可以看出周期运行图的作用，这种简单的周期，一直在深深地影响着股市的运行。

那么中国的股市也是这样运行的吗？很多人说中国股市是政策市，技术没有用。然而笔者想说的是，中国股市确实还很年轻，但是任何一个国家的股市都会经历这个阶段，都会有一个从不成熟到成熟的过程。周期运行图是以年为单位的，已经给出了市场足够的时间来展现它的规律，所以中国的市场也同样符合周期运行图，也会遵循 8 年、9 年、10 年的周期循环。只不过中国股市到现在不过 20 多年，可借鉴的数据较少，以后随着时间的增长，可能会有调整，如图 2.1.F 所示：

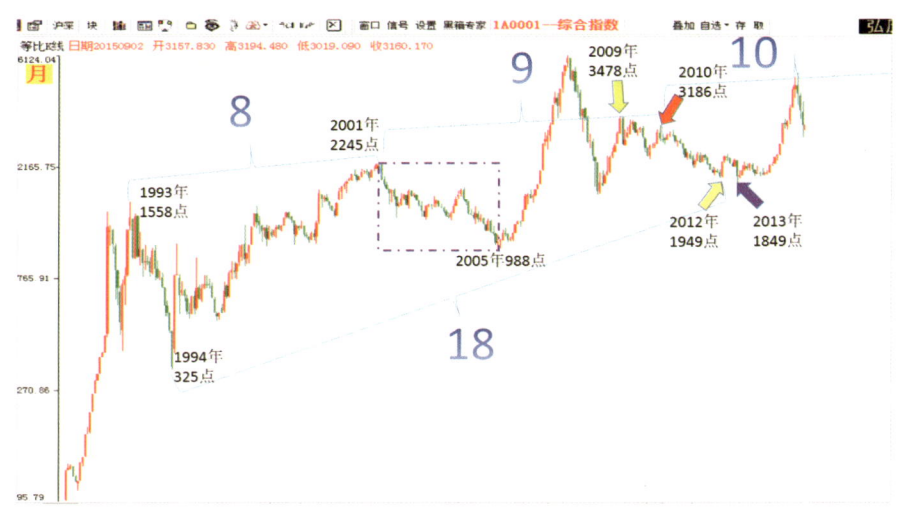

图 2.1.F　上证指数月线走势图

图 2.1.F 是上证指数的月 K 线走势图，在图中可以看到清楚的 8 年、9 年、10 年周期运行情况，上证指数出现的第一个头部是在 1993 年的最高点 1558 点，到 2001 年 2245 点牛市的头部，是整整 8 年，从那以

后出现了当时历时时间最长、跌幅最大的一次熊市（图中紫色框线标识）。按照图2.1.F中的循环规律，我们可以预测出8年周期结束以后会出现一个重要的牛市底部，即2005年998点的大底部。

第一个8年周期结束以后，按照周期循环的规律，接下来两个头部之间的周期就是9年了，也就是从2001年开始经过9年到2010年。在图中可以看到2010年也是一个头部，2010年11月11日3186点（图中红色箭头标识），距离上一个高点2009年8月的3478点高点（图中黄色箭头标识）差了近300点，属于一个次高点。这里需要注意的是，时间周期中讲到的都是轮廓周期，所以很多时候出现的高点不一定是市场的最高点，也有可能是次高点。

再来看一下低点的周期，根据图2.1.F，我们知道两个次低点之间的循环周期应该是18年，从1993年到2001年之间的最低点是1994年的325点。那么从1994年开始，经历18年到2012年，在2012年12月4日最低点是1949点（图中橙色箭头标识），也就是股民们常说的"建国底"。此后市场出现了快速的上涨，虽然后期出现了双底式的震荡，并在2013年6月25日最低下跌至1849点（图中紫色箭头标识），差了100多点，但是在月线的收盘价几乎相等，都在同一水平位上。其实学会了这种方法，我们只要把两次预测的高低点联系起来就能知道市场的走势了，第一次预测大盘的头部是2010年，第二次预测大盘的底部是2012年，也就是从2010年到2012年，两年就应该见底了。如果一个投资者按照这样的方式去投资，反而会成为股市里赚得最多的人。那么未来的头部、底部出现的时间会是怎么样的呢？我们仍然可以用周期运行图推演。

图2.1.G是根据周期运行图推算的上证指数的波动图，在图中我们可以看到，这次行情从2012年会上涨到2020年，将有8年的上涨周期，也就是说这个阶段是我们最容易投资赚钱的时期。

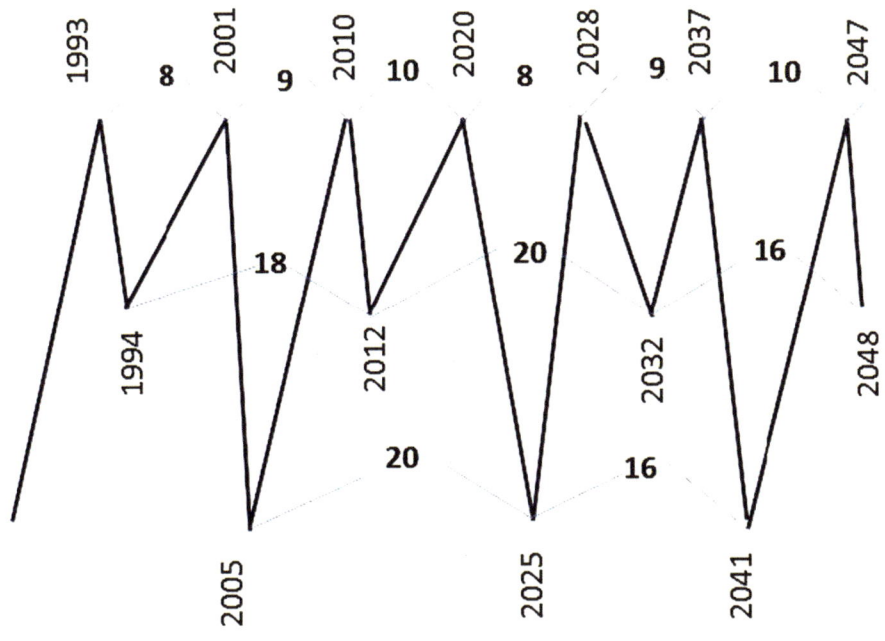

图 2.1.G　上证指数波动图

2020 年以后就是持续 5 年的下跌，至 2025 年出现底部，这个底部是根据周期循环的规律，从 2005 年的 998 的低点开始向后推算 20 年得出来的，并且这一次的底部是主要低点，也是一次非常大的机遇。

继续往下推算，下一个高点应该在 2028 年，这是一个重要的头部，以此规律循环。

通过这些分析，我们就能够对未来的投资有一个清晰的轮廓。在 2020 年以前是最佳的投资时期，在这个过程中持有股票的风险相对较低，2020 年以后投资者们则要谨慎操作，可能会有连续 5 年的调整，2025 年之后又会迎来快速上涨的 3 年，至 2028 年。

如果投资者都按照这种规律去操作，就可以规避市场中的系统风险。当然，人为的因素依然会影响到股价的运行，造成股价在某段时间的剧烈波动，但是市场最终还会按照周期运行规律来波动。对于一个投资者来说，只要花些时间找到这些规律，就能够提前做好投资计划，当市场有机会的时候，快速把握；市场做空的时候，休息或者减少投资。在找寻这些规律的时候还要注意辨认各个顶底是主要的顶底还是次要的顶底。

新加坡指数的走势如图 2.1.H 所示：

图 2.1.H　新加坡海峡指数月线图

　　图 2.1.H 是新加坡海峡指数的月线图，在图中可以看到头部的第一个周期是 10 年，即从 1990 年 1304 点的头部到 2000 年 2582 点的头部；根据周期运行图，下一个头部周期是 8 年，2000 年之后 8 年就是 2008 年；再下一个头部周期就是 9 年了，即 2008 年之后 9 年是 2017 年，也就是说海峡指数 2017 年有可能会出现头部。

　　同样的道理，次低点之间的规律也能推演出来，在图 2.1.H 中可以看到，第一个次低点是 1987 年，根据周期运行图，下一个次低点应该在 16 年以后，即 2003 年。海峡指数在 2003 年 3 月 1205 点以后就出现了一轮上涨；下一个次低点的循环周期是 18 年，也就是 2003 年之后 18 年，即 2021 年，这是市场的一个重要的次低点出现的位置。当然我们也可以根据这些规律把重要低点标注出来，这样就可以将市场的轮廓推演出来了，如图 2.1.I 所示：

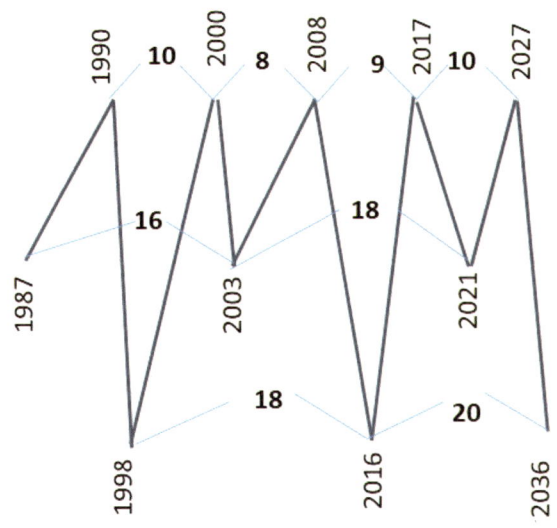

图 2.1.I　海峡指数周期运行图

图 2.1.I 是海峡指数的周期运行图，在图中我们可以清晰地看到市场的各个高低点出现的时间。当然图中显示的是轮廓周期，有可能会不完全精确，比如 2008 年的金融海啸就促使股价暴跌，提前出现底部。如果没有金融海啸，市场的低点就不会快速地出现，即便如此，市场周期运行的规律还是不会变的，2016 年市场的重要低点仍然在该出现的位置出现。

根据周期运行图可以把海峡指数未来的走势推演出来，即 2016 年会出现一个重要底部，之后市场快速上涨至 2017 年，而后再调整 4 年至 2021 年。所以对于投资者来说，真正的机会是 2016 年市场出现的低点，市场周期是如何影响股价本身运动的，让我们拭目以待。

实际上，股价运行的周期性不只体现在年线上，在周线上也有明确的体现。

第二节 周线周期循环密码

周线周期循环

前文中我们研究了年线周期循环的规律，现在我们再来看一下周线周期循环，它和年线周期循环一样，都属于轮廓固定周期，都不能用来进行精准的预测。

周线的循环周期是以9个月为标准的，每9个月就会循环一次，其中又进行了四等分，根据每一个等分内周期的表现，来判断股价运行的规律。9个月有40周，二分之一是20周，四分之一就是10周，其中10周是循环的最小单位，10周是一个最小循环，20周是一个小循环，40周是一个大循环，即9个月就是一个大的周期。这和年线周期循环的区别在于，周线周期循环研究的是趋势周期。时间周期循环分为两种：循环周期和趋势周期。循环周期研究的是底和底、顶和顶之间的周期。而趋势周期研究的是底和顶或者是顶和底之间的周期，也就是单边趋势的周期。趋势周期具有更强的操作性，不仅时间跨度短，还可以细分，如图 2.2.A 所示：

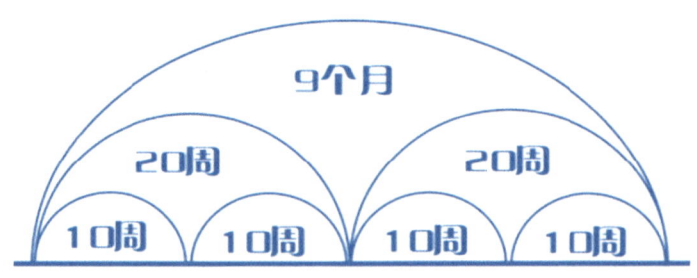

图 2.2.A 周线周期循环示意图

周期不受股价本身的波动所影响，本质上研究的是一种概率。投资者知道了10周一个循环的规律之后，就可以判断出一个趋势大概的持续时间。

作一个形象的比喻，这9个月的循环周期就像人类怀孕的周期，一个孕妇正常情况下从怀孕到分娩差不多也是40周时间。虽然会因为每个人体质的不同或早或晚出现一些偏差，但是整个群体的规律不会改变，即便有细小的差异也会围绕在40周附近震荡。这也是一种周期，其周期长度是相对客观、不会轻易改变的，和努不努力没关系，和有没有经验也没关系。

股市投资也是如此，股民应该遵循周期规律，而不是在市场下跌的时候去努力、去补充经验，趋势交易者也说"顺势而为"，而不是逆趋势投资。

图 2.2.A 中每一个半圆都代表一个周期，其中最小的单位是10周，最大的是9个月，它们该怎么运用呢？上证指数周线周期循环案例如下：

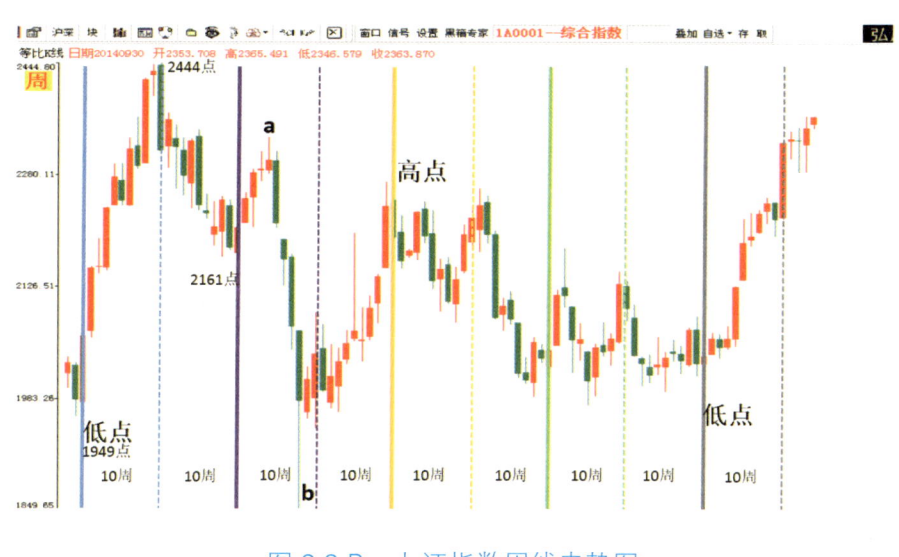

图 2.2.B　上证指数周线走势图

图 2.2.B 是上证指数的周线图，图中股价走势的起点是 2012 年 12 月 7 日的低点 1949 点，从低点开始经过 10 周的上涨到达上升趋势的头

破译趋势基因

部，最高点是 2444 点，这个 10 周的周期就是最典型的趋势周期。其后再经历 10 周的时间，股价又出现了回调的底部，这个 10 周形成了一个下降趋势的周期。此时共过了 20 周，在这 20 周里，股价是从一个低点到另一个低点的循环周期。图中第三个 10 周趋势周期里出现了一个高点 a，而后快速下跌，最低点 b 又回到前期低点附近。第四个 10 周趋势周期是单边上扬的 10 周，这样第二个 20 周的循环就结束了。在这 20 周里，股价是从一个高点到另一个高点，这样也形成了循环周期。

总览整个 40 周的循环，是属于趋势周期从一个低点到一个高点的周期，对于这个循环周期，我们可以简单描述如下：

如果股票的走势在第一个 10 周里面是上涨的，那么它未来 30 周整体也是上涨的，同时在前两个 10 周里面分别出现一个低点，后两个 10 周里面各出现一个高点。

第一个 10 周（蓝色粗线和细线之间）：上升趋势周期，上升循环周期的开始，在这个周期里会出现一个明显的低点，这个低点决定整个周期的强弱。往往是单边趋势上涨，低点出现越早涨幅越大。

第二个 10 周（蓝色细线和紫色粗线之间）：下降趋势周期，第一个 20 周小循环结束。这个周期里也要求出现一个低点，与前一个 10 周中出现的低点之间相距接近 10 周。

第三个 10 周（紫色粗线和细线之间）：下降趋势周期，在本周期里出现了一个高点，这个周期跌幅越大就意味着下一个趋势周期上涨越多。

第四个 10 周（紫色细线和黄色粗线之间）：上升趋势周期，这是一个多重周期交汇的周期，首先是 10 周的趋势周期，在这个周期里会出现一个高点，在 20 周的小循环中两个高点之间接近 10 周。

在 40 周的大循环里最低要求整体是向上的。

第一个 20 周（蓝色粗线到紫色粗线之间）：低点和低点的循环周期

第二个 20 周（紫色粗线到黄色粗线之间）：高点和高点的循环周期

第一个40周（蓝色粗线到黄色粗线之间）：低点到高点的趋势周期

通过上述案例，我们可以发现市场存在这样的规律。它就在我们身边，如此简单，一直等待我们去发现，去运用。

接下来再来看第二个40周（黄色粗线到灰色粗线之间）的表现，首先是第一个10周（黄色粗线和细线之间）出现震荡，先下跌再上涨，最终收盘超过了10周内第一根K线的收盘价，并出现了一个高点，所以属于上升趋势周期，这个比较隐晦，需要仔细去看，才能够辨认清楚。

第二个10周（黄色细线和绿色粗线之间）是从高点到低点的下跌，是趋势周期，但是也出现了一个高点，这样就完成了第一个20周（黄色粗线到绿色粗线之间）一个高点到高点的循环周期。因为在这个40周里是从高点到低点的周期，所以第一个循环周期（前20周）是高点到高点的循环周期。

第三个10周（绿色粗线到绿色细线之间）是从低点到高点的趋势周期。

第四个10周（绿色细线到灰色粗线之间）是高点到低点的趋势周期。在第二个20周（绿色粗线到灰色粗线之间），是低点到低点的循环周期，在整个的40周里，是高点到低点的趋势周期，由此我们可以得出以下结论：

如果一只股票在第一个10周里面是下跌的，那么它未来30周整体也是下跌的，同时在前两个10周里面分别出现一个高点，后两个10周里面各出现一个底部。

第一个10周：下降趋势周期（出现一个高点），下降循环周期的开始，在这个周期里会出现一个明显的高点，这个高点决定整个周期的强弱。往往是单边趋势下跌。

第二个10周：下降趋势周期（出现一个高点），10周的趋势周期结束，也是小循环周期的终结，这个周期里也要求出现一个高点，在20周的小循环中两个高点之间的周期接近10周，在这个小循环里是下降趋势循环的风险释放区，整个下跌空间会在这个周期出现。

第三个 10 周：上升趋势周期，在本周期里会出现趋势周期，在这个趋势周期里会出现一个低点，这个周期涨幅越大就意味着下一个趋势周期波动越剧烈。

第四个 10 周：下降趋势周期，这是一个多重周期交汇的周期，首先是 10 周的趋势周期，在这个周期里会出现一个低点，在 20 周的小循环里两个低点之间接近 10 周。

在 40 周的大循环里最低要求整体是向下的。

第一个 20 周：高点和高点的循环周期

第二个 20 周：低点和低点的循环周期

第一个 40 周：高点到低点的趋势周期

下面的案例是新加坡的海峡指数，它的周线周期循环是什么样的？在观察周期循环之前我们需要先解决一个问题，即如何选择起点。起点的选择很重要，在前文中笔者也提到过，起点的确定需要选择一个重要的低点，此处需要注意的是，一定要选择低点，而非高点。前文中笔者解释过这个问题，低点比高点更有效，原因在此就不赘述了。根据低点原则我们选择海峡指数的起点是 2011 年 10 月 7 日所在周线，最低点是 2521 点，如图 2.2.C 所示：

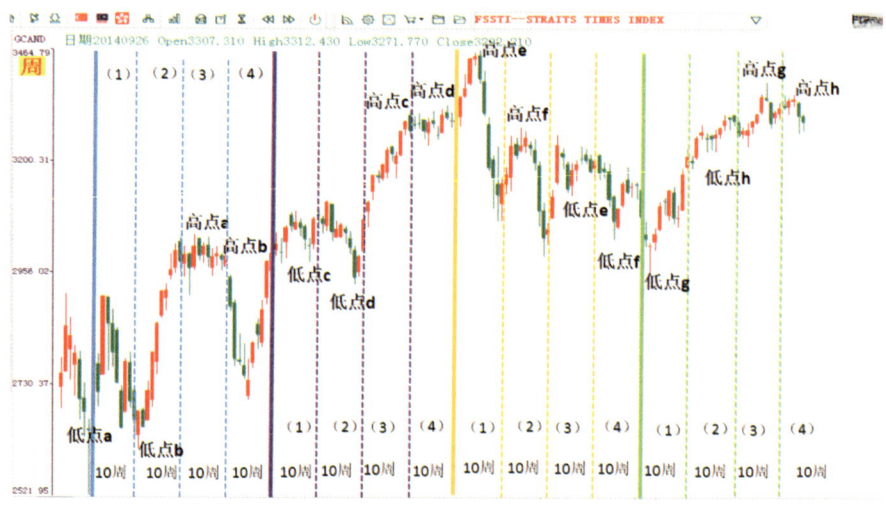

图 2.2.C　海峡指数周线周期图

图 2.2.C 就是海峡指数的周线图，在图中可以看到从起点 2521 点开始，市场总共经历的 4 个周线周期循环，图中每两条细线之间的时间是 10 周（只包含一条细线），两条粗线之间的时间是 40 周（只包含一条粗线），即一个周线周期循环，笔者将依次阐述每个周线周期循环的基础。

第一个周线周期循环（蓝色）：在第一个 10 周里，从一个低点 a 出现上涨而后回调，出现了一个高点和低点；在第二个 10 周里出现了一个低点 b，而后一直上涨直到结束，属于典型的上升趋势周期，这样共过了 20 周，20 周是一个小循环，即从一个低点 a 到另一个低点 b 的循环；第三个 10 周里，出现了震荡，在此过程中出现了一个高点 a，也就是整个 40 周内循环的高点；第四个 10 周是先跌后涨的 10 周，先是快速下跌，然后见底反弹到高点 b，但是最后一根 K 线没有超过第一根 K 线，因此仍然属于下降趋势周期，此时第二个 20 周的循环也结束了，这个 20 周是从高点 a 到高点 b 的周期循环，但这个循环不太好辨认。整个第一个周线周期循环，是从低点到高点的上升趋势循环，由此我们可以得出以下结论：

第一个 10 周：下降趋势周期（但有一个低点）

第二个 10 周：上升趋势周期（开始就是低点）

第三个 10 周：下降趋势周期

第四个 10 周：上升趋势周期（但没有高过起点）

第一个 20 周：低点 a 和低点 b 的循环周期

第二个 20 周：高点 a 和高点 b 的循环周期

第一个 40 周：低点 a 到高点 b 的趋势周期

第二个周线周期循环（紫色）：第一个 10 周，是一个震荡上涨的周期，出现了一个高点和两个低点，也属于上升趋势周期；第二个 10 周，是从高点到低点的下跌周期，出现了一个小高点后快速下跌，最后见底反弹，形成了一个低点 d，属于典型的下降趋势周期，到此时共过了 20 周，20 周是一个小循环，即从一个低点 c 到另一个低点 d 的循环；在第三个 10 周里，股价一直上涨直到高点 c 结束，属于上升趋势周期；第四个 10 周是震荡的 10 周，股价在一个狭小的区间内波动，出现了一个波动的高点 d，属于下降趋势周期，此时第二个 20 周的循环也结束了，这个 20 周是从高点 c 到高点 d 的周期循环。第二个周线周期循环是从低点 c 到高点 d 的上升趋势循环，由此我们可以得出以下结论：

第一个 10 周：上升趋势周期

第二个 10 周：下降趋势周期（出现了低点）

第三个 10 周：上升趋势周期

第四个 10 周：下降趋势周期（虽然横盘但出现高点）

第一个 20 周：低点 c 和低点 d 的循环周期

第二个 20 周：高点 c 和高点 d 的循环周期

第二个 40 周：低点 c 到高点 d 的趋势周期

第三个周线周期循环（黄色）：在第一个 10 周里，冲高回落后第 5 周出现了快速下跌，出现了一个高点 e，也是本次行情的最高点，这个 10 周属于下降趋势周期；在第二个 10 周里，与上一个 10 周如出一辙，也是冲高回落，出现了一个高点 f 后快速下跌，属于典型的下降趋势周期，到此时共过了 20 周，在这个小循环里是典型的高点 e 和高点 f 的循环；第三个 10 周里，股价开始反弹，而后横盘调整，出现一个反弹的高点和回调的低点 e，总体是上涨的，所以属于上升趋势周期；第四个 10 周是先抑后扬的走势，先是快速下跌出现低点 f，后又出现小幅反弹，几乎是 5 周下跌 5 周上涨，但反弹没有超过下跌开始时的高点，整体属于下降趋势周期，此时第二个 20 周的循环也结束了，在这个 20 周里是从低点 e 到低点 f 的周期循环。整体来说，第三个周线周期循环，是属于高点 e 到低点 f 的下降趋势循环，由此我们可以得出以下结论：

第一个 10 周：下降趋势周期

第二个 10 周：下降趋势周期

第三个 10 周：上升趋势周期

第四个 10 周：下降趋势周期

第一个 20 周：高点 e 和高点 f 的循环周期

第二个 20 周：低点 e 和低点 f 的循环周期

第三个 40 周：高点 e 到低点 f 的趋势周期

第四个周线周期循环（绿色）：在第一个 10 周里，下跌 3 周后见底，出现一个低点 g 而后出现震荡上涨，并且超过了下跌的高点，属于典型的上升趋势周期；在第二个 10 周里几乎一直上涨直到结束，在中间的位置出现了一个小的低点 h，属于典型的上升趋势周期，这样共过了 20 周，20 周是一个小循环，即从一个低点 g 到另一个低点 h 的循环；第三个 10 周里震荡上涨，先是经过 3 周的调整出现一个低点，而后又快速上涨出现一个高点 g，整体上属于上升趋势周期；第四个 10 周是震荡调整，出现一个小的头部 h，此时第二个 20 周的循环也结束了，这个 20 周是从高点 g 到高点 h 的周期循环。整个第四个周线周期循环，是从低点 g 到高点 h 的上升趋势循环，由此我们可以得出以下结论：

第一个 10 周：上升趋势周期

第二个 10 周：上升趋势周期

第三个 10 周：上升趋势周期

第四个 10 周：下降趋势周期

第一个 20 周：低点 g 和低点 h 的循环周期

第二个 20 周：高点 g 和高点 h 的循环周期

第四个 40 周：低点 g 到高点 h 的趋势周期

综上所述，我们可以得出以下结论：在一个下降周期 40 周里，前一个 20 周是高点到高点的循环周期，后一个 20 周是低点到低点的循环周期，其中 10 周是一个趋势周期的最小单位，往往是根据循环周期的标准来运行。例如，在第一个 20 周里是高点和高点的循环，也就是说在第一个 10 周里会出现一个高点，如果股价已经出现了高点，我们就要小心市场的急速下跌，如果当前股价处在底部，说明股价还会出现一个高点，短期内意味着市场的反弹；同样的道理，如果是一个上升周期的 40 周里，前面 20 周是低点到低点的循环周期，后一个 20 周是高点到高点的循环周期，其中 10 周是一个趋势周期的最小单位。知道了周线周期的循环规律，我们可以据此来把握后市中股价变化的方向，规避风险获取利润。

前文中提到，在一个 40 周中，如果一只股票在第一个 10 周里面是上涨的，那么会在前两个 10 周里面分别出现一个低点，后两个 10 周里面各出现一个高点。反之，如果一只股票在第一个 10 周里面是下跌的，那么会在前两个 10 周里面分别出现一个高点，后两个 10 周里面各出现一个低点。

在一个 40 周中，必然会有两个高点和两个低点，那么高点和高点之间，低点和低点之间又存在着怎样的关系？

下图是一个很典型的案例：

图 2.2.D　海峡指数周线周期图

图 2.2.D 是新加坡海峡指数从 2011 年 9 月 2 日至 2014 年 11 月 7

日的周线周期图，我们把每一个 40 周循环都分为四个 10 周的小周期，分别标记为小周期（1）（2）（3）（4）。

　　第一个 40 周循环（蓝色）股价走势总体上涨，我们可以看到在前两个小周期中出现了低点 a 和低点 b，低点 a 出现在小周期（1）中的第一根 K 线，低点 b 出现在小周期（2）中的第一根 K 线；后两个小周期出现高点 a 和高点 b，高点 a 出现在小周期（3）中的第三根 K 线，高点 b 出现在小周期（4）中的第一根 K 线。可以看到，低点 a 和低点 b 在各自所在小周期中的相对位置是一致的，而高点 a 和高点 b 在各自所在小周期中的位置也十分接近，这是一种巧合么？我们可以从后面的走势中寻找答案。

　　第二个 40 周循环（紫色）股价走势总体上涨，我们可以看到在前两个小周期中出现了低点 c 和低点 d，低点 c 出现在小周期（1）中的第七根 K 线，低点 d 出现在小周期（2）中的第七根 K 线；后两个小周期出现高点 c 和高点 d，高点 c 出现在小周期（3）中的最后一根 K 线，高点 d 出现在小周期（4）中的第七根 K 线。和低点 a、低点 b 的情况相同，低点 c 和低点 d 在各自所在的小周期中的相对位置也是一致的，高点 c 和高点 d 在各自所在的小周期中的相对位置相差三根 K 线。

　　第三个 40 周循环（黄色）股价走势总体下降，我们可以看到在前两个小周期中出现了高点 e 和高点 f，高点 e 出现在小周期（1）中的第五根 K 线，高点 f 出现在小周期（2）中的第四根 K 线；后两个小周期出现低点 e 和低点 f，低点 e 出现在小周期（3）中的第五根 K 线，低点 f 出现在小周期（4）中的第四根 K 线。可以看到高点 e 和高点 f 在各自所在的小周期中的相对位置仅差一根 K 线，低点 e 和低点 f 在各自所在的小周期中的相对位置也仅差一根 K 线。

　　第四个 40 周循环（绿色）股价走势总体上涨，我们可以看到在前两个小周期中出现了低点 g 和低点 h，低点 g 出现在小周期（1）中的第二根 K 线，低点 h 出现在小周期（2）中的第一根 K 线；后两个小周期出现高点 g 和高点 h，高点 g 出现在小周期（3）中的第七根 K 线，高点 h 出现在小周期（4）中的第三根 K 线。低点 g 和低点 h 在各自所在的小周期中的相对位置仅差一根 K 线，高点 g 和高点 h 在各自所在的小周期中的相对位置相差四根 K 线。

通过上面的案例，我们可以得出一条规律：

在一个 40 周循环中，有 4 个 10 周小循环，每个小周期都会出现高点或者低点，而出现高点的两个相邻的小周期中，高点在周期中的位置会趋于一致，比如在一个总体走势下降的 40 周循环中，第一个 10 周小周期在第三根 K 线出现高点，那么我们就可以初步推断，在第二个 10 周小周期中也会在第三根 K 线附近出现高点，我们称这种性质为邻近时空的相似性，知道了这个性质我们就可以通过这种规律提前预判小周期中高低点的位置。

个股案例如下：

图 2.2.E 中捷资源周线走势图

图 2.2.E 是 002021——中捷资源从 2011 年 2 月 18 日到 2012 年 1 月 6 日的周 K 线走势图，从 2011 年 3 月 11 日到 2011 年 12 月 16 日构

成了一个总体走势下跌的 40 周循环，我们把图中的 40 周循环分为四个 10 周的小周期，分别标记为小周期（1）（2）（3）（4）。

　　从图中我们可以看到，在前两个小周期中出现了高点 a 和高点 b，高点 a 出现在小周期（1）中最后一根 K 线，高点 b 出现在小周期（2）中的第九根 K 线；后两个小周期出现低点 a 和低点 b，低点 a 出现在小周期（3）中的最后一根 K 线，低点 b 出现在小周期（4）中的最后一根 K 线。可以看到高点 a 和高点 b 在各自所在的小周期中的相对位置仅差一根 K 线，低点 a 和低点 b 在各自所在的小周期中的相对位置是一致的。

　　邻近时空的相似性这条规律是广泛存在的，既可以应用于大盘也可以应用于个股，同时，在应用时也不仅限于 40 周循环，在其他周期中也可以应用，这部分知识在后文中笔者会详细讲述。

小　结

　　司马迁在《史记·货殖列传》里曾讲过"无财作力，少有斗智，既饶争时"，这句话的意思是：没有钱的时候，想赚些钱，就要多努力，靠的是比别人多辛苦一点，勤奋一点。有了点钱以后想再多赚点钱，就要看自己的智慧了。也就是说，赚小钱就要比别人更聪明，能别人所不能，懂别人所不懂，买别人所不敢买，也就是人弃我取，人取我予。如果要赚大钱就要学会等待时机，赚大钱靠的不是个人的努力和聪明，靠的是机会来临时能把握好。例如一个人今天种了玉米，即使他再努力浇灌和培育，玉米也不会过两天就成熟，所谓"瓜熟蒂自落"就是这个道理，时机不对，努力白费。所以投资者需要将这种周期的意识深深地牢记，并利用其规律来协助自己的投资生涯获得利润。

模型理论 ③

破译趋势基因

> 不管是在年线上还是周线上，股价往往是根据循环周期的标准来运行，知道了这些规律再去研究股市就等于有了指示灯，让我们的投资不再变得模糊，由于周期是固定不变的，所以更容易掌握，关键是要找好起点，起点一般为重要的历史高点或低点，大家需要以自己手中的个股为蓝本展开研究。

第三章　24周期循环

——经典的循环周期

24周期循环，顾名思义，即以24个时间单位为一个周期的循环，为什么要选择24这个数字来作为时间的周期？24是一个很神奇的数字，一年有24个节气，而一天分为24小时，24小时是地球自转一周的最小周期，用24作为时间周期的历史比股市的历史还要长得多。在很早以前，古人就学会利用天时来把握生活中的规律，立春播种育苗，芒种收获小麦，立秋播种白菜，处暑收获棉花……农民们利用天时，顺天时而行农事，所以这种历法在古代称为"农历"，现在引入的"阳历"是没有这个作用的。而24这个数字不仅广泛应用于农业，在预测学中，24也占有很重要的地位，这样的数字在预测学中称为"玄数"，被视为重要的时间循环周期。实际上本节要讲到的时间周期的方法是一种通过对市场进行等距细分，来判断一段固定的时间周期内股价的整体走势的方法。

第一节　24周期循环密码

前文中提到，年线的循环周期是高点之间分别间隔8年、9年、10年，如此循环往复；低点之间则是分别间隔16年、18年、20年，如此循环往复；而周线是40周一个大循环，每个大循环还可以细分为10周一个小循环，24周期循环同样可以分为四个部分，如图3.1.A：

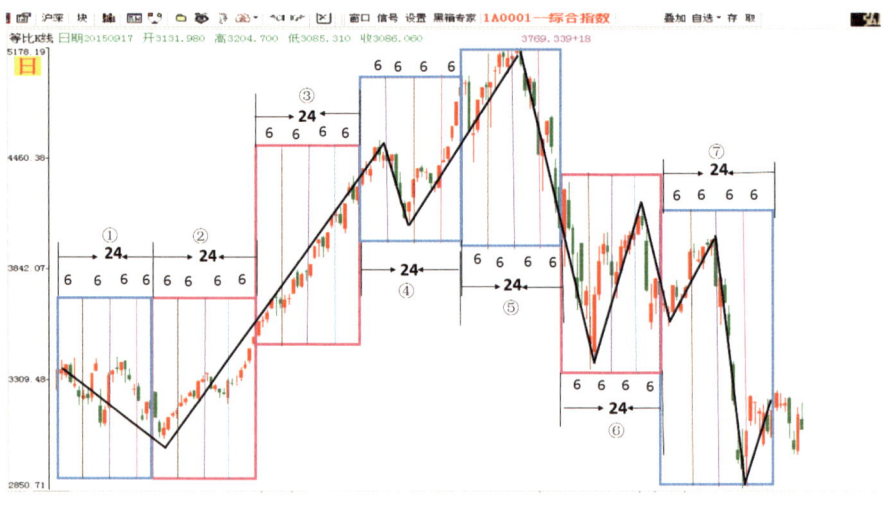

图 3.1.A　上证综指日线走势图

如图 3.1.A 是 1A0001——综合指数 2015 年 1 月到同年 9 月的日 K 线走势图，图中我们可以看到七个箱体，每个箱体内都有 24 根 K 线，每个大的箱体又分成 4 个小箱体，每个小箱体里面有 6 根 K 线。

笔者将股价的走势用黑线标识出来，可以看到箱体①中 24 个交易日呈总体下跌走势，而箱体②和箱体③中的 48 个交易日则呈总体上涨走势，股价经过箱体②和箱体③连续 48 个交易日（两个 24 交易日）上涨（此处的上涨是指总体趋势上涨）之后开始进行调整，在箱体④中，我们可以看到一波明显的调整走势，箱体④中指数调整之后继续上涨，直到箱体⑤中见顶，开始下跌，箱体⑥中指数见底之后开始横盘，箱体⑦中指数总体仍呈下跌走势。

在图 3.1.A 中，我们可以看到，每个 24 周期中指数的运行都会表现出一些共性，比如每个 24 周期中不论指数如何波动，指数的走势都会有一个总体的发展方向（发展方向不只是上涨和下跌，还包括横盘）。同时，在图 3.1.A，我们将 24 周期分为四个小周期，每个小周期包含 6 根 K 线，除了箱体④和箱体⑦中，每个箱体中指数的总体走势都和箱体中第一个小周期的走势相同，即每个箱体中第一个小周期的走势将在很大程度上影响指数后期的走势，影响的具体规律以及为何会出现箱体④和箱体⑦这样的情况，在下文中笔者都会为大家一一详细讲述。为了便于大家理解，在了解 24 周期循环的这些性质之前，我们需要先知道为何我们要把 24 周期分为 4 份以及细分之后的性质。

24 周期的细分

前文中提到，24 周期循环的周期是可以细分的，在上述案例中，每个 24 周期都被分为 4 个部分，每 6 根 K 线组成一个小周期，为什么要把 24 周期循环分成 4 个部分？

因为在 24 周期循环中，每 6 个交易日是股价形成一个中等趋势的变化周期。而实际上，每 3 个交易日是股价形成一个小趋势的变化周期。更长一些，每 12 个交易日是股价形成大趋势的变化周期（需要注意的是这里的小趋势、中等趋势和大趋势只是为了区分三种趋势的周期长度，并非常规意义上的概念）。所以，我们不仅可以把一个 24 周期循环分为 4 个部分，也可以分成 2 个部分（每部分 12 根 K 线）或者 8 个部分（每部分 3 根 K 线），图 3.1.B 为把一个 24 周期循环分为两部分，以 12 个交易日为一个周期的案例，如图 3.1.B 所示：

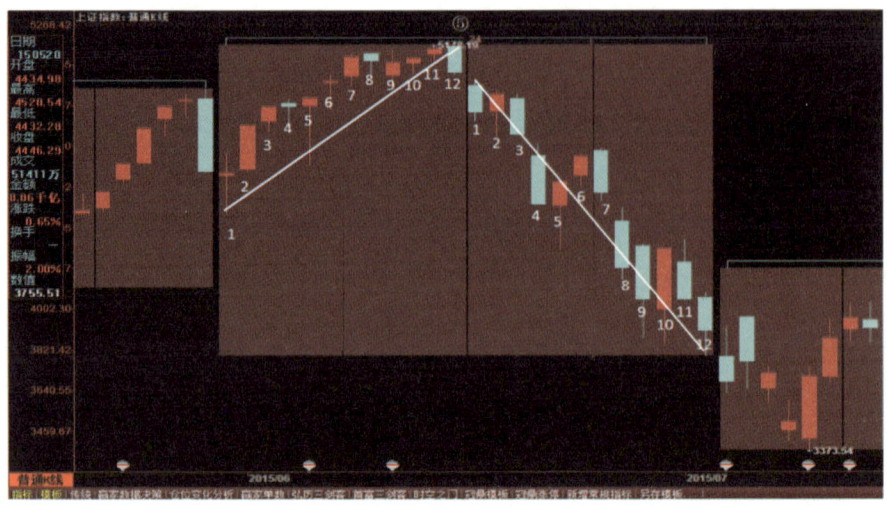

图 3.1.B　上证指数日线走势箱体图

图 3.1.B 是图 3.1.A 上证走势日线图中的箱体⑤的放大，我们将箱体分为等宽的两个小周期，则每个小周期中有 12 个交易日（图中白色数字标识）。

笔者将股价的走势用白线标识出来，可以看到在箱体⑤中，前 12 个交易日股价呈现明显的上涨走势，而在后 12 个交易日中，股价呈现明显的下跌走势。在以 12 个交易日为单位的走势中，股价往往向着同一个方向发展，即在 24 周期循环中，每 12 个交易日股价会形成一个趋势。

那么这种现象是否是个例？我们来看个股中的一个例子。

图 3.1.C 是 002487——大金重工从 2014 年 9 月 4 日到 2014 年 12 月 5 日的日 K 线走势图（本节中选取的部分个股案例价格为未除权价格）。图中有两个 24 周期循环，分别标记为箱体①和箱体②，箱体①中是 2014 年 9 月 17 日到 2014 年 10 月 27 日之间的 24 个交易日，分为等宽的两个小周期，每个周期中 12 根 K 线（图中白色数字标识）。而箱体②中是 2014 年 10 月 28 日到 2014 年 11 月 28 日之间的 24 个交易日，同样分为等宽的两个小周期，每个周期中 12 根 K 线（图中白色数

字标识），笔者将股价的走势用白线标识出来，可以看到在箱体①中，前12个交易日股价呈现明显的上涨走势，而在后12个交易日中，股价呈现明显的下跌走势；箱体②则恰恰相反，前12个交易日呈现明显的下降走势，后12个交易日呈现明显的上升走势。同样每12个交易日股价的走势形成一个趋势。

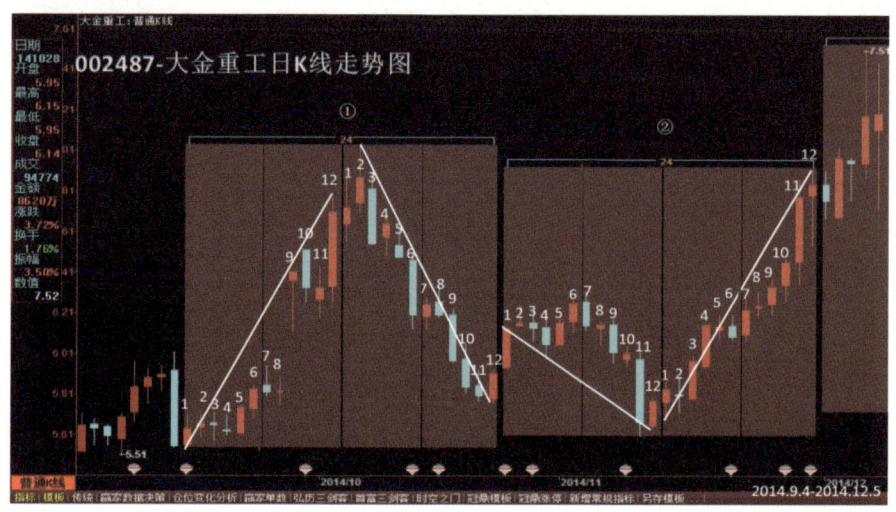

图 3.1.C　大金重工日线走势图

通过上文的案例，我们可以得出结论：每12个交易日股价就会形成一个明显的趋势。即在12个交易日内，一旦确定趋势的方向就可以对后期的走势做出预判，从而进行利润的获取和风险的回避，并且可以结合多种方法来对股市做出预测。

股价在运行的过程中12个交易日往往形成一个趋势，那么如果我们把12个交易日继续细分，以6个交易日为一个周期，股价的这种规律还会存在么？将整个24周期4等分的案例如图3.1.D：

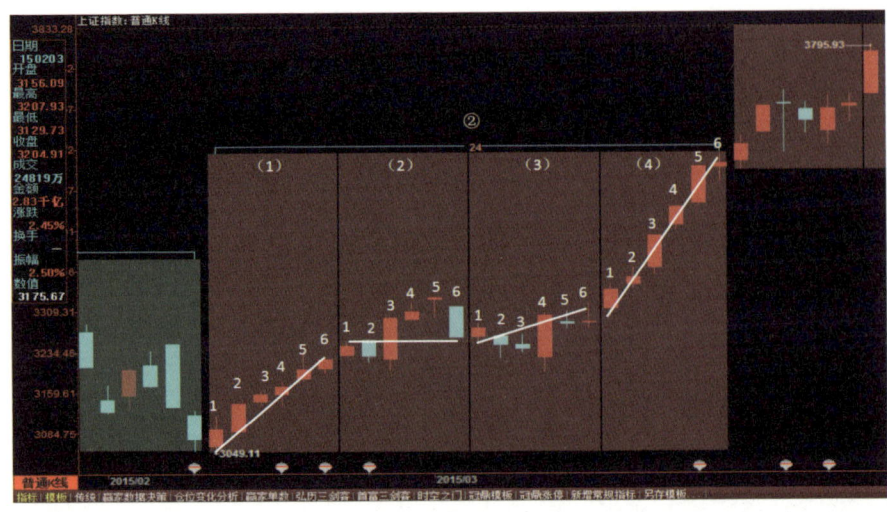

图 3.1.D　上证指数日线箱体放大图

图 3.1.D 是图 3.1.A 上证指数日线图中箱体②的放大图，将箱体②分为等宽的 4 个小周期，标记为小周期（1）（2）（3）（4），箱体②中的 24 个交易日平均分为 4 个周期，每个周期 6 个交易日，分别用数字 1、2、3、4、5、6 标记周期中的 6 根 K 线，同样将指数的走势用白线标识出来。

在小周期（1）中我们可以看到，指数总体呈明显的上涨走势，小周期（2）则是横盘走势，小周期（3）中，指数呈震荡上涨走势，小周期（4）中指数的走势同样是明显的上涨走势。

从图 3.1.D 中可以看到，在 24 周期循环中，指数以 6 个交易日为一个周期同样会形成明显的趋势。并且不只在大盘上如此，个股中也会表现出同样的性质。

如图 3.1.E 是 002523——天桥起重从 2015 年 6 月 29 日到 2015 年 8 月 19 日的日 K 线走势图，图中标注出的 24 周期是由 2015 年 7 月 8 日到 2015 年 8 月 11 日共 24 根 K 线组成。将它分为等宽的 4 个小周期，每个周期中 6 根 K 线（图中白色数字标识），并将股价的走势用白线标识出来。

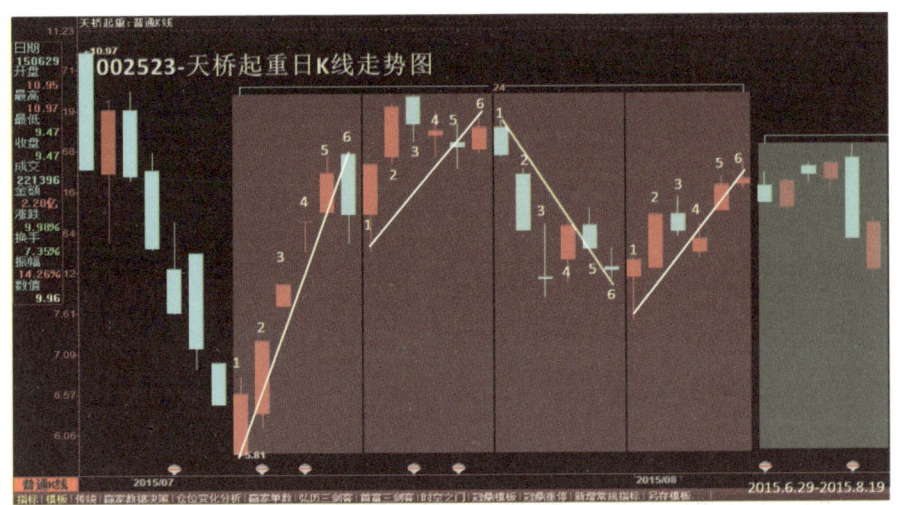

图 3.1.E　天桥起重日线走势图

在第一个小周期中，股价整体呈清晰的上升走势；在第二个小周期中，股价同样呈上升走势，但幅度明显不如第一个小周期中上升的幅度大；第三个小周期中，股价呈现下跌走势；第四个小周期股价再次呈上升走势。在这个案例中股价的走势与大盘案例中的一样，同样是 6 个交易日出现一个明显的小趋势。

通过上面的案例我们可以得出结论：股价以 6 个交易日为一个周期同样会表现出明显的趋势性。如果说 12 个交易日为周期是形成了趋势的变化周期，那么 6 个交易日形成一个小趋势的中等变化周期，3 个交易日形成一个小的变化周期，周期越小，对股价的预判也就越精确。

图 3.1.F 是图 3.1.A 上证指数日 K 线走势图中箱体④的放大，将箱体④平均分为 8 个小周期，标记为小周期（1）至（8），箱体中的 24 个交易日平均分为 8 个周期，每个周期 3 个交易日，分别用数字 1、2、3 标记周期中的 3 根 K 线。

破译趋势基因

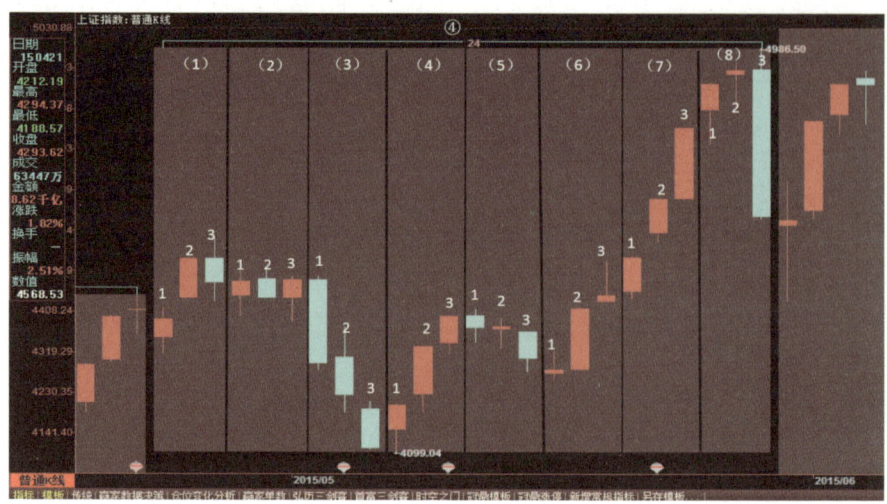

图 3.1.F　上证指数日线走势箱体放大图

前文提到，周期越小，对股价的预判也就越精确，把周期精确到 3 个交易日，趋势就很清晰了，在图 3.1.F 中，我们可以看到 3 个交易日为周期的指数的走势，小周期（1）中指数呈上升走势；小周期（2）中指数则是明显的横盘走势；小周期（3）中指数呈下降走势；小周期（4）中指数呈上升走势；小周期（5）中指数呈震荡下跌走势；小周期（6）（7）中指数呈上升走势；小周期（8）中 K 线 3 一根大阴线跌破 K 线 1 和 2 的上涨，整体呈下降走势。

那么个股的走势是否也存在这样的规律？

图 3.1.G 是 002020——京新药业从 2015 年 8 月 10 日到 2015 年 9 月 30 日的日 K 线走势图，图中由 2015 年 8 月 20 日到 2015 年 9 月 24 日共 24 个交易日构成了一个 24 周期循环，将这个周期平均分为 8 个小周期，标记为小周期（1）至（8），每个小周期 3 个交易日，分别用数字 1、2、3 标记周期中的 3 根 K 线。

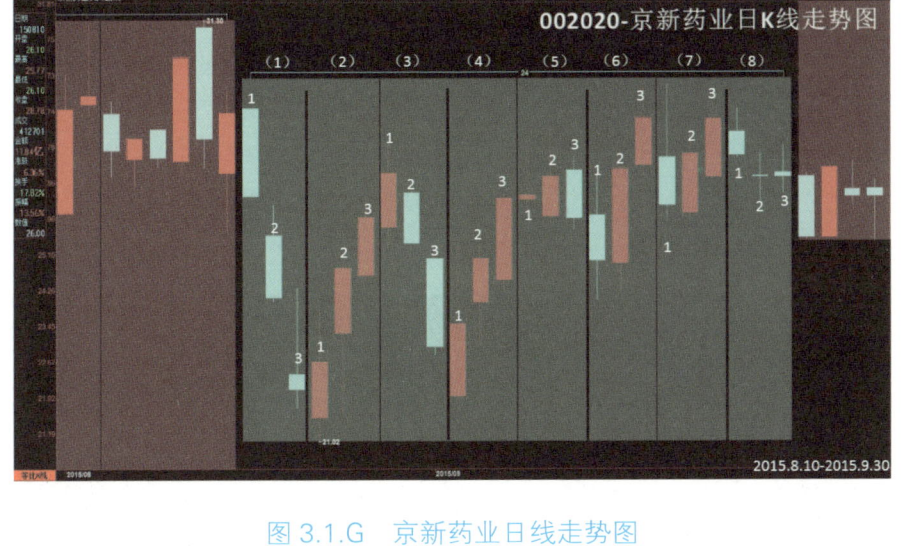

图 3.1.G　京新药业日线走势图

这个案例中每个小周期的走势更加清晰，一眼便可判断出来，小周期（1）中股价呈下降走势；小周期（2）中股价呈上升走势；小周期（3）中呈下降走势，小周期（4）中呈上升走势，小周期（5）中股价呈下跌走势，小周期（6）呈上涨走势，前6个小周期中都是一跌一涨的情况，小周期（7）中股价呈上涨走势，小周期（8）中股价呈下跌走势，每3个交易日一个小趋势，而且每3个交易日变化一次，这种走势在案例中非常清晰。

可以看到，在24周期循环中，股价每3个交易日都会形成一个非常明显的小趋势，在这里需要注意的一点是3就是最小的周期了，再细分就不可以了，就像《道德经》中所说：道生一，一生二，二生三，三生万物。"三"是最小的循环周期，不可以再细分了。

在实际应用中，多数情况下我们会将一个24周期循环平均分为4等份，也就是分为4个6根K线组成的小周期，为什么这样分？笔者下文会详细阐述。

通过周期的规律对后市进行预测

一天由 24 小时组成,就像一天之中有白天也有黑夜一样,24 周期之内也有上涨和下跌,那么周期内的涨跌之间有什么内在的关系?

在对股市的探索中,笔者发现很多时候我们从细微处更能发现事物蕴藏深处的规律,我们不妨从最小周期来探寻 24 周期循环的规律。

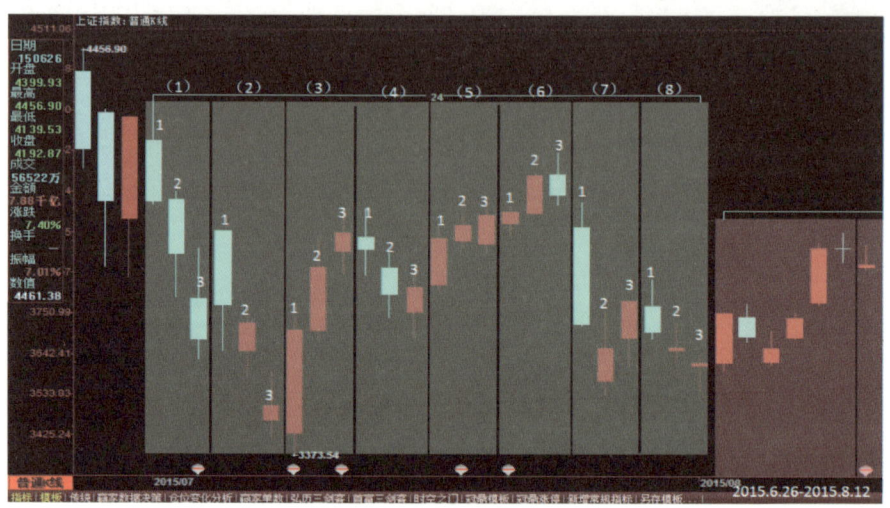

图 3.1.H　上证指数日线走势图

图 3.1.H 是 1A0001——上证指数从 2015 年 6 月 26 日到 2015 年 8 月 12 日的日 K 线走势图,其中 2015 年 7 月 1 日到 2015 年 8 月 3 日共 24 个交易日构成了一个 24 周期循环,将这个周期平均分为 8 个小周期,标记为小周期(1)至(8),每个小周期 3 个交易日,分别用数字 1、2、3 标记周期中的 3 根 K 线。

看到这里,有些善于研究和发现的读者可能已经发现了这样一个规律,在每个小周期中,标记为数字 1 的这根 K 线的形态往往都会决定后面的走势。即 3 根 K 线组成的小周期中,如果第一根 K 线上涨,则整个周期的整体走势上涨,反之如果第一根 K 线下跌,则整个周期的整体走势下跌。

图 3.1.H 中小周期（1）的 K 线 1，是一根下跌阴线，那么我们可以判断近 3 个交易日将呈总体下跌走势，而实际上我们可以看到小周期（1）中的 3 根 K 线组成了一个明显的下跌走势。

小周期（2）中的 K 线 1，是一根高开低走的阴线，而 K 线 2 和 K 线 3 则是两根假阳线，同样是构成了一个明显的下跌走势。

小周期（3）中 K 线 1 是一根大阳线，可以看到小周期（3）中指数大幅上涨，3 根阳线构成了一个上涨走势。

其余的周期笔者就不一一列举了，从小周期（1）一直到小周期（8）都是如此，第一根 K 线决定了整个小周期中指数的整体走势。

此处还有一个可以用于实战判断的小技巧：在由 3 根 K 线组成的周期中，K 线 1 的形态会在很大程度上影响后期的走势。如果 K 线 1 是一根大阳线，那么这三个交易日就会呈现大幅上涨走势，如上面案例中的小周期（3）；如果 K 线 1 是一根小阳线，那么这 3 个交易日指数的上涨幅度则会相应减小，如上面案例中的小周期（6）中 K 线 1 就是一根小阳线，该周期中指数的涨幅就远远小于周期（3）中指数的涨幅；而反之如果 K 线 1 是大阴线，那么这 3 个交易日就会呈现大幅下跌的走势，如案例中的小周期（1）；如果是小阴线，则这 3 个交易日指数的跌幅同样也会减小，如案例中小周期（8）的 K 线 1 就是一根小阴线，周期中指数的跌幅就远远小于周期（1）中指数的跌幅。同时 K 线 1 反映的是股价的总体趋势，如小周期（7）中，K 线 1 是一根大阴线，K 线 2 是低开一根假阳线，K 线 3 出现小幅上涨，这 3 根 K 线有涨有跌，有阴有阳，但这 3 个交易日股价的总体趋势仍是下跌的。

实际上不止在 3 周期上有这种性质，6 周期、12 周期乃至 24 周期中都存在这种以小见大的映像关系。即 24 周期循环中，股价初始的走势会在很大程度上影响后面一段时间乃至整个周期股价的走势。前面我们研究了 3 周期中第一根 K 线确定股价的总体走势的规律。在 6 周期中，我们要以前 3 根 K 线来确定股价总体的走势，相应地，12 周期中要用前6根K线来判断走势，24周期中以前12根K线来判断走势，也就是根据前半段走势判断后半段走势。根据24周期循环中这种以小见大的映像关系，我们可以用一根K线判断3根K线的走势；用3根K线判断6根K线的走势；用6根K线判断12根K线的走势；用12根K线判断整个周期的走势，如图3.1.I所示：

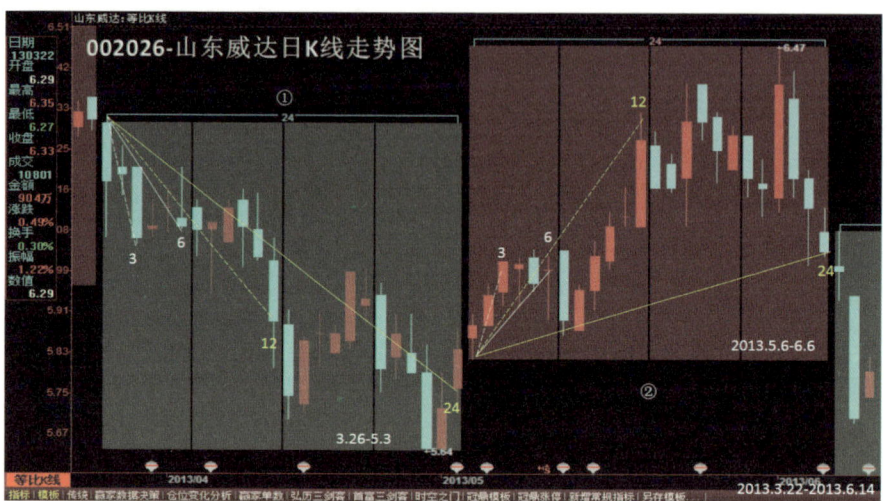

图 3.1.I　山东威达日线走势图

图3.1.I是002026——山东威达从2013年3月22日到2013年6月14日的日K线走势图，图中有两个24周期循环，分别标记为周期①和周期②。由2013年3月26日至2013年5月3日24个交易日构成了周期①，周期中第一根K线是一根阴线，那么我们可以判断周期①中前3个交易日股价总体走势都是下降的，股价的实际走势也证实了我们的判断（如图中白色虚线标识走势）。因为前3个交易日整体下降，所以判断股价前6个交易日整体下降（如图中白色实线标识走势），由前6个交易日判断前12个交易日走势整体下降（如图中黄色虚线标识走势），由前12个交易日判断整个周期股价的整体走势呈下跌走势（如图中黄色实线标识走势）。

图中右侧由2013年5月6日至2013年6月6日24个交易日构成

了周期②，周期②和周期①恰好相反，第一根 K 线是一根阳线，由此判断周期②中前 3 个交易日股价总体走势都是上升的（如图中白色虚线标识走势），因为前 3 个交易日整体上升，所以判断股价前 6 个交易日整体上升（如图中白色实线标识走势），由前 6 个交易日判断前 12 个交易日走势整体上升（如图中黄色虚线标识走势），由前 12 个交易日判断整个周期股价的整体走势呈上升走势（如图中黄色实线标识走势）。

读到这里，聪明的读者一定会问，既然预测是呈这种递进关系的，那么我们为什么不直接用第一根 K 线来预测整个周期的整体走势呢？

《周易·系辞（上）》中说："大衍之数五十，其用四十有九。"也就是说无论多么周密的计算，都会存在变数，凡事皆有例外。同样，24 周期循环的这种性质也不是绝对的，有时候股价整体的走势和最初的走势是相反的，那么如何界定这些例外的情况？如图 3.1.J 所示：

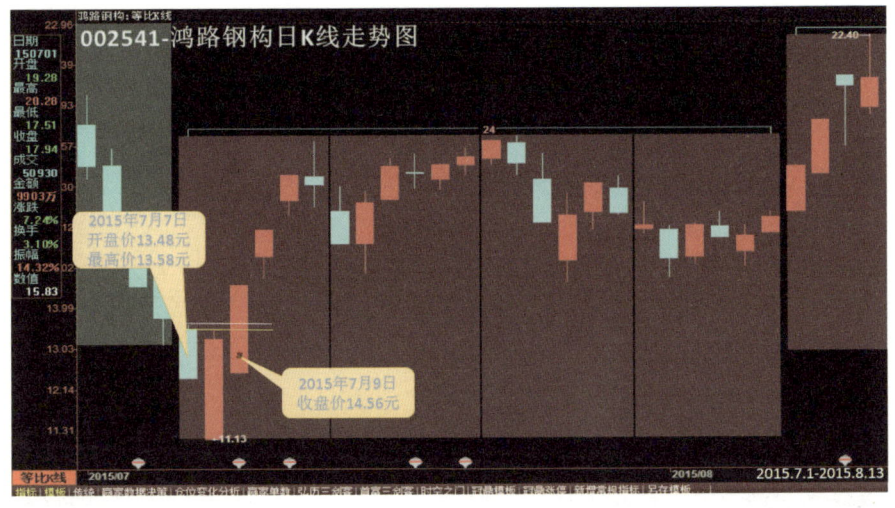

图 3.1.J　鸿路钢构日线走势图

图 3.1.J 是 002541——鸿路钢构从 2015 年 7 月 1 日到 2015 年 8 月 13 日的日 K 线走势图，由 2015 年 7 月 7 日至 2015 年 8 月 7 日一共 24 根 K 线组成了 24 周期循环。图中我们可以看到，24 周期中第一根 K 线也就是 2015 年 7 月 7 日是一根阴线，最高价是 13.58 元，开盘价是

13.48 元，根据我们前面讲到的性质，第一根 K 线是阴线，那么前 3 根 K 线的总体趋势应该是下跌的，那么股价的实际走势如何？

7 月 8 日是一根假阳线，股价低开高走但并未创出新高，总体趋势仍然下跌；7 月 9 日是一根大阳线，股价一路上涨，先后突破 7 月 7 日的开盘价和最高价，最终收盘于 14.56 元创出新高。此时前 3 个交易日的总体趋势就是上涨的，与预测不符，我们可以看到，整个周期的走势都是呈总体上涨的。

读到这里，有些读者可能会有所疑问，如果第一根 K 线是下跌的，而 3 周期总体走势却有可能会上涨，那么前文中笔者讲到的这种利用映像关系的判断方法还有什么用？

这个问题其实不难解决，毕竟特殊情况只是少数，在 24 周期循环中，若第一根 K 线下跌则短期看跌，若 3 天之内股价上涨突破前期下跌（激进一些以开盘价为准，保守一些以最高价为准，即开盘价是减仓位，最高价是止损位），则可判断趋势反转。

下图是一个第一根 K 线上涨的案例，如图 3.1.K 所示：

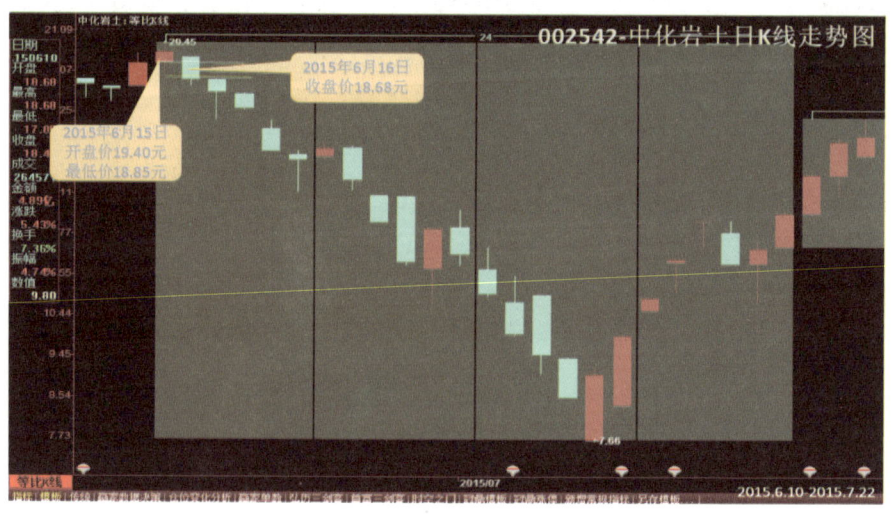

图 3.1.K　中化岩土日线走势图

图 3.1.K 是 002542——中化岩土从 2015 年 6 月 10 日到 2015 年 7

月 22 日的日 K 线走势图，图中由 2015 年 6 月 15 日到 2015 年 7 月 17 日共 24 根 K 线组成了 24 周期循环。24 周期中第一根 K 线（也就是 2015 年 6 月 15 日）是一根阳线，最低价是 18.85 元，开盘价是 19.40 元，那么根据我们前面讲到的性质，第一根 K 线是阳线，那么前 3 根 K 线的总体趋势应该是上涨的，我们来看股价的实际走势。

6 月 16 日股价开始下跌，连续跌穿 6 月 15 日开盘价和最低价收于 18.68 元，跌破前一交易日上涨创出新低。6 月 17 日股价继续下跌，则前 3 个交易日股价整体呈下跌走势，与预测不符，我们可以看到股价整个周期的走势是呈总体下跌的。

也就是说，在 24 周期循环中，若第一根 K 线上涨则短期看涨，若 3 天之内股价下跌，跌破前期上涨（激进一些以开盘价为准，保守一些以最低价为准，即开盘价是减仓位，最低价是止损位），则可判断趋势反转。

当然，这种趋势反转的现象不止会出现在 24 周期循环中的前 3 根 K 线中，我们来看下面一个案例，如图 3.1.L：

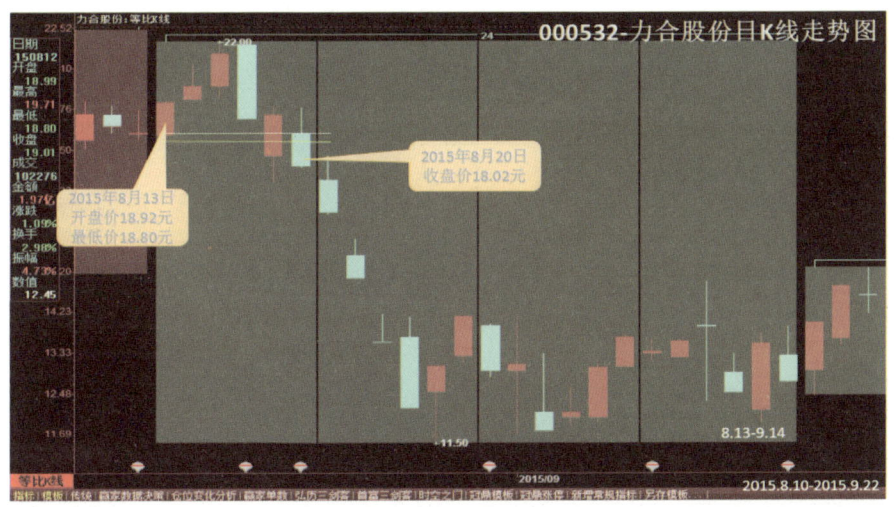

图 3.1.L　力合股份日线走势图

破译趋势基因

图 3.1.L 是 000532——力合股份从 2015 年 8 月 10 日到 2015 年 9 月 22 日的日 K 线走势图，图中由 2015 年 8 月 13 日到 2015 年 9 月 17 日共 24 根 K 线组成了 24 周期循环。24 周期中第一根 K 线也就是 2015 年 8 月 13 日是一根阳线，最低价是 18.80 元，开盘价是 18.92 元，根据我们前面讲到的性质，第一根 K 线是阳线，那么前 3 根 K 线的总体趋势应该是上涨的，股价的实际走势如何？

8 月 14 日股价以小阳线上涨，8 月 17 日股价以大阳线上涨，则周期中前 3 个交易日的总体走势是上涨的，与预测结果相符。同时前 3 根 K 线上涨，判断前 6 根 K 线总体呈上涨走势，然而 8 月 18 日股价开始出现大幅下跌，一根大阴线连续跌穿了 8 月 14 日和 8 月 17 日的上涨。8 月 19 日股价低开高走，形成一根假阳线，虽然最低价 17.51 元跌破第一根 K 线（8 月 13 日）开盘价 18.92 元，但是最终股价收盘于 19.56 元，未跌破前期上涨。直到 2015 年 8 月 20 日，股价继续出现下跌，连续跌破 8 月 13 日的开盘价和最低价，最终收于 18.02 元，至此跌破前期上涨，可以判断股价趋势反转，图中我们可以看到前 6 个交易日股价的总体走势是下跌的，而整个周期的整体走势也是下跌的。

下图是股价在周期中前 12 根 K 线出现反转的案例，如图 3.1.M 所示：

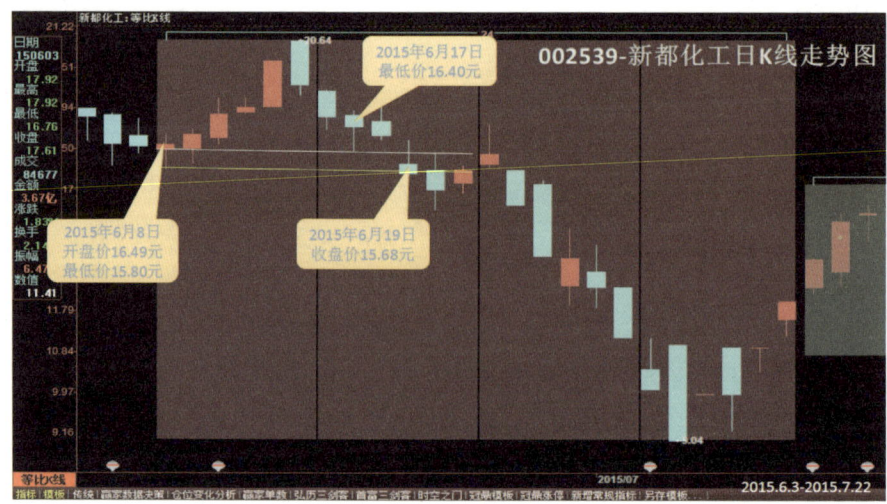

图 3.1.M　新都化工日线走势图

图 3.1.M 是 002539——新都化工从 2015 年 6 月 3 日到 2015 年 7 月 22 日的日 K 线走势图，图中由 2015 年 6 月 8 日到 2015 年 7 月 17 日共 24 根 K 线组成了 24 周期循环。24 周期中第一根 K 线也就是 2015 年 6 月 8 日是一根阳线，最低价是 15.80 元，开盘价是 16.49 元。根据我们前面讲到的性质，第一根 K 线是阳线，那么前 3 根 K 线的总体趋势应该是上涨的。

在股价的实际走势中，继 6 月 8 日股价小阳线上涨之后，6 月 9 日、6 月 10 日股价呈递进式上涨，3 根阳线实体依次增长，则前 3 根 K 线呈上涨走势，符合判断结果。由于前 3 根 K 线总体上涨，则可判断前 6 根 K 线总体上涨，6 月 11 日股价呈小阳线上涨，6 月 12 日股价大阳线上涨，6 月 15 日股价高开低走，创出新高并形成一根假阴线，则前 6 根 K 线的总体走势也是上涨的。同时可判断前 12 根 K 线的总体走势呈上涨趋势，但是股价在 6 月 16 日低开低走，出现一根大阴线。6 月 17 日更是以最低价 16.40 元跌破第一根 K 线（2015 年 6 月 8 日）的开盘价 16.49 元，但是 6 月 17 日股价最终收盘于 17.27 元，未跌破前期上涨。6 月 18 日股价继续下跌，直到 6 月 19 日跳空低开，直接跌破 6 月 8 日开盘价，低开之后低走，最终收盘于 15.68 元，跌破 6 月 8 日最低价，趋势反转。图中我们可以看到，在股价的实际走势中，前 12 个交易日呈总体下跌走势，并且整个周期中股价的走势也是总体下跌。

总结一下，在 24 周期循环中，股价运行的规律是：股价前期的走势将会在很大程度上影响周期中股价的总体走势，即在 24 周期循环中，股价会按照前期趋势运行，但是一旦趋势反转之后，股价就会沿着新的趋势继续发展。

所以根据 24 周期循环的规律在股市中判断股价后期走势的最稳妥的方法是：若周期中第一根 K 线上涨，则前 3 根 K 线看涨；同时前 3 根 K 线没有跌破第一根 K 线的开盘价，则前 6 根 K 线看涨，若跌破，则趋势反转；若前 6 根 K 线中后 3 根 K 线没有跌破前 3 根 K 线的上涨，则前 12 根 K 线看涨，若跌破，则趋势反转；若前 12 根 K 线中后 6 根 K 线没有跌破前 6 根 K 线的上涨，则整个周期看涨，若跌破，则趋势反转。

反之，若第一根 K 线下跌，则前 3 根 K 线看跌；若前 3 根 K 线没有突破第一根 K 线的开盘价，则前 6 根 K 线看跌，若突破，则趋势反转；若前 6 根 K 线中后 3 根 K 线没有突破前 3 根 K 线的下跌，则前 12 根 K 线看跌，若突破，则趋势反转；若前 12 根 K 线中后 6 根 K 线没有突破前 6 根 K 线的下跌，则整个周期看跌，若突破，则趋势反转。

但是需要注意的是，在同一个 24 周期循环中，股价可出现多次反转，对股价走势的判断以最后一次反转的结果为准。下图是一个多次反转的案例，如图 3.1.N 所示：

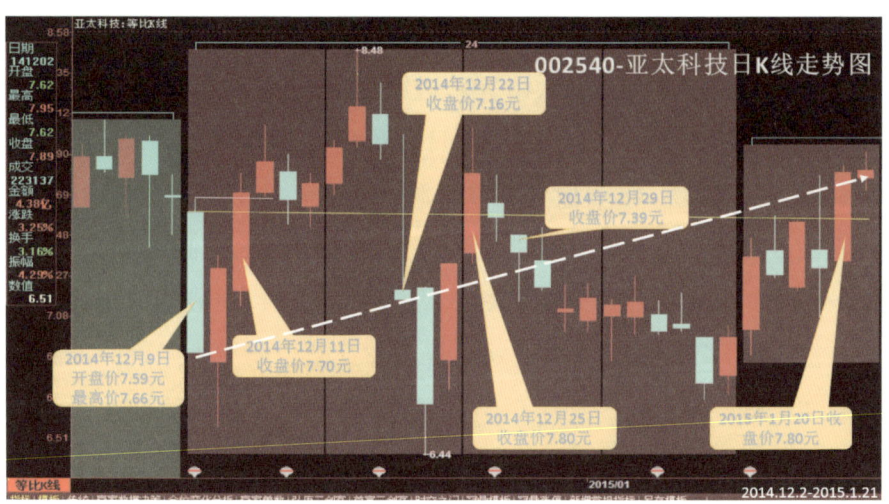

图 3.1.N　亚太科技日线走势图

图 3.1.N 是 002540——亚太科技从 2014 年 12 月 2 日到 2015 年 1 月 21 日的日 K 线走势图，图中由 2014 年 12 月 9 日到 2015 年 1 月 13 日共 24 根 K 线组成了 24 周期循环。24 周期中第一根 K 线也就是 2014

年12月9日是一根阴线，最高价是7.66元，开盘价是7.59元，根据我们前面讲到的性质，第一根K线是阴线，那么前3根K线的总体趋势应该是下跌的。

在实际的走势中，12月10日股价开始上涨，12月11日股价大幅上涨，最终收盘价为7.70元突破第一根K线（即12月9日的开盘价和最高价），可以判断趋势反转。

前3根K线总体趋势上涨。此处需要注意的是，当24周期中第一根K线为阴线时，如果出现趋势多次反转的情况，判断突破时，以开盘价为减仓位，最高价为止损位，而在判断跌破时仅以开盘价为准。之后股价开始上涨直到12月19日股价开始出现下跌，22日、23日暴跌，直接跌破12月9日收盘价，23日收于6.67元，至此趋势第二次反转。

12月23日股价继续下跌，24日开始上涨，25日连续突破9日（周期内第一根K线）开盘价和最高价，收于7.80元，趋势第三次反转。

然而次日股价开始下跌，以低开低走的阴线直接跌破9日（周期内第一根K线）开盘价，趋势第四次反转。

之后股价开始下跌，1月13日开始出现反弹，1月20日股价以一根大阳线连续突破9日（第一根K线）开盘价和最高价，收于7.80元，趋势出现第五次也是最后一次反转。

前文中曾提到在一个24周期循环中，如果出现趋势多次反转的情况，股价的走势以最后一次反转的结果为准，我们可以看到，周期中股价的总体走势是呈上涨走势的，与最后一次反转同向。

破译趋势基因

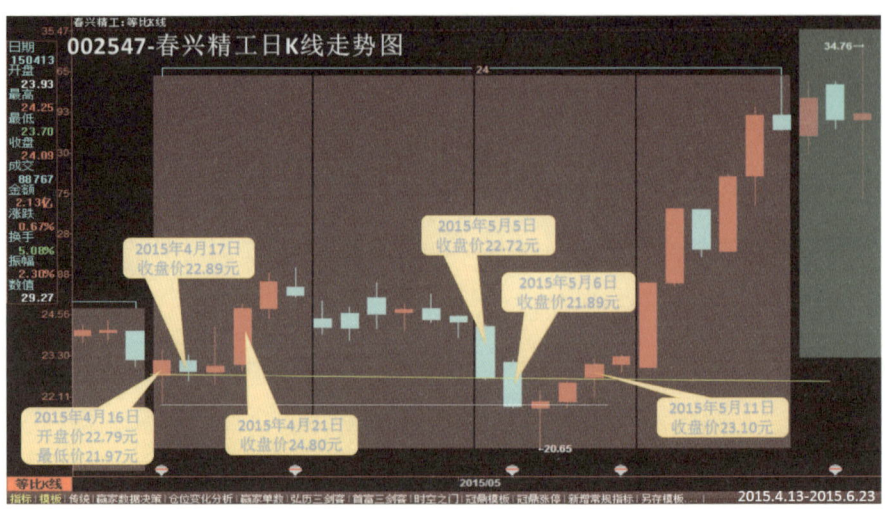

图 3.1.O　春兴精工日线走势图

　　图 3.1.O 是 002547——春兴精工从 2015 年 4 月 13 日到 2015 年 6 月 23 日的日 K 线走势图，图中由 2015 年 4 月 16 日到 2015 年 5 月 20 日共 24 根 K 线组成了 24 周期循环。24 周期中第一根 K 线也就是 2015 年 4 月 16 日是一根阳线，开盘价是 22.79 元，最低价是 21.97 元，根据我们前面讲到的性质，第一根 K 线是阳线，前 3 根 K 线的总体趋势应该是上涨的，那么股价的实际走势如何？

　　4 月 17 日股价小阴线下跌，收盘价接近 16 日（周期中第一根 K 线）的开盘价，收于 22.89 元，此时可以考虑减仓。4 月 20 日股价出现小阳十字星，前 3 根 K 线总体呈横盘下跌走势，然而 4 月 21 日大阳线上涨，最终收盘价为 24.80 元，突破第一根 K 线（即 4 月 16 日的开盘价），股价并未触及周期中第一根 K 线的最低价，一直没有出现明确的趋势反转信号。与上一个案例中的情况相对应的是，在 24 周期中第一根 K 线为阳线时，如果出现趋势多次反转的情况，判断跌破时，以开盘价为减仓位，最低价为止损位，而在判断突破时仅以开盘价为准。

　　股价上涨一日后开始震荡下跌，5 月 5 日股价下跌突然加速，以一根大阴线跌破 4 月 16 日（周期中第一根 K 线）的开盘价，收于 22.72 元。

6日股价继续大幅下跌，直接跌破4月16日最低价，收于21.89元，至此趋势出现反转，股价短暂下跌之后开始反弹，5月11日突破4月16日开盘价收于23.10元，趋势第二次反转。股价的走势以最后一次反转的结果为准，可见周期中股价总体是呈上涨走势的，与最后一次趋势反转的方向相同。

我们可以通过上面学到的规律对一个周期中的股价进行预测和把握，此处需要注意的是，很多读者不明白周期的起点如何选取，这里笔者解释一下，周期的起点，一般都是选取前期走势的重要低点，之后每24根K线一个周期，循环往复。

第二节　24周期循环在其他时间范围上的应用

通过前文中的讲述，我们可以发现，股市不断变化的过程中有很大的连续性，在固定的周期内，股价的总体趋势会朝着一个方向变化，而24个交易日无疑就是这样一个固定的周期，那么24周期在月线、周线乃至分钟线上是否会表现出同样的性质呢？

实际上，24周期不只适用于日线，在周线、月线乃至于分时线上同样适用。

前文中提到24周期循环的两大性质：

在24周期循环中，每3个交易日是股价形成一个小的变化的周期；每6个交易日是股价形成一个小趋势的中等变化周期；更长一些，每12个交易日是股价形成趋势的变化周期。所以我们可以把24周期循环2等分、4等分和8等分。

24周期循环中，股价初始的走势会在很大程度上影响后面一段时间乃至整个周期股价的走势，第一根K线会影响前3根K线，前3根K线又会影响前6根K线，前6根影响前12根，前12根K线影响整个周期的走势（当然此处要注意趋势反转的情况）。

那么，在其他时间范围上的 24 周期循环是否也具有同样的性质？

周线上的 24 周期循环

24 周期循环在周线上的案例如图 3.2.A 所示：

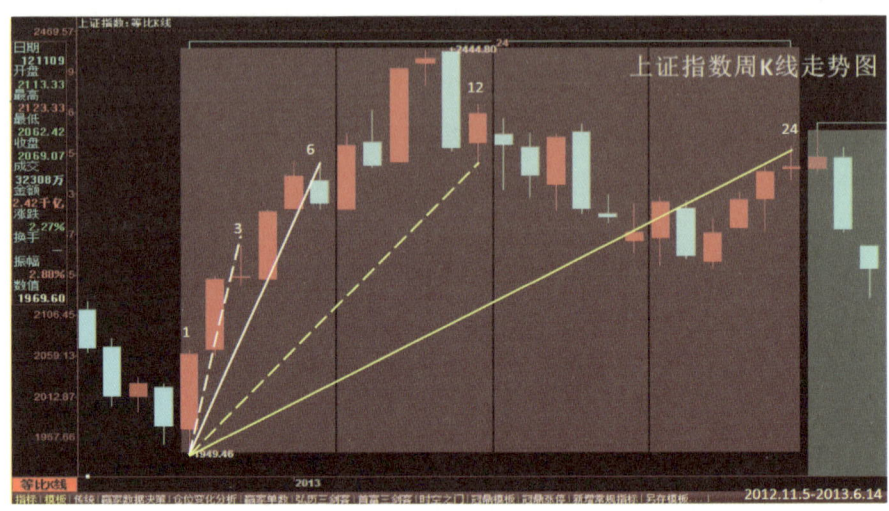

图 3.2.A　上证指数周线走势图

上图框线中是 1A0001——上证指数从 2012 年 11 月 5 日到 2013 年 6 月 14 日的周 K 线走势图，由 2012 年 12 月 3 日到 2013 年 5 月 24 日共 24 根周 K 线构成了 24 周期循环。

我们不妨先假设 24 周期循环在周线上仍具有在日线上同样的性质，反向推导这个结论是否成立。这种方法在数学上被称为逆向分析法，又称为逆推证法，属于间接证明法，笔者将逐一证明每一条性质。

前文中提到，如果在日线 24 周期循环中的第一根 K 线是一根阳线，那么我们可以判断周期中前 3 个交易日股价总体走势都是上升的。如果前 3 个交易日内，股价未跌破周期中前期上涨，又可以判断股价前 6 个交易日整体上升，若前 6 个交易日股价未跌破周期中前期上涨，则可判断前 12 个交易日走势整体上升，若前 12 个交易日股价未跌破周期中前期上涨，则可判断整个周期股价的走势呈上升走势。

那么 24 周期循环在周线上的规律是否有所变化？

图 3.2.A 中 24 周期循环中第一根 K 线是 2012 年 12 月 3 日至 7 日的周 K 线，是一根阳线，最低点 1949.46，也就是股民们常说的"建国底"，用数字 1 标注。那么根据前文中的假设，我们可以判断周期中前 3 根 K 线的总体趋势呈上涨走势。实际走势周期中前 3 根 K 线都是阳线，前 3 周指数总体呈上涨走势，图中我们用白色虚线标识，与判断结果相符。

同时前 3 根 K 线未跌破前期上涨，则我们可以判断，前 6 周的总体走势也是上涨的，图中我们用白色实线标识了前 6 周的总体走势，可以看到前 6 周的总体走势也是上涨的，与判断结果相符。同时由于前 6 根 K 线未跌破前期上涨，则可进一步判断，前 12 周呈总体上涨走势，图中我们用黄色虚线标识了前 12 周的总体走势，可以看到，前 12 周总体走势是上涨的，与判断结果相符。

同样由于前 12 根 K 线未跌破前期上涨，判断整个周期的总体走势将呈上涨走势，图中我们用黄色实线标识整个周期的总体走势，整个周期的总体走势也与判断结果相符，是上涨的。

也就是说，前文中讲到的这种利用映像关系的判断方法，在周线上的 24 周期循环和日线上的 24 周期循环中是相同的。

通过上面的案例，我们可以知道在周线上 24 周期循环中，股价初始的走势也会在很大程度上影响后面一段时间乃至整个周期股价的走势，与日线上的性质相同。

图 3.2.A 的案例中指数未发生趋势反转，在下一案例中，股价在周线上 24 周期中突破前期走势，发生反转，如图 3.2.B 所示：

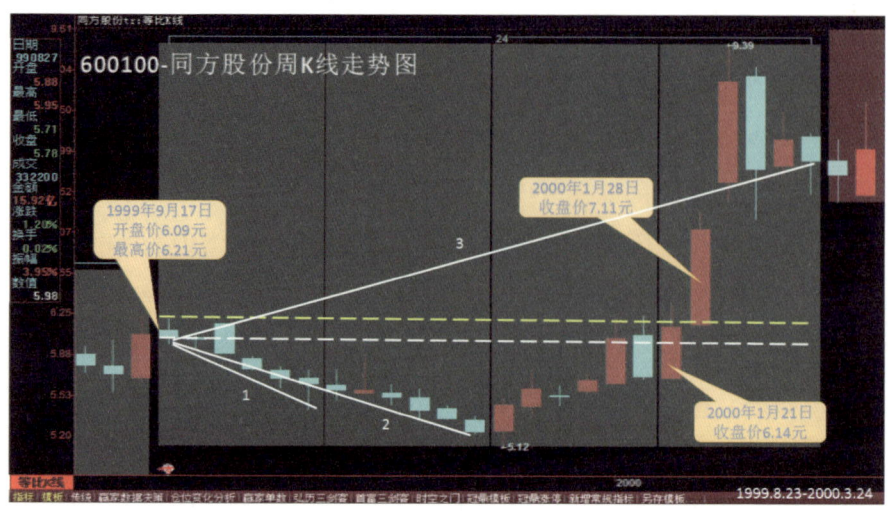

图 3.2.B　同方股份周线走势图

图 3.2.B 是 600100——同方股份从 1999 年 8 月 23 日到 2000 年 3 月 24 日的周 K 线走势图，由 1999 年 9 月 13 日到 2000 年 3 月 10 日共 24 根周 K 线构成了 24 周期循环。

我们同样用分析法，首先假设周线上 24 周期也会发生趋势反转的情况，并且在发生趋势反转时的情况与日线上 24 周期趋势反转的情况具有同样的性质。

图 3.2.B 中第一根 K 线是一根阴线，即 1999 年 9 月 13 日到 17 日的周 K 线是一根阴线，开盘价 6.09 元，最高价 6.21 元，那么我们可以判断前 3 根 K 线的股价整体是下跌的，图中前 3 根 K 线全部都是阴线，股价整体呈下跌走势，与判断结果相符。

同时由于前 3 根 K 线股价并未突破前期下跌，可以判断周期中前 6 根 K 线股价整体呈下跌走势，前 6 根 K 线仍然都是阴线，走势用白色实线 1 在图中标注出来，可以看到股价整体呈下跌走势，与判断结果相符。

同时前 6 根 K 线股价未突破前期下跌，则可判断周期中前 12 根 K 线的股价整体走势是下跌的，前 12 根 K 线的实际走势在图中用白色实线 2 标注出来，是一个明显的下跌走势，与判断结果相符。

股价并未突破周期中前期下跌，可以进一步判断整个周期股价的走势都呈下跌走势，然而12周之后股价开始上涨，直到2000年1月17日至21日的周K线收盘价6.14元，突破周期中第一根K线的开盘价，此时可初步判断趋势反转。下一根K线，即2000年1月24日至28日的周K线股价以一根大阳线收于7.11元，直接突破周期中第一根K线的最高价6.21元，由此判断趋势反转。此后股价再没有接近此价位，可以看到整个周期呈上涨走势，图中我们用白色实线3标注。也就是说，在周线上的24周期循环和在日线上的24周期循环都会发生趋势反转的情况，并且发生趋势反转时具有同样的性质。

前文中提到，24周期循环是可以细分为2等分、4等分和8等分的，并且细分之后周期内的股价会形成一个小的趋势，即在日线上的24周期循环中，每12个交易日是股价形成趋势的变化周期；每6个交易日是股价形成一个小趋势的中等变化周期；而每3个交易日是股价形成一个小的趋势变化的周期。那么这条性质在周线上的24周期循环中是否成立？

周线24周期循环案例如图3.2.C所示：

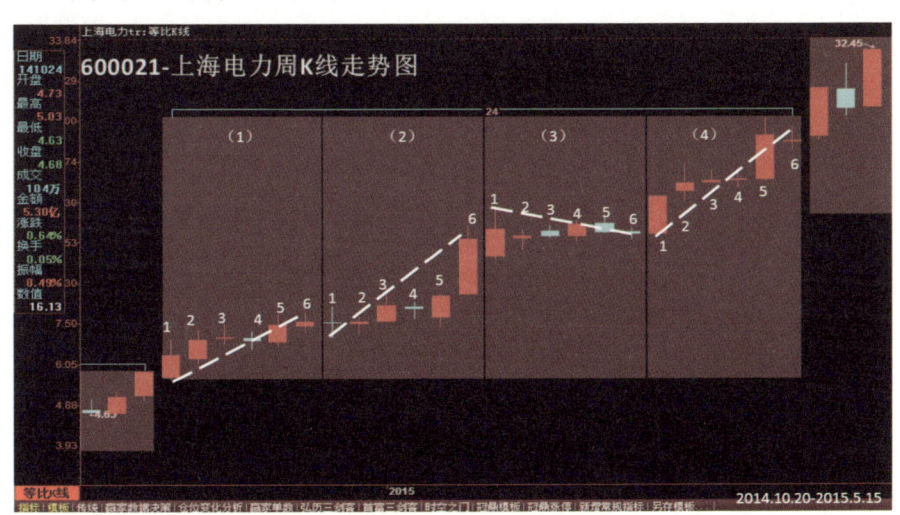

图 3.2.C 　上海电力周线走势图

图 3.2.C 是 600021——上海电力从 2014 年 10 月 20 日到 2015 年 5 月 15 日的周 K 线走势图，图中由 2014 年 11 月 10 日到 2015 年 4 月 24 日共 24 根周 K 线构成了 24 周期循环。我们把它分为等宽的 4 个小周期，每个周期中 6 根 K 线（图中每个矩形褐色背景包含 6 根 K 线，白色数字 1—6 标识），我们将股价的走势用白线标识出来。可以看到，在第一个小周期中，股价整体呈清晰的上升走势；第二个小周期中，股价同样呈上升走势，但上涨的角度略微高于第一个小周期中股价上涨的角度；第三个小周期中，股价呈现下跌走势；第四个小周期，股价再次呈上升走势。通过上面的案例，我们可以发现在周线上的 24 周期循环中同样每 6 根 K 线会出现一个明显的小趋势。

月线上的 24 周期循环

前文中周线上的案例是将 24 周期循环 4 等分的情况，下图是一个将月线上 24 周期循环 2 等分的案例：

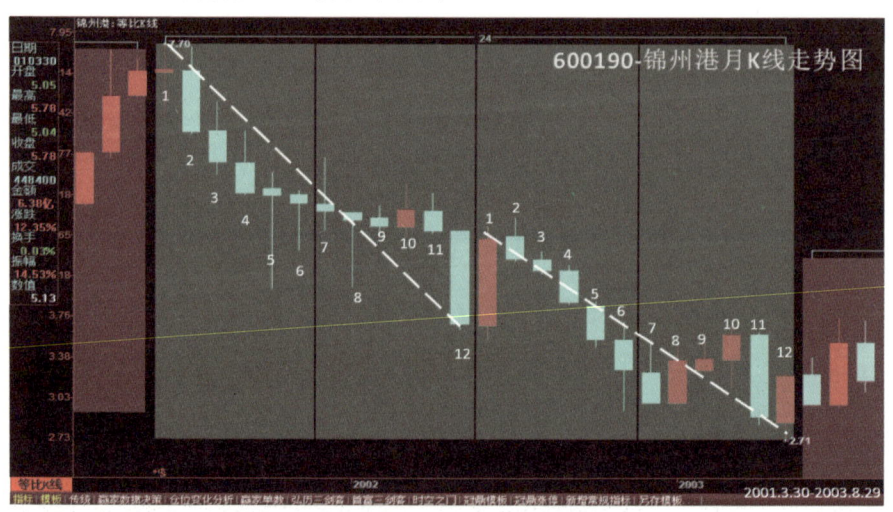

图 3.2.D　锦州港月线走势图

图 3.2.D 是 600190——锦州港从 2001 年 3 月到 2003 年 8 月的月 K 线走势图，图中由 2001 年 6 月到 2003 年 5 月共 24 根月 K 线构成了 24

周期循环。笔者将它分为等宽的两个小周期，则每个小周期中 12 根 K 线（图中白色数字标识），将股价的走势用白线标识出来。可以看到在 24 周期循环中，前 12 根 K 线股价呈现明显的下跌走势，而在后 12 根 K 线中股价同样呈现明显的下跌走势，但是下跌的角度略缓于前 12 根 K 线。也就是说，在以 12 根 K 线为单位的走势中，股价往往向着同一个方向发展，在月线上的 24 周期循环中，每 12 根 K 线股价同样会形成一个趋势。

分时线上的 24 周期循环

前述案例中，笔者列举的都是 24 周期循环在较长时间范围上的应用，相信很多喜欢短线的读者也在好奇 24 周期循环在较短时间范围是否具有同样的性质，下图是 24 周期循环在分时线上的案例：

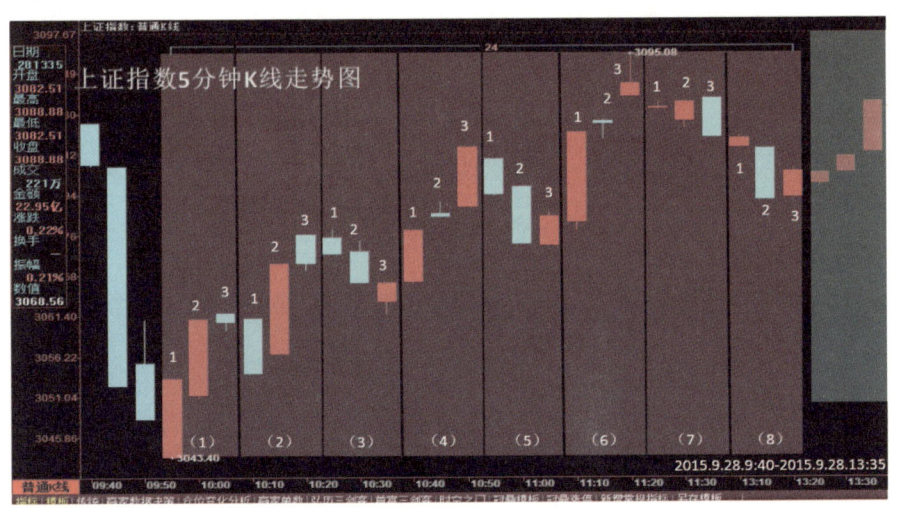

图 3.2.E　上证指数 5 分钟走势图

图 3.2.E 是 1A0001——上证指数从 2015 年 9 月 28 日 9:40 到 2015 年 9 月 28 日 13:35 的 5 分钟分时线走势图，图中由 2015 年 9 月 28 日 9:55 到 2015 年 9 月 28 日 13:20 的 5 分钟分时线共 24 根 K 线构成了 24 周期循环，笔者将这个 24 周期循环中的 24 根 K 线平均分为 8 个小周期，

破译趋势基因

每个小周期3根K线,分别用数字1、2、3标记周期中的3根K线。

这个案例中每个小周期的走势都非常清晰,不需画线标注,小周期(1)呈上升走势;小周期(2)同样呈上升走势;小周期(3)开始呈下降走势;小周期(4)继续上升;小周期(5)呈下降走势;小周期(6)呈上升走势;小周期(7)呈下降走势;小周期(8)继续呈下降走势;每3个交易日一个小趋势,而且3个交易日一个变化(注意是变化而非转折,上升和下降角度的变化也属于变化的范围),走势非常清晰。

通过前述案例,我们可以看到24周期循环在不同的时间范围上的应用都会表现出相同的性质,也就是说,24周期循环不只适用于日线,在周线、月线乃至于分时线上也同样适用。

第三节 邻近时空的相似性

前文中笔者提到,24周期循环可以分成2份、4份甚至8份,本章前面曾经提到,在实际应用中我们更多的是将24周循环分成4份,为什么要把24周期循环分成4份呢?

在上一章的内容中,我们讲到在周线上40周是一个大循环,在一个大循环中分为4个10周的小循环,而24周期循环也有同样的性质,4等分之后会表现出许多和周线40周期循环4等分一样的性质。上一节中我们说到40周期的两条性质是:

在40周期循环中,如果一只股票在第一个10周里面是下跌的,那么它未来30周整体也是下跌的;反之,如果第一个10周里面是上涨的,那么它未来30周整体也是上涨的。

在40周期循环中,如果一只股票在第一个10周里面是下跌的,在前两个10周里面分别出现一个高点,后两个10周里面各出现一个低点;反之,如果一只股票在第一个10周里面是上涨的,在前两个10周里面分别出现一个低点，后两个 10 周里面各出现一个高点。这条性质被我们称为邻近时空的相似性。

第一条性质在 24 周期中的体现，前文中已经详细为大家阐述过，这里就不浪费篇幅了。重点是第二条性质，上一章讲周线 40 周期循环的时候，笔者就提到邻近时空的相似性这个性质在其他时间周期上也会得到体现。实际上在 24 周期循环中，如果我们把整个周期 4 等分之后，也会体现出邻近时空的相似性，即每个小周期都会出现明显的高低点，并且一般总体下降走势的 24 周期中前两个小周期出现高点，后两个小周期出现低点；反之，总体上升走势的 24 周期中前两个小周期出现低点，后两个小周期出现高点。需要注意的一点是，出现的高点或低点不一定是最高点或者最低点，这条性质在月线和周线上体现得比较明显。

月线上的案例如下：

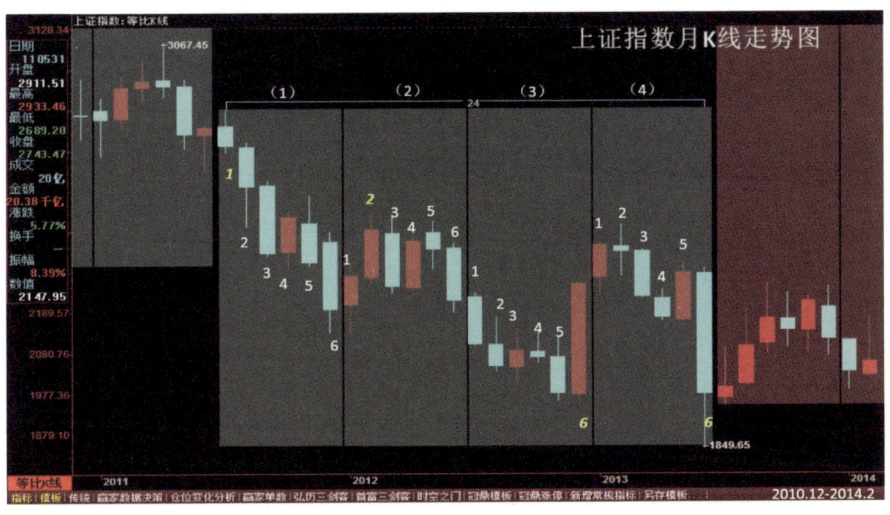

图 3.3.A　上证指数月线走势图

图 3.3.A 是 1A0001——上证指数从 2010 年 12 月到 2014 年 2 月的月 K 线走势图，从 2011 年 6 月到 2013 年 5 月共 24 根 K 线构成了一个总体走势下跌的 24 周期循环。把图中的 24 周期循环分为 4 个小周期，

分别标记为小周期（1）（2）（3）（4）并用数字 1 至 6 标记每个小周期中的 6 根 K 线。

图 3.3.A 中我们可以看到，在前两个小周期中各出现一个高点，分别出现在小周期（1）中的第一根 K 线（黄色标识），小周期（2）中的第二根 K 线（黄色标识），前两个小周期中的高点在各自所在的小周期中的相对位置仅差一根 K 线；后两个小周期各出现一个低点，分别出现在小周期（3）中的最后一根 K 线，小周期（4）中的最后一根 K 线，后两个小周期中低点在各自所在的小周期中的相对位置是一致的。

在总体下降的走势中两次出现高点的位置是相近的，而两次出现低点的位置也是相近的，这就是 24 周期循环中邻近时空的相似性。

上一案例是一个大盘上总体走势下跌的案例，个股上的总体走势上涨的案例如图 3.3.B 所示：

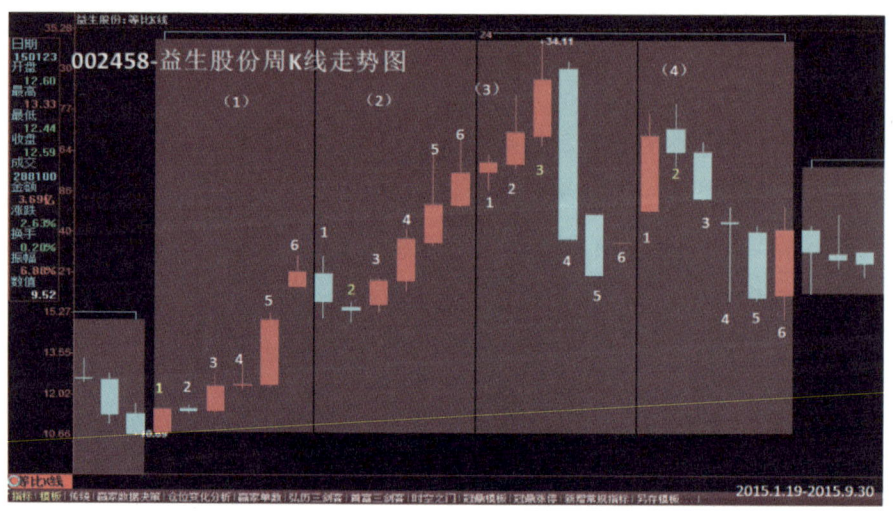

图 3.3.B　益生股份周线走势图

图 3.3.B 是 002458——益生股份从 2015 年 1 月 19 日到 2015 年 9 月 30 日的周 K 线走势图，从 2015 年 2 月 9 日到 2015 年 9 月 11 日共 24 根周 K 线构成了一个总体走势上升的 24 周期循环。把图中的 24 周

期循环分为4个小周期，分别标记为小周期（1）（2）（3）（4），并用数字1至6标记每个小周期中的6根K线。

图中可以看到在前两个小周期中各出现一个低点，分别出现在小周期（1）中的第一根K线（黄色标识），小周期（2）中的第二根K线（黄色标识），前两个小周期中的低点在各自所在的小周期中的相对位置仅差一根K线；后两个小周期各出现一个高点，分别出现在小周期（3）中的第三根K线，小周期（4）中的第二根K线，后两个小周期中低点在各自所在的小周期中的相对位置同样仅差一根K线。

通过上面的案例我们可以看到，24周期循环不仅仅是在大盘上，在个股上也会表现出邻近时空的相似性，这种相似性在较长的时间范围内，比如年线、月线上表现得会更加明显，并且时间范围越长越明显。

当然，这些性质只是股价在24周期运行中表现出的一种强烈的趋向性，具体使用时，会视周期起点的选取不同，以及走势的影响而有所变化。股市中没有完美的方法，但有完美的使用者，在不同的情况下选取不同的方法，才是明智的投资者。

小 结

笔者在网上看到一句话，叫作"选择比努力更重要"。笔者认为这句话在股市中应改为：选择正确的时机远比努力更重要。每一个投资者都要牢记这句话，笔者在前面两本丛书中也提到过司马迁在《史记·货殖列传》中如是写道：无财作力，少有斗智，既饶争时。意思是，一无所有的时候想要赚钱就只有出卖力气；而当你有所积蓄的时候，想要赚钱就需要依靠智慧；等到你有钱了之后，想要赚更多的钱，那就要学会把握时机。时机，在股市中就直接表现为时间，通过前文中的讲述，我们可以总结出股市

模型理论 ③

破译趋势基因

中股价的运行规律是有连续性的,股价的运行总是随着时间的延续进行着循环往复、周而复始的变化,这样就形成了时间周期。

时间规律是让我们把握大的轮廓赚大钱的方法,这是一种时间的概念,是一种从时间周期的角度预测股市变化的方法,很简单但是很实用,不需要天天盯盘,也不需要频繁地买进卖出,只需要在关键的时机进行操作就可以轻松获利。

命运是有某种巧合的。
　　　　——英国政治家和文学家切斯特菲尔德《书信录》

第二卷 巧合背后的秘密
——小周期循环规律

历史的必然往往是由许多偶然组成，然而如果缺少某一个或者几个偶然却不会影响历史的必然——历史总会不断重演。

这就是我们研究历史的意义，无论在政治、军事还是经济上，了解历史的人往往能够掌握未来，因为就像巧合一样，所有"进行时"的背后都有着"过去时"的影子。

纵观人类的历史，事物的发展似乎总会出现一个个这样的"巧合"。

所以这一卷内容的讲解就从一个偶然的"巧合"开始。

第四章 场内次序和场外次序

——两种不同的循环方式

场内次序，顾名思义就是市场内部的次序，这种次序依托市场而存在，是市场的固有属性。场内次序一般表现为股价运行的规律，场内次序的一大特点就是只考虑场内因素，不考虑场外因素，即不考虑非交易日的影响，这也是场内次序和场外次序最大的不同。

场外次序更倾向于自然界的规律，比如太阳东升西落，月亮阴晴圆缺，草木春华秋实，是一种不依赖于市场存在的固有规律。它诞生于市场之前，却一直深深影响着市场，Delta理论就是典型的场外次序在股市中的应用，由这种理论衍生的时空之门，更是成为一套成熟的预测方法，至今为止已经经过了20余年30余个国家和近500年数据所验证，成为华尔街高手秘而不宣的"葵花宝典"。由此可见场外次序的神奇之处。

第一节 一个巧合

这个巧合是笔者在研究微趋势的时候偶然发现的（关于微趋势的知识，本书中后面的章节中会做重点讲解），因为对微趋势的研究要涉及分时图，所以笔者曾经跟踪过相当长一段时间的大盘分时图走势，以期发现其中隐藏的秘密，结果在对微趋势的研究取得重大进展之前，对大盘分时走势的跟踪却让笔者有了意外的惊喜。

2015 年 8 月 13 日，一个很平凡的日子，从分时图上看，这一天股价开盘走高，之后调整，之后再走高，走势形成一个 N 字形，如图 4.1.A：

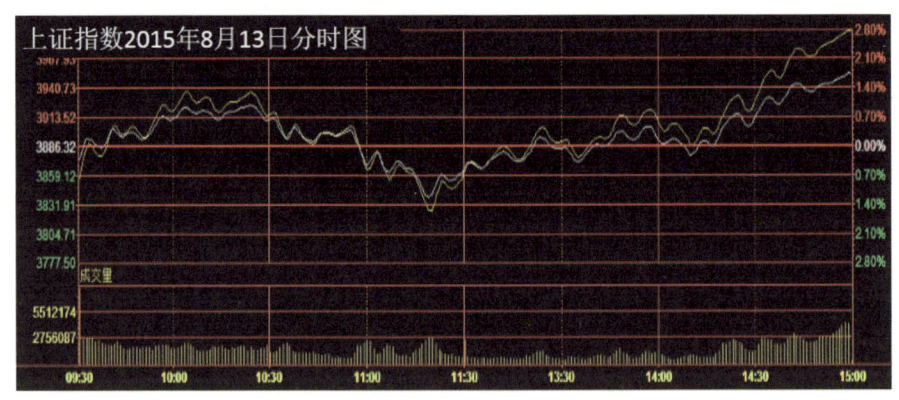

图 4.1.A　上证指数分时图

笔者在这一交易日之后的第四个交易日，即 8 月 19 日再次关注大盘的分时走势时，偶然发现了这样一个巧合：8 月 19 日这一天股价的走势是开盘走高，连续两次转折之后形成一个 N 字形，如图 4.1.B 所示：

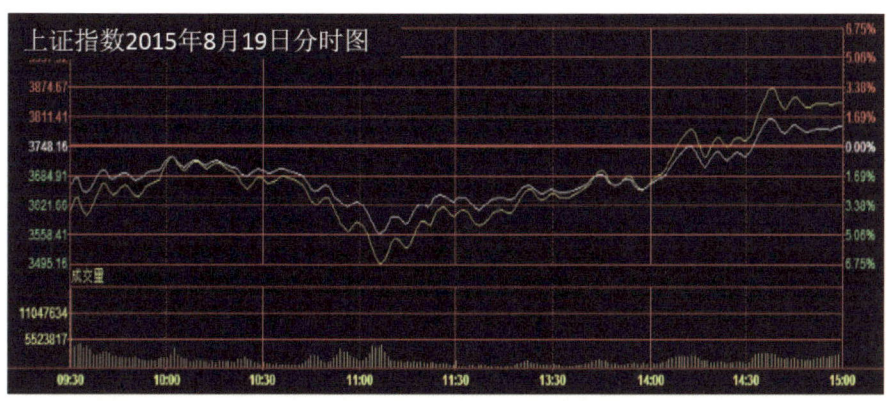

图 4.1.B　上证指数分时图

是不是很眼熟？当笔者看到这一天的走势图的时候几乎怀疑自己错把 8 月 13 日的分时图调出来了，因为它和 4 天前的走势实在是太相似了，我们把这一天的分时走势和 4 天前的走势放在一起进行对比，就会得到下面一张图。

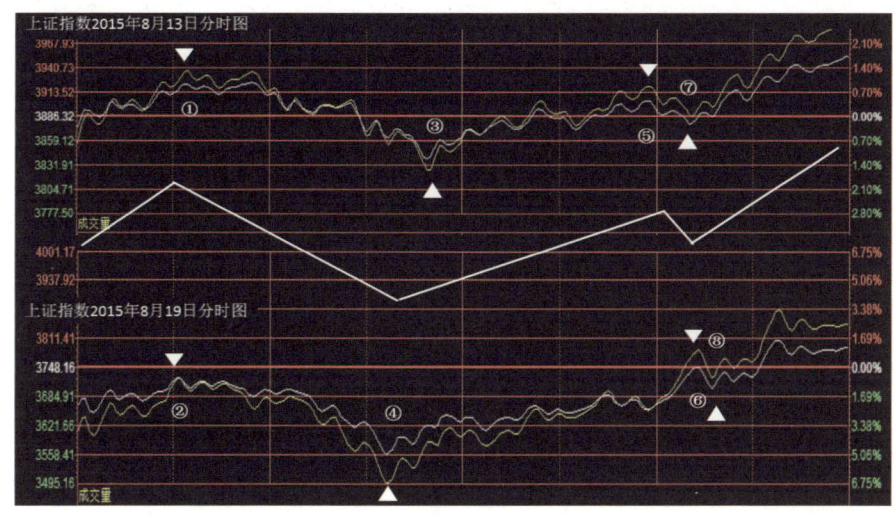

图 4.1.C　上证指数分时走势图对比

笔者用白色线条将这两天的走势标识出来（虽然是两个不同的交易日，但由于它们的走势实在是太相似了，笔者完全可以用一条折线把它们的走势同时表现出来），笔者将每一个转折点都用三角形标识出来，高点①对应高点②，低点③对应低点④，高点⑤对应高点⑥，低点⑦对应低点⑧，可以看到两幅图中每一次转折点的位置都十分相近。这是一次让人惊喜的巧合，它完美地验证了道氏理论中"历史总会不断重复"的观点，笔者认为深入研究下去一定会有更加让人惊喜的发现。

第二节　神奇 4 日循环

在对大量历史数据进行仔细的分析和研究之后，笔者发现这种"巧合"并非个例。

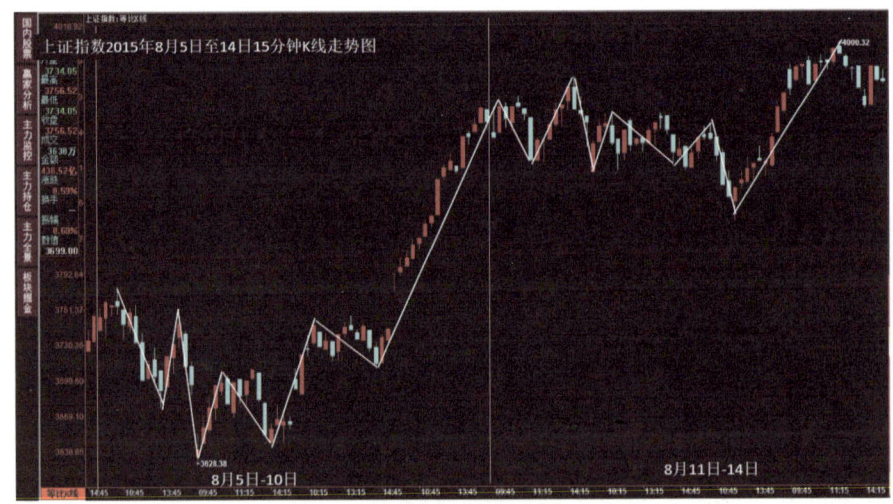

图 4.2.A　上证指数分时走势图

图 4.2.A 是上证指数 2015 年 8 月 5 日到 8 月 14 日的 15 分钟 K 线的走势图，以 8 月 10 日和 8 月 11 日之间的那根白色线为分隔，8 月 5 日到 10 日是 4 个交易日（8 月 8 日和 8 月 9 日是非交易日），8 月 11 日到 14 日也是 4 个交易日，我们把两段走势单独拿出来作对比，如图 4.2.B 所示：

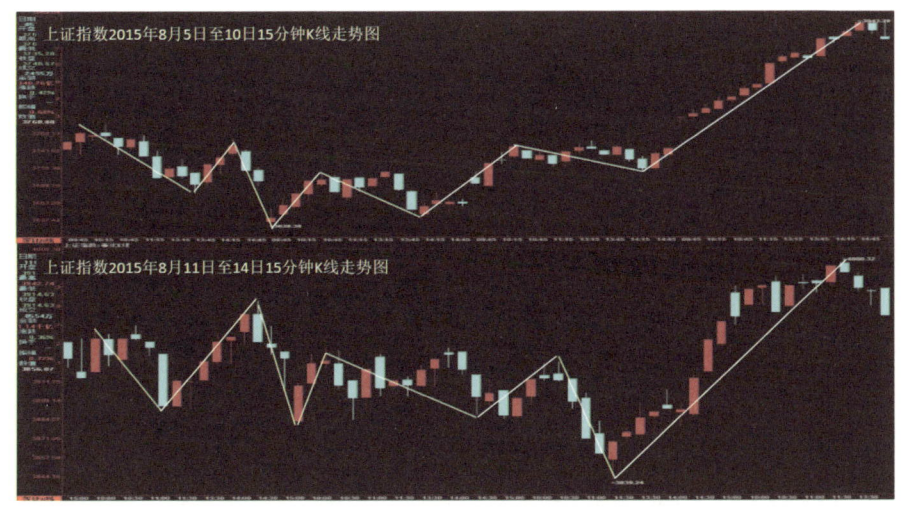

图 4.2.B　上证指数分时走势图对比

从图 4.2.B 中我们可以看到，前 4 天（8 月 5 日到 10 日）的走势和后 4 天（8 月 11 日到 14 日）的走势非常相似，尤其是转折点的位置几乎一模一样。也就是说，4 天后的走势和 4 天前的走势非常相似，现在你还会觉得图 4.1.C 中的情况是巧合么？

下面我们精确到每一天的走势来分析，如图 4.2.C 所示：

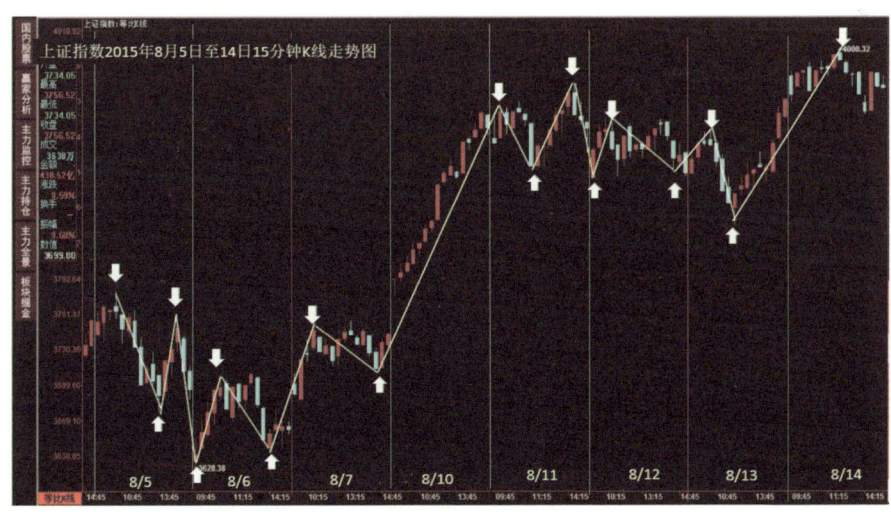

图 4.2.C　上证指数分时走势图

破译趋势基因

图 4.2.C 是上证指数 2015 年 8 月 5 日到 8 月 14 日的 15 分钟 K 线的走势图，图中每两根彩线之间是 16 根 K 线，也就是一个交易日的走势，我们来看单个交易日和 4 个交易日之后的走势对比情况。

8 月 5 日指数整体走势呈反 N 字形，出现三个转折点，4 个交易日之后 8 月 11 日同样是三个转折点，反 N 字形走势，甚至连转折点出现的位置都相差不大，相差 4 天，指数的走势十分相似。

8 月 6 日指数的整体走势几乎与 8 月 5 日相反，呈 N 字形走势，开盘即低点，而 4 天之后的 8 月 12 日情况与 8 月 6 日几乎相同，开盘即低点，三次转折之后出现 N 字形走势。

8 月 7 日、10 日和 8 月 13 日、14 日（间隔 4 个交易日）都是两次转折，之后一路上涨，当然，在 14 日指数出现了一小波下跌，而与之对应的 8 月 10 日则是一路上涨，直到 11 日才开始出现下跌，这是两者之间略微不同的地方，这种情况只是由于前 4 天上涨强势，而后 4 天则涨势较弱造成的，本身不影响走势的相似性。

通过上面的案例，我们可以得出以下的规律：市场每 4 天就会直接或间接地重复一次。即使受到各种因素的影响，暂时改变股价的走势，也不会使这条性质消失。这让笔者想起了一个有趣的比喻：市场就像一个孩子，不管你给他一块糖还是打他一顿之后，第四天他都不会记得，依然会回到没有受到影响之前的状态。

发现这条规律之后，在研究时仍有一个问题困扰着笔者：市场每 4 天一个循环，这个"4 天"是指的 4 个自然日还是 4 个交易日呢？笔者曾经研究过纯交易日的市场循环情况，发现循环的痕迹很明显，转折点之间的趋同现象很清晰；然而当笔者再研究自然日（即包括非交易日）市场的循环情况时却发现股价仍会频繁地出现每 4 日（此处的 4 日指 4 个自然日）走势相同的情况，似乎市场每 4 天循环一次的规律既符合场内次序又符合场外次序，于是笔者开始了对场内次序和场外次序的研究。

第三节　场内次序和场外次序的概念

场内次序，顾名思义就是市场内部的次序，这种次序依托市场而存在，是市场的固有属性。场内次序一般表现为股价运行的规律，场内次序的一大特点就是只考虑场内因素，不考虑场外因素，即不考虑非交易日的影响，这也是场内次序和场外次序最大的不同。

场外次序更倾向于自然界的规律，比如太阳东升西落，月亮阴晴圆缺，草木春华秋实，是一种不依赖于市场存在的固有规律。它诞生于市场之前，却一直深深影响着市场，Delta 理论就是典型的场外次序在股市中的应用，由这种理论衍生的时空之门，更是成为一套成熟的预测方法，至今为止已经经过了 20 余年 30 余个国家和近 500 年数据所验证，成为华尔街高手秘而不宣的"葵花宝典"。由此可见场外次序的神奇之处。

说了这么多，很多读者仍很难对场内次序和场外次序有一个直观的理解，笔者一直认为图像是比文字更直观的表达方式，我们不妨用图片的形式来加深一下各位对场内次序和场外次序的理解。

我们先来看场外次序，如图 4.3.A 所示：

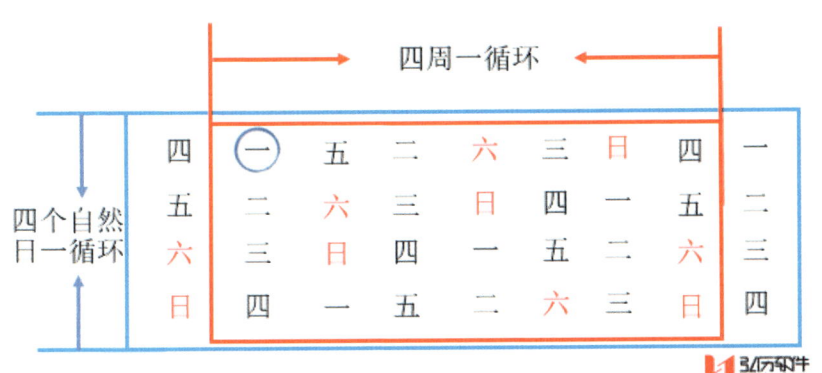

图 4.3.A　场外次序循环示意图

破译趋势基因

图 4.3.A 是场外次序的循环示意图，图中每一个数字就代表一个自然日，从周一到周日纵向排列，例如左上角被蓝色的环标记的数字"一"就代表星期一这一天。需要注意的是，为了方便研究，我们只把周末作为非交易日，标记为红色，而不考虑其他休市的情况（例如节假日等）。我们从左上角被蓝色环形标记的星期一开始往下数，每四个自然日一个循环，如图中蓝色框线内纵向排列的数字，则从周一到周五（不包括周五）完成一个循环，周五到下一个周二（不包括下一个周二）完成又一个循环，以此类推，直到第七个循环之后再次出现循环中第一天是星期一的情况，也就是说每四周完成一个大循环，如图中红色框线标识。

那么进一步研究，在图 4.3.A 中市场每四个自然日完成一个循环。也就是说，相隔三个自然日的股价的走势会存在相似性（在图中横向对应，比如蓝色环形标记的星期一就和它右侧的星期五相对应），但是这里需要考虑的一点是周末不进行交易，所以这些非交易日应该从相似性对应关系中排除（即比如星期二对应星期六，而星期六不交易，则排除掉这条对应关系）。那么排除对应关系中包含非交易日的情况，只剩下三种对应相似的情况，即周一对应周五，周五对应周二，周四对应周一，而由于场外循环考虑的是自然日之间的对应关系，所以即使考虑节假日休市也不会有更多的对应相似的情况。

我们再来看看场内次序，如图 4.3.B 所示：

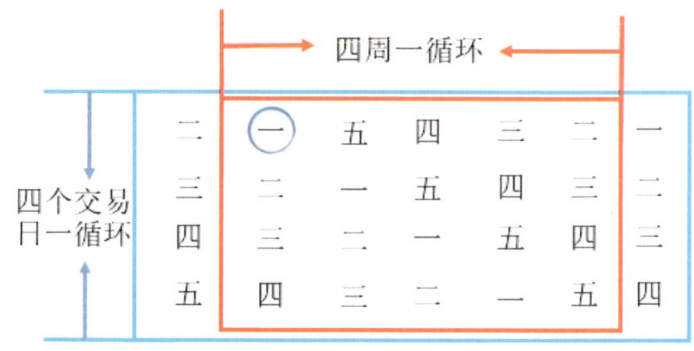

图 4.3.B　场内次序循环示意图

图 4.3.B 是场内次序的循环示意图，图中每一个数字就代表一个交易日，例如左上角被蓝色的环标记的数字"一"就代表星期一这一天，从周一到周五纵向排列，排除所有非交易日。需要注意的是，为了方便研究，我们只把周末作为非交易日，而不考虑其他休市的情况（例如节假日等），我们还是从左上角被蓝色环形标记的星期一开始往下数，每四个自然日一个循环，如图中蓝色框线标识。则从周一到周五（不包括周五）完成一个循环，周五到下一个周四（不包括下一个周四）完成又一个循环，以此类推，直到第五个循环之后再次出现循环中第一天是星期一的情况，同样是每四周完成一个大循环，如图中红色框线标识。

进一步研究，与图 4.3.A 中不同的是，在图 4.3.B 中市场是每四个交易日而不是自然日完成一个循环，相隔三个交易日的股价的走势会存在相似性（在图中横向对应，比如蓝色环形标记的星期一就和它右侧的星期五相对应）。由于排除了所有非交易日的情况，仔细观察，共有五种对应相似的情况，即周一对应周五，周五对应周四，周四对应周三，周三对应周二，周二对应周一，如考虑节假日休市的情况则对应关系更加复杂，这也就是造成场内循环和场外循环存在差异的原因之一。

场内次序和场外次序之间既有共性也有异性，比如共性都是四日一个小循环，四周一个大循环，而相异性则是场外循环的相似关系只固定为三种情况，而场内循环的对应关系则不固定。

第四节　场内循环和场外循环的规律

前文中我们列举了场内次序和场外次序中对应的相似关系，下面我们来看一下场内次序和场外次序之间具体对应相似的交易日的走势之间各有什么异同，即场内和场外不同的循环方式所决定的走势相似的交易日的相似性之间有何异同。文字表达起来很拗口，通过实例，相信各位读者会比较容易理解。

首先我们来看场外次序，如图 4.4.A 所示：

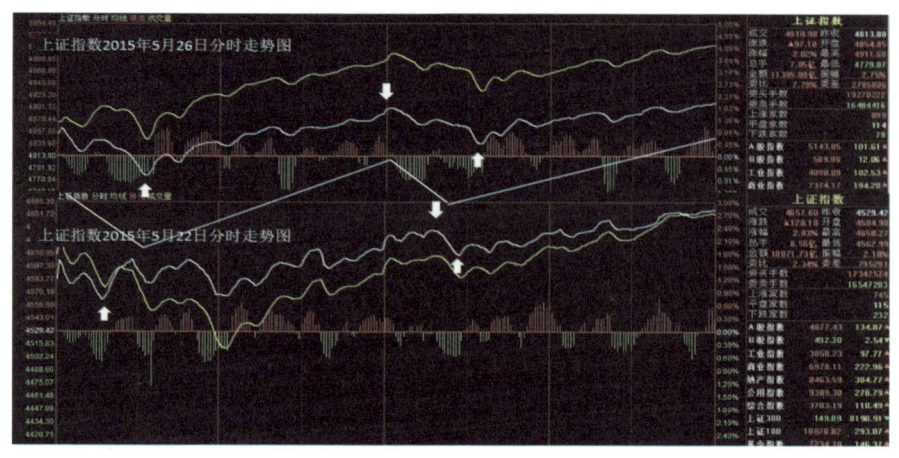

图 4.4.A　上证指数分时走势图对比

图 4.4.A 是上证指数 2015 年 5 月 22 日和 26 日的分时走势图对比，两个交易日之间间隔 3 个自然日，属于明显的场外循环，22 日指数开盘小幅下跌之后开始大幅上涨，盘中又发生一波小幅调整之后继续上涨，整体呈现上涨走势。而 26 日同样开盘小幅下跌，同样整体上涨，同样盘中出现小幅调整，我们可以看到这两个交易日的走势十分相似，笔者甚至可以用一条折线来标识这两个交易日的走势，然而转折点的位置却不像走势那样相似。

图中笔者用白色箭头标识重要的转折点，我们可以看到图中转折点的位置存在一定的差异。那么这是否是个例呢？我们来看下面一个案例，如图 4.4.B 所示：

图 4.4.B 是上证指数 2015 年 6 月 5 日和 9 日的分时走势图对比，两个交易日之间间隔 3 个自然日，同样属于场外循环，与图 4.4.A 中的情况相同的是这两个交易日的走势十分相似，如图中白色折线标识，尽管走势相似，但是转折点的位置却存在较大差异（图中用白色箭头标识转折点）。

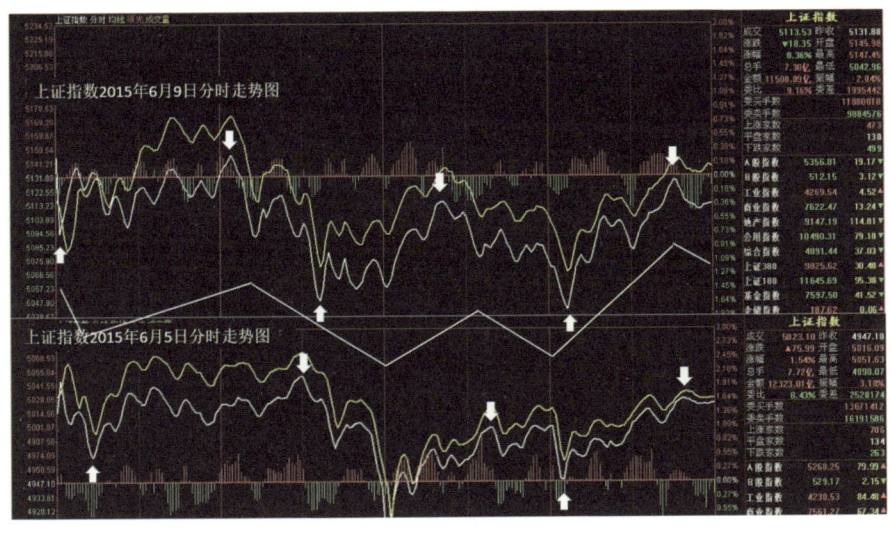

图 4.4.B　上证指数分时走势图对比

那么我们总结一下，在场外循环中，间隔 3 个自然日股价的走势相同或者相似的程度比较高，很多情况下我们可以用同一条折线来表示两个不同交易日的走势，然而转折点的位置却往往出现偏差。

场内次序和场外次序是否会存在差异呢？我们再来看场内次序，如图 4.4.C 所示：

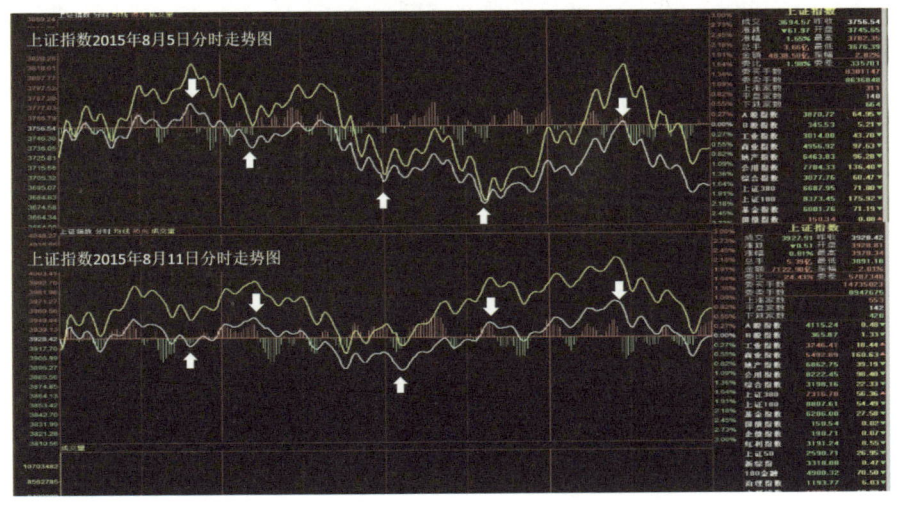

图 4.4.C　上证指数分时走势图对比

还是前文中8月5日到8月14日的案例（图4.2.C），一共8个交易日，因为是研究场内次序，所以排除8月8日和9日（周末，非交易日），相隔3个交易日的指数走势相互对应，我们把每个交易日的分时走势列出来。如图4.4.C是上证指数2015年8月5日和11日的分时走势图对比，我们可以看到精确到分时走势之后，8月5日和8月11日之间走势的相似度并不高，但是高低点之间相对应，与每一个重要的转折点相对应的位置必然会出现高点或者低点（这里需要注意的是，此处的低点和高点不一定是最高点或者最低点）。

图4.4.D是上证指数2015年8月6日和12日的分时走势图对比，同样是两个交易日之间走势的相似度不高，但是高低点的位置趋同。

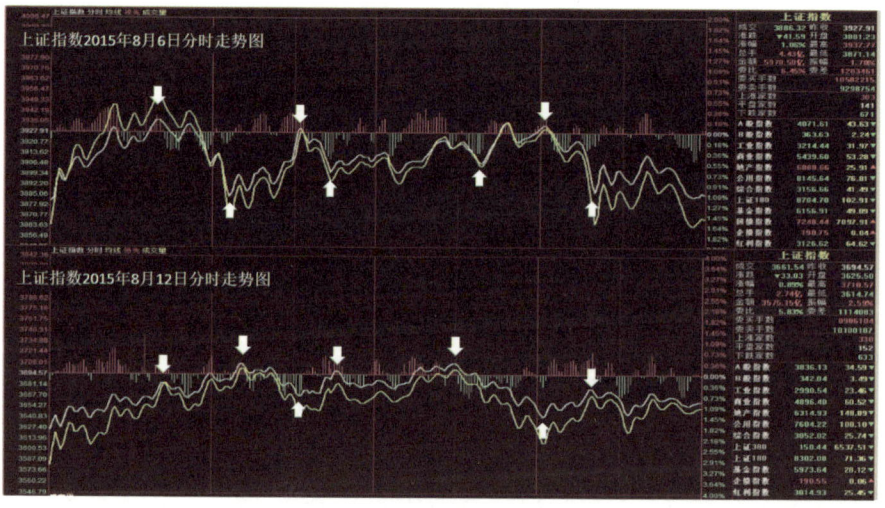

图 4.4.D　上证指数分时走势图对比

图4.4.E是上证指数2015年8月7日和13日的分时走势图对比，可以看到与图4.4.C和图4.4.D相同的是高低点之间对应的位置趋同。但是通过观察，我们发现8月7日和8月13日之间的走势还是比较相似的，之所以会相似，是由于场内次序和场外次序的交汇，在下文中笔者会详细讲到。

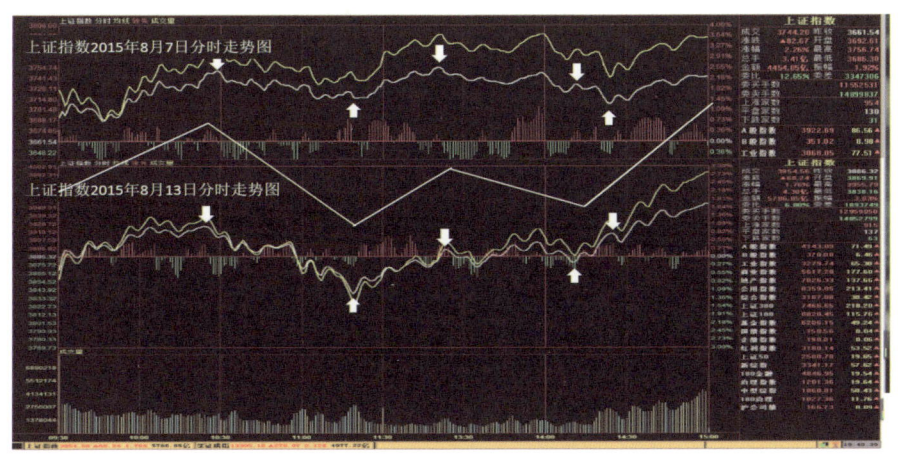

图 4.4.E　上证指数分时走势图对比

图 4.4.F 是上证指数 2015 年 8 月 10 日和 14 日的分时走势图对比，这两个交易日的走势差异相当明显。8 月 10 日受利好因素影响，指数上涨非常强势，而 8 月 14 日则是震荡横盘走势，但即便如此我们也可以看到，8 月 14 日走势中出现转折的地方，8 月 10 日走势也同样出现高点（虽然不是最高点，因为指数一直在上涨）。

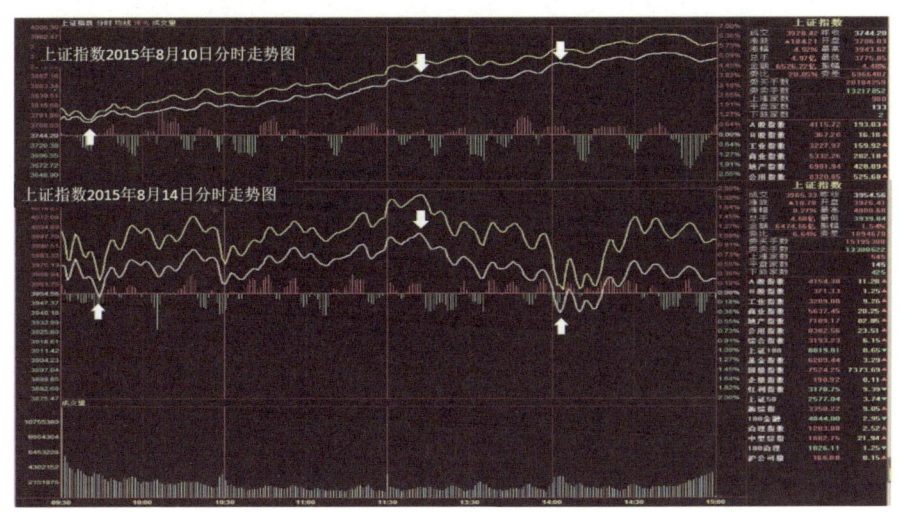

图 4.4.F　上证指数分时走势图对比

通过前面的案例，我们可以总结出场内次序中相对应的交易日之间走势的规律：与场外次序相比，场内次序中相对应的交易日之间的走势相似度就要差一些，但高低点的位置更加趋同。

也就是说，场外次序中相对应的交易日之间的走势更加相似，而场内次序中，相对应的交易日之间的转折点位置更加趋同。

第五节　场内次序和场外次序的交汇点

前文中我们说到，场外次序中相对应的交易日之间的走势更加相似，而场内次序中，相对应的交易日之间的高低点位置更加趋同。

但是本章开篇中的案例（图 4.1.C）却是一个场内次序中走势相似的情况：

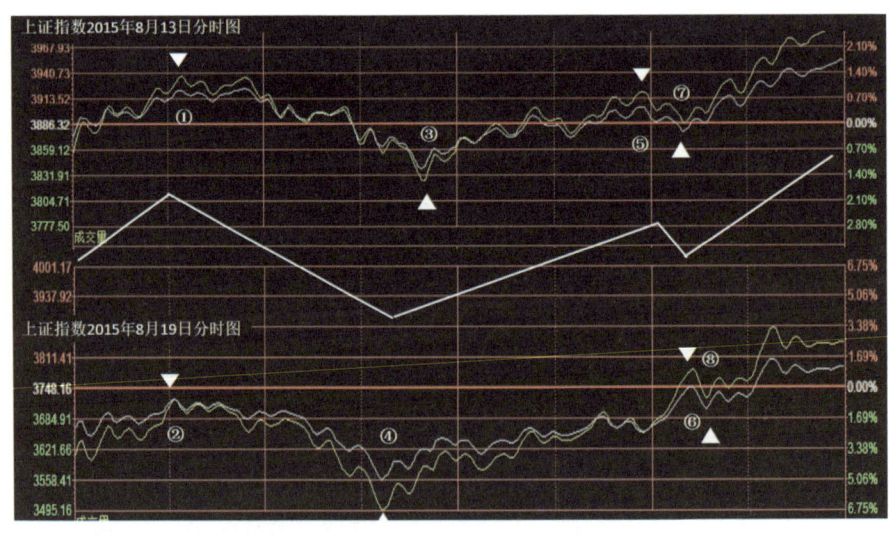

图 4.1.C　上证指数分时走势图对比

而且在前文中也出现过同样的情况，如图 4.4.E 所示：

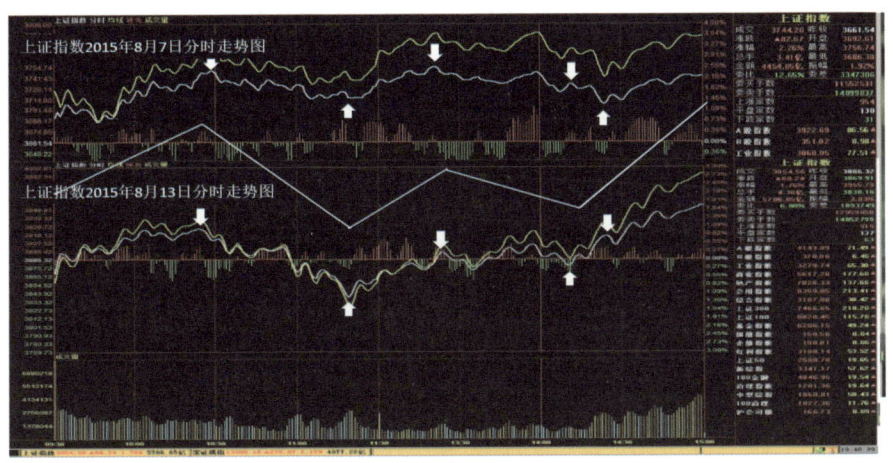

图 4.4.E　上证指数分时走势图对比

在前文中笔者说过，这种情况出现的原因是场内次序与场外次序的交汇，下面笔者就来详细解释一下什么是场内次序与场外次序的交汇，我们首先来看下面一幅图：

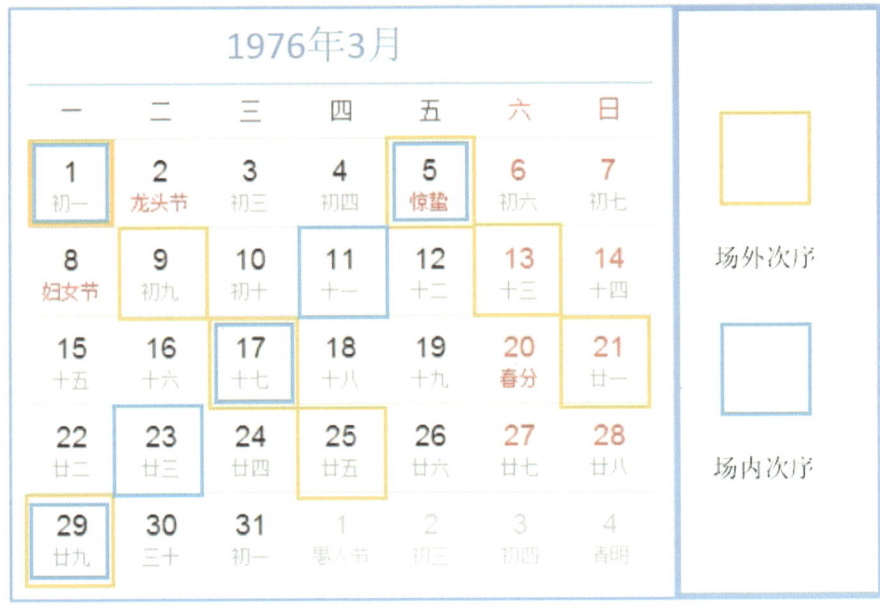

图 4.5.A　1976 年 3 月日历

图 4.5.A 是 1976 年 3 月的日历（请原谅笔者选取这么有"历史气息"的案例，之所以选择这个月作为案例是因为 1976 年 3 月的月初既是阴历初一又是阳历 1 日，同时这一天还是星期一，并且这一个月没有法定节假日，也就是说除了周末之外不会出现非交易日，十分适合我们用来研究场内次序和场外次序的交汇，实际上符合条件的案例最近的也要追溯到 1976 年），本月 1 日即交易日，那么我们从 1 日开始算起，根据市场每四天直接或间接重复一次的规律，用黄色方框标记按照场外次序与 1 日相似的日期，用蓝色方框标记按照场内次序与 1 日相似的交易日。如图 4.5.A，可以看到除了 1 日之外，图中出现了三个双色方框标识的日期，分别是 5 日、17 日和 29 日，这三个日期就是场外次序和场内次序的交汇点，一旦某个交易日与这些交汇点对应相似，就可能会出现如图 4.1.C 和图 4.4.E 的情况，即两个交易日之间走势相似，同时高低点的位置也趋同的情况。

图 4.1.C 和图 4.4.E 的案例都涉及了 2015 年 8 月 13 日，下面我们来看一下 2015 年 8 月的场内场外次序交汇的情况：

图 4.5.B　场内场外次序交汇情况

图 4.5.B 是 2015 年 8 月的日历，因为 8 月 1 日是本月第一天，所以用黄色方框标记按照场内次序与 1 日相似的日期，因为 8 月 3 日是本月第一个交易日，所以用蓝色方框标记按照场外次序与 3 日相似的交易日，排除节假日休市的因素，就得到了图 4.5.B。图中我们可以看到两个场内场外次序的交汇点，分别是 13 日和 25 日。可以看到 8 月 13 日是场内场外次序交汇的位置，而场内次序中与之对应相似的两个交易日分别是 8 月 7 日和 8 月 19 日，则它们之间的关系如图 4.5.C 所示：

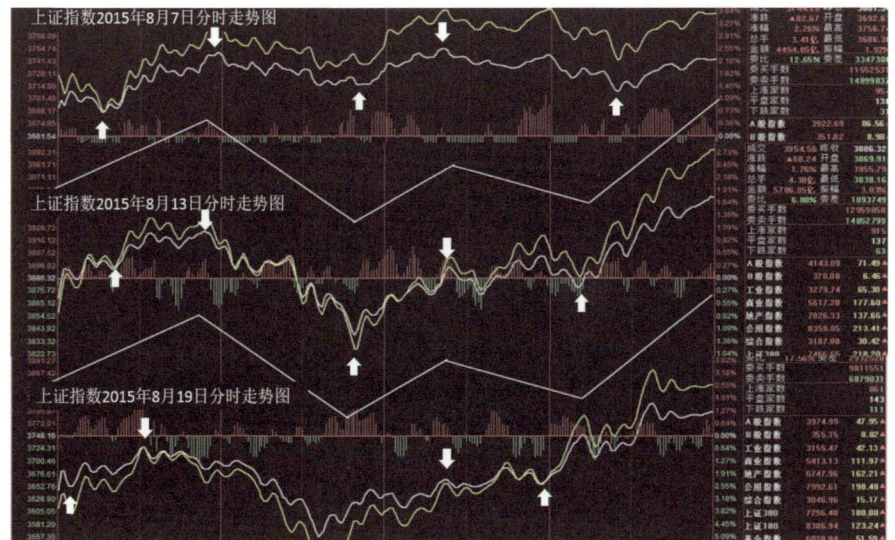

图 4.5.C 上证指数分时走势图对比

可以看到图中三个交易日的走势相似，并且转折点的位置趋同，每一个重要的高低点对应的位置都会出现高低点（但不一定是最高点或最低点），既有场内次序的特点又有场外次序的特点，这就是场内场外次序交汇的神奇之处。

破译趋势基因

小 结

次序无处不在，场内次序伴随市场诞生，是市场的固有属性；场外次序看似与市场无关，但长久以来一直影响着市场。股市的波动看似毫无规律，然而混乱的背后却是无数规律的叠加，股市预测由此而生。

第五章　市场次序实战应用

——安全交易

在股市中，比获利还要重要的就是安全，无数投资大师在讲述自己的投资技巧时，都在强调安全，所谓安全就是保住本金。股市不是赌博，孤注一掷会使你离成功越来越远，当发现自己操作失误之后及时止损，才能保住本金。股市中永远不缺乏机会，保住本金就可以等待机会再次投资，只要本金不失，获利只是时间问题。

破译趋势基因

第一节 安全交易日的操作方法

在股市中，比获利还要重要的就是安全。无数投资大师在讲述自己的投资技巧时，都在强调安全，所谓安全就是保住本金。股市不是赌博，孤注一掷会使你离成功越来越远，当发现自己操作失误之后及时止损才能保住本金。股市中永远不缺乏机会，保住本金就可以等待机会再次投资，只要本金不失，获利只是时间问题。

前文中我们说过，场外次序是不依赖于市场存在的固有规律，但是它却深深地影响着市场，下面笔者就为大家介绍一个场外次序判断安全交易日的方法。

古人以三十天为一月（指阴历），为什么是三十天而不是十天或者六十天？因为月亮的圆缺正好是三十天一轮回，对于股市来说，月亮的盈亏周期就是场外次序。也许有些读者会疑惑，月亮的盈亏对股市有什么影响呢？

数据最能说明一切。通过对大量数据的观察，笔者发现，月亮在我们不知不觉间就像影响潮汐一样影响着股市。比如，在月亮盈亏轮回中的某些固定的日子里做交易总是格外的安全，当然这需要特殊的操作方法，而笔者称这样的日子为安全交易日。当然，研究月相与股票走势之间的关系并非笔者的专利，实际上国际上对于这方面的研究已经有不少了，但是作为国人，我们的优势是什么？我们有农历，农历是与月相挂钩的，而阳历不是，所以外国人很难理解月相的规律，但对于国人来说，这从来都不是难题，这是五千年来老祖宗留给我们的遗产，我们应该继承和发扬。

我们以1976年3月为例，如图5.1.A，前面我们说过，这个月的第一天既是阳历1日也是阴历初一，那么直到31日之前，在这张日历上阴历和阳历都是重合的（图中的 31 日是阴历下个月初一）。我们可以看到，图 5.1.A 形象地表现了月亮的一次盈亏轮回，正好是三十天的时间，我们可以通过这张图来研究股市中的安全交易日。

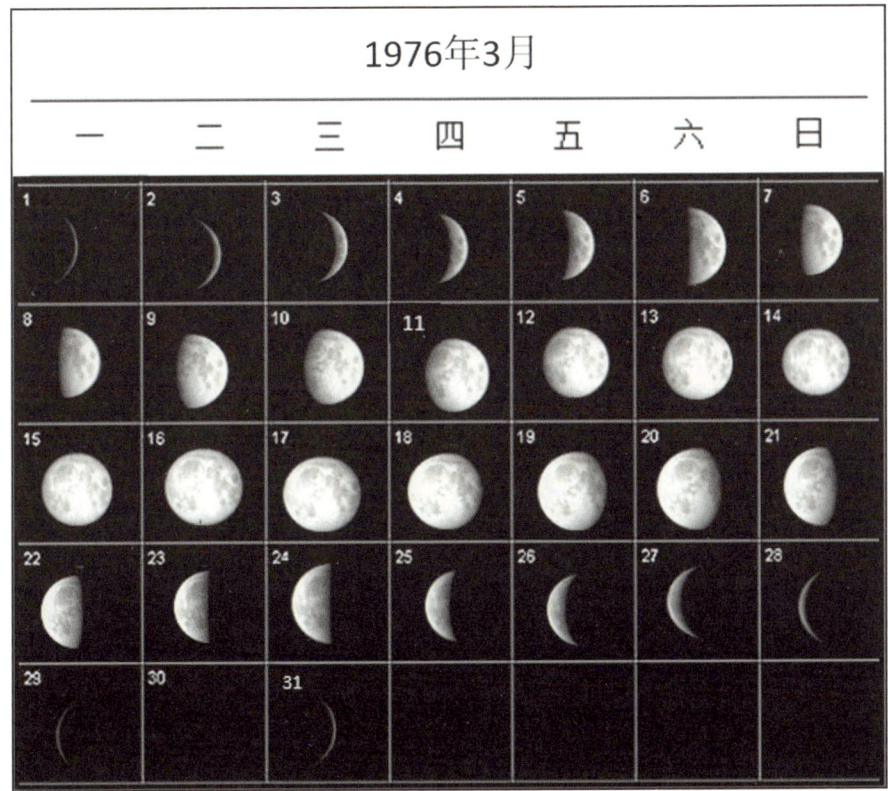

图 5.1.A　月亮盈亏示意图

以新月和满月出现的日子为基准点，每月（指农历月）的安全交易日为：

1. 满月前第八天和满月后第三天可作为买入点
2. 新月前第七天和新月后第四天可作为买入点
3. 新月前第三天也可作为买入点

（图 5.1.A 中 1 是新月位，15 是满月位）

即农历每月的初五、初七、十八、廿四、廿八。前四个安全交易日

破译趋势基因

是通过对大量远期数据统计确定的，最后一个安全交易日是通过近期数据统计确定的，也就是说前四个安全交易日历经时间考验会比较稳定，而最后一个安全交易日在短期内可能会更加有效，随着时间的延续这个点的有效性还有待观察。

而利用安全交易日操作的操作方法是在安全交易日买入，之后一直持有，一旦出现高开立刻获利卖出，哪怕只是高开几个点也要卖出。一旦股价跌破买入日最低价则卖出止损，如持续上涨多日均未出现高开，开始下跌后出现低开也立即获利卖出。

这套方法的优势就是获利快，安全性高，操作简单。按照这套方法严格止损，即使亏损最多亏损当天的跌幅，也就是说不考虑特殊情况的话，最多亏损 10%，而如果获利的话收益却是没有上限的。

下图是笔者统计的 2015 年在安全交易日买入之后的获利情况。

2015年安全交易日获利情况统计										
	初五		初七		十八		廿四		廿八	
阴历月	阳历日期	获利情况	阳历日期	获利情况	阳历日期	获利情况	阳历日期	获利情况	阳历日期	获利情况
十一月					1月8日	止损	1月14日	获利	1月18日	获利
腊月	1月24日	休市	1月26日	获利	2月6日	止损	2月12日	获利	2月16日	获利
一月	2月23日	休市	2月25日	止损	3月8日	休市	3月14日	获利	3月18日	获利
二月	3月24日	获利	3月26日	休市	4月6日	休市	4月12日	获利	4月16日	获利
三月	4月23日	止损	4月25日	休市	5月6日	止损	5月12日	获利	5月16日	获利
四月	5月22日	获利	5月24日	休市	6月3日	获利	6月10日	获利	6月14日	获利
五月	6月20日	休市	6月22日	休市	7月3日	获利	7月9日	获利	7月13日	止损
六月	7月20日	获利	7月22日	止损	8月2日	休市	8月8日	获利	8月12日	获利
七月	8月18日	休市	8月20日	止损	8月31日	止损	9月6日	休市	9月10日	止损
八月	9月17日	获利	9月19日	休市	9月30日	获利	10月6日	休市	10月10日	休市
九月	10月17日	休市	10月19日	获利	10月30日	止损				
十月										
获利概率	50.00%		50.00%		37.50%		100.00%		66.67%	

图 5.1.B 2015 年安全交易日获利情况统计

图 5.1.B 中是 2015 年 1 月至 10 月的所有安全交易日买入之后的获利情况。可以看到，廿四和廿八的获利概率都很高，其中每月的廿四买入更是达到了 100% 获利，初五和初七也有半数的获利机会，只有十八的获利概率较低，但也有接近四成的比率获利（获利的概率是排除休市的情况之后得出的）。而前文中笔者也介绍了这种方法有严格的止损机制，亏损的幅度会得到严格的控制，而获利的幅度却是没有限制的，每

次都是赚多亏少，一次获利即可扭亏为盈，更何况在安全交易日获利的概率还都是比较高的。

在实际使用中，大家也可以像笔者这样统计近期的安全交易日获利情况，找到像廿四这样近期获利概率更高的交易日来进行交易。

第二节 安全交易日的实战应用

下面我们以 2015 年 1 月份的五个安全交易日为例，看一下这种方法的实战效果。根据图 5.1.B 中的数据，我们可以知道，1 月的五个安全交易日分别为 1 月 8 日、1 月 14 日、1 月 18 日、1 月 24 日、1 月 26 日，其中 1 月 18 日和 1 月 24 日休市，1 月 14 日和 1 月 26 日获利，1 月 8 日止损，我们首先来看 1 月 8 日的情况，如图 5.2.A 所示：

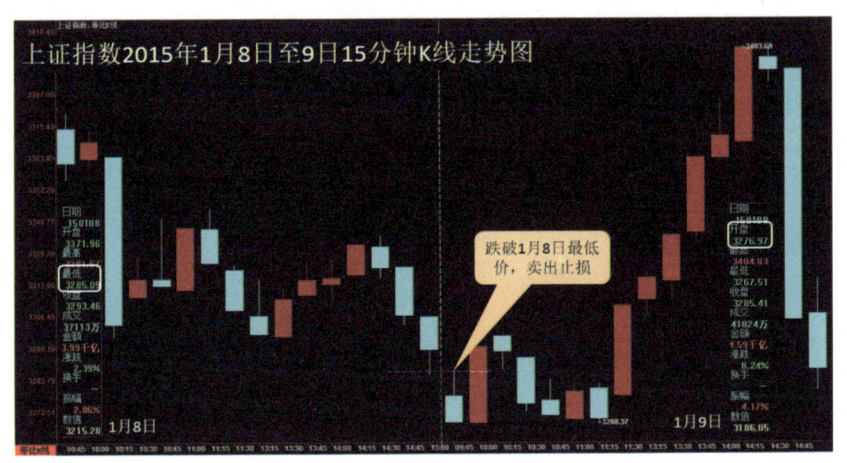

图 5.2.A 上证指数分时走势图

图 5.2.A 是上证指数 2015 年 1 月 8 日至 9 日 15 分钟 K 线走势图，1 月 8 日是安全交易日，我们开盘 3371.96 买入，之后指数一路下跌，最终收盘于 3293.46，跌幅为 −2.39%。1 月 9 日开盘 3276.97，低于 8 日

最低点 3285.09，出现低开，根据前文中笔者说的操作方法，此时止损点出现。

下面我们来计算一下此次操作的亏损情况，理想状态下，开盘买入，最低点止损，亏损额度为 86.87，幅度为 2.57%。

下一个安全交易日是 1 月 14 日，如图 5.2.B 所示：

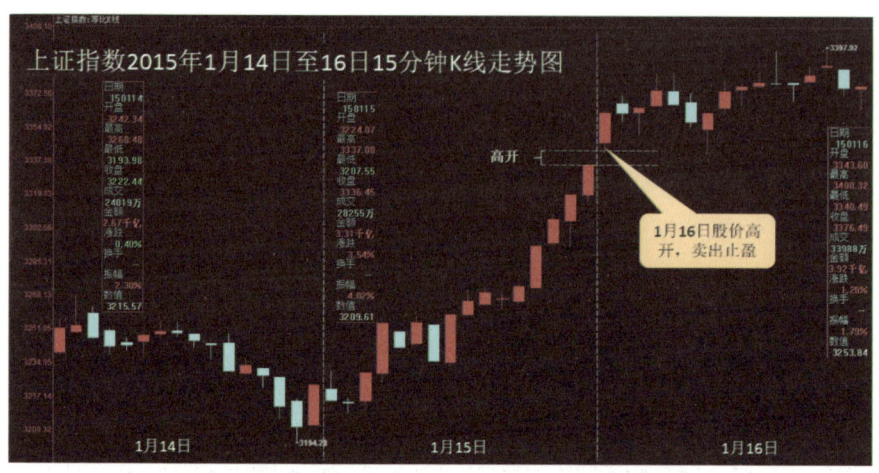

图 5.2.B　上证指数分时走势图

图 5.2.B 是上证指数 2015 年 1 月 14 日至 16 日 15 分钟 K 线走势图，1 月 14 日是安全交易日，我们开盘 3242.34 买入，之后指数小幅下跌，最终收盘于 3222.44，跌幅为 –0.40%。1 月 15 日开盘点位 3224.07，高于 1 月 14 日最低点 3193.98 且低于 1 月 14 日最高点 3268.48，既没有高开也没有低开，继续持有，15 日开始大幅上涨，当日涨幅 3.54%。16 日高开 6.52 个点，根据前文中笔者说的操作方法，此时应卖出止盈。

理想状态下，14 日开盘买入，16 日开盘止盈，获利额度为 101.26，幅度为 3.12%。仅此一次就补全了上次操作的亏损，并且还有获利。

再来看 1 月 26 日的情况，如图 5.2.C 所示：

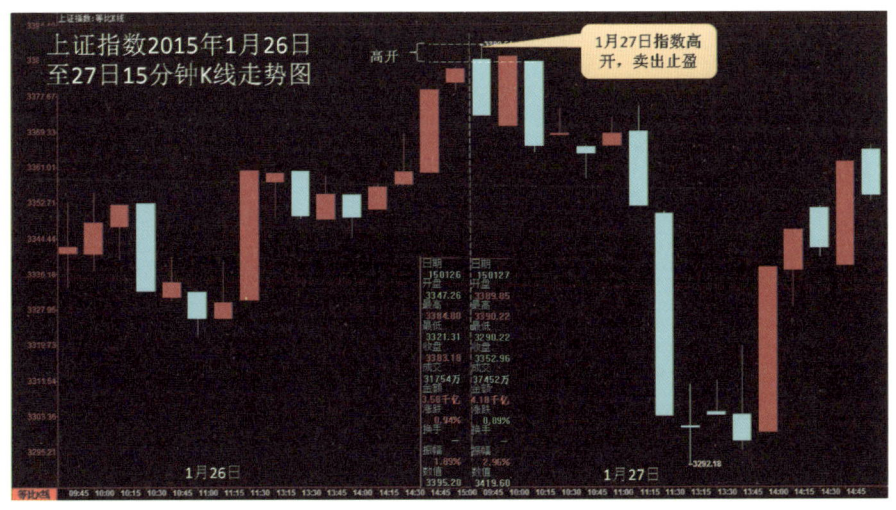

图 5.2.C　上证指数分时走势图

图 5.2.C 是上证指数 2015 年 1 月 26 日至 27 日 15 分钟 K 线走势图，1 月 26 日是安全交易日，我们开盘 3347.26 买入，之后指数开始震荡上涨，27 日高开 5.05 个点，卖出止盈。

计算一下这次操作的获利，理想状态下，26 日开盘买入，27 日开盘止盈，获利额度为 42.59，幅度为 1.27%。

> ## 小　结
>
> 　　有人说："能提前预知三天，就能够富可敌国。"预测的魅力就在于此。长久以来，预测的技巧都是敝帚自珍甚至秘而不宣的，这些规律对大多数人来说都是秘密。而现在，笔者与各位读者共享这个秘密，学会它，你就掌握了股市中万世不易的规律，而掌握了足够的规律又岂止能够预测三天。
>
> 　　还是笔者在序中写的那句话：愚昧者成为历史，先知者成就未来。

只有趋势才是你真正的朋友。

——华尔街谚语

第三卷　你不知道的另类神秘趋势线
——如何把握大趋势

"一把直尺走天下"，这是趋势爱好者人人皆知的一句话，它告诉我们市场的核心是趋势，趋势的核心是趋势线，只要会画趋势线就可以轻松地遨游于股市。

真的会这样吗？很多人发现这种方法在实际的操作过程中却不尽如人意，是因为这句话不对吗？其实也不是，在股市中只要是真的理解了趋势线并能准确地应用好，足以战胜股市。本章我们将学习几种全新的趋势线——穿越线与终结线，穿越线是研究反向趋势的衰竭；终结线是研究同向趋势的衰竭。

穿越线可以找到反向趋势的结束点，它像一个标尺一样，对股价波动做出预测，且能测量涨跌的空间，更简单一点说，穿越线就是针对上涨过程中的回调或下跌过程中的反弹做出预测。

本卷中讲到的知识，可能会让你目瞪口呆：原来趋势线是这样的，让我们展开这精彩的一卷！

第六章　趋势穿越线

——股市中的杠杆原理

"给我一个支点，我可以撬起地球。"这是古希腊物理学家阿基米德家喻户晓的一句名言，这句话充分说明了杠杆原理的神奇，也展现了这位伟大哲学家的自信和豪迈。

实际上，在股市中我们借助趋势穿越线，只要时机和方法选择得当，我们甚至可以把握整个趋势。

如果掌握了本章中的内容，在时机合适时，也可以像阿基米德一样自信地宣布："给我一个拐点，我就能把握整个趋势。"

第三卷　你不知道的另类神秘趋势线

第一节　趋势穿越线的神奇功用

趋势穿越线顾名思义就是穿越的趋势线，也是趋势线的一种，趋势穿越线是什么原理？其实很简单，就像物理学中的杠杆原理，谈到杠杆原理几乎每个人都知道，也都能讲出一些杠杆原理的事例，杠杆原理的核心就是：找到一个支点可以以小博大，如图 6.1.A 所示：

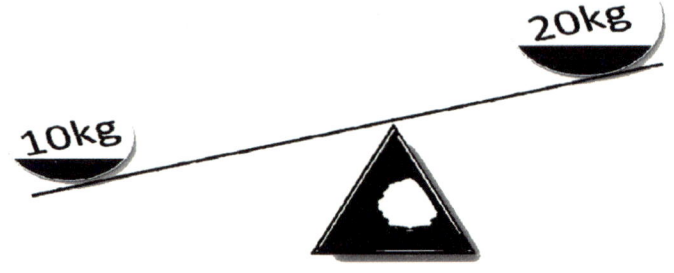

图 6.1.A　杠杆原理示意图

在图 6.1.A 中我们看到了一个跷跷板模型，一个 10 千克的物体如何撬动一个 20 千克的物体？这里面支点和杠杆的长度是决定性因素，距离支点越远可撬动的重量就会越大。同样的道理，在股市中也会这样，有间隔的顶底会形成一条穿越线，顶底之间的距离越大所形成的底部和头部也就越大，如图 6.1.B 所示：

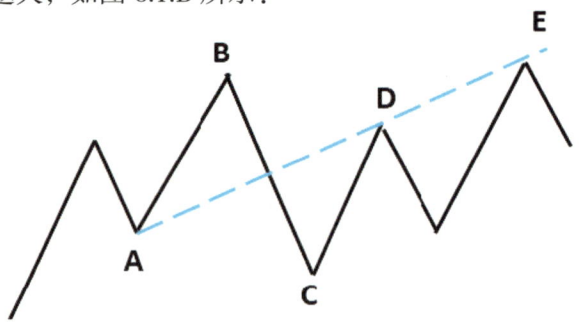

图 6.1.B　股市中的压力"杠杆"

图 6.1.B 是一个震荡行情的走势，其中 ABCD 四个点组成了一个上涨的 N 字形，其中连接低点 A 和高点 D 的连线就是穿越线（图中蓝色线条）。这个穿越线把 N 字形分割成两部分，穿过了 B 点和 C 点的下跌线，此后股价从 D 点开始回调，见底之后上涨到达 E 点正好触碰到穿越线，股价发生转折，出现头部。在图中穿越线就像刚才看到的跷跷板一样，其中最重要的一个是支点，也就是图中的 D 点；另一个是杠杆的长度，也就是 AD 的距离，距离越大对后期的压力也就越大；反过来也成立。向下的穿越线，就变成了对未来的支撑，如图 6.1.C 所示：

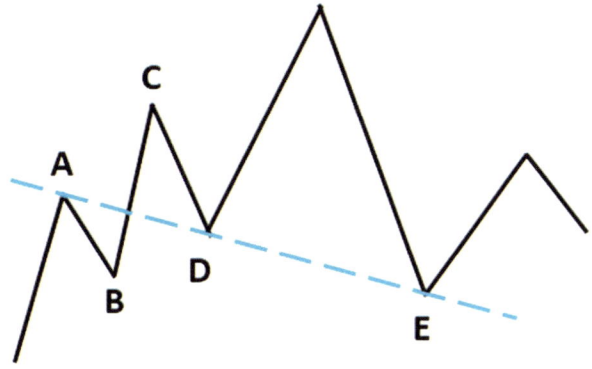

图 6.1.C　股市中的支撑"杠杆"

在图 6.1.C 中连接高点 A 和低点 D 的连线就是向下的穿越线，它就变成了对未来的支撑。在图中可以看到 E 点在下跌到穿越线附近以后，就开始止跌，形成了一个低点。需要注意的是，向下的穿越线同样也穿过了 BC 的上涨线，只有穿过下跌走势或者上涨走势才能成为穿越线。

第二节　穿越线的实战案例

穿越线和普通的趋势线一样，都属于向右画的趋势线，即通过左侧的高低点来预测支撑或压力，这种方法在实际使用时的难点在于找寻正确的穿越线。具体来说，首先就是选点问题，理论上的要求很简单，向上的穿越线是上涨过程中的一个低点和一个间隔的次高点的连线，这条穿越线就是未来股价的高点所触碰的位置，如下图 6.2.A 所示：

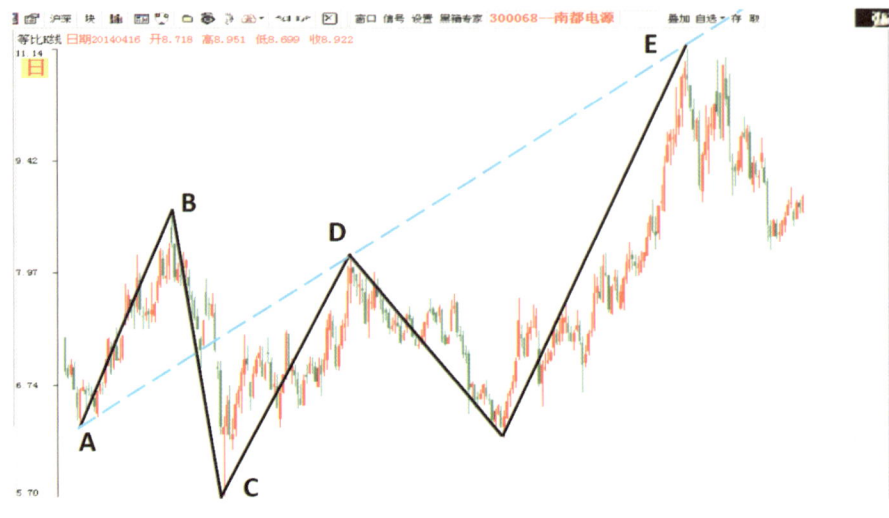

图 6.2.A　南都电源向上穿越线

图 6.2.A 是 300068——南都电源从 2014 年 9 月到 2015 年 7 月的日 K 线走势图，在图中出现了 N 字形的 ABCD 走势。股价在底部震荡的过程中，出现一个低点 A 和高点 D，连接 AD 后出现了一条向上的穿越线（图中蓝色线）。

再看 ABCD 形成的 N 字形走势，在实际分析时，投资者很少会画出这样的线。相信很多读者都学过江恩角度线，了解江恩 45 度线（江恩角度线中 1:1 线），虽然其中的原理很简单，但是大多数投资者却不知道该如何去运用。穿越线的原理其实也是根据江恩角度线中的 45 度线（1:1 线）延伸来的，即随着时间的推移，角度经过放大后不会产生变化。这就说明这种交汇是不变的，并且这种交汇对股价的影响是最大的。实际上向上穿越线有很多的性质，了解这些性质在实战中能够帮助我们更好地对股市做出判断。

向上穿越线的三个实战技巧

第一，向上穿越线对股价的压力作用是非常大的，一旦股价受压调整，则需警惕。比如图 6.2.A 中股价在 2015 年 6 月 12 日最高涨至 30.92 元，正好触碰到穿越线，随后股价在此出现头部，之后出现了该股自底部上涨以来最大的一次下跌。由此可见，穿越线的压力之大。需要注意的是，由于穿越线支点 D 是中期的头部，所以可想而知股价一旦触碰到穿越线而受压，则极有可能形成大的头部。

第二，股价距离穿越线的高度是股价的上涨空间。在实际应用中，我们可以根据股价与穿越线之间的距离来判断这只股票的上涨空间。也就是说只要股价与穿越线之间有距离，我们就能知道股价还有上涨的空间。但是需要注意的是，有上涨的空间不代表股价一定会上涨。

第三，如果 A 点和支点 D 的距离较远，也说明股价上涨的空间大，这就像杠杆原理一样，受力点与支点之间距离越大，可撬动的头部就越大。

与向上穿越线相对应的，向下的穿越线也同样具备类似的规律，如图 6.2.B 所示：

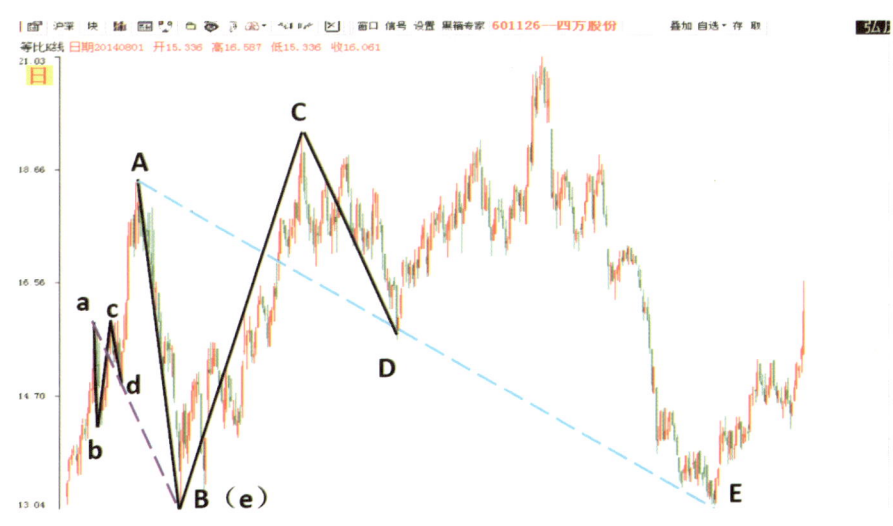

图 6.2.B 四方股份向下穿越线

图 6.2.B 是 601126——四方股份 2013 年 4 月到 2014 年 8 月的日线图，在图中有两条向下的穿越线，其中蓝色向下穿越线对股价的影响最大，后期股价跌到穿越线附近见底回升，形成大的底部。这是因为向下穿越线的支点 D 是中期底部，足以作为稳健的支点。同时 A 点与 D 点之间的距离比较大，前文中我们讲到向上穿越线的第三个实战技巧时，提到 A 点和支点 D 之间的距离越远，对未来股价的影响越大。

除了蓝色向下穿越线之外，图中还有一条紫色的向下穿越线。图中 a、b、c、d 四点分别是小波段的高低点，连接 a 点和 d 点就形成了向下的穿越线。可以看到，d 点之后股价开始上涨，见顶之后股价快速下跌，最低跌至 e 点（同时也是 B 点），正好触碰到向下穿越线，股价出现底部开始拉升。

小 结

穿越线的优势在于对顶底的预测性非常强，可以通过向上、向下穿越线分别对顶底进行预测，这就是市场中存在的借力打力模型之一。

通过前文中的案例说明，我们可以知道用趋势穿越线预测股价顶底的方法和技巧。尤其是三个实战技巧可以帮助我们更好地预测股价走势。

穿越线的适用性非常强，在实际应用的时候，是不限周期的。在日线、周线、月线甚至是分时图上都可以应用。

但是在知道穿越线优势的同时，我们也要清楚它的劣势：穿越线出现频率很低，因为 A 点和 D 点之间不允许触碰到其他的价格，也就是说，从起点到支点之间是真空的，就像跷跷板不能有多个支点一样。不管是向上穿越线还是向下穿越线，都不能有多个支点，支点只能有一个，所以穿越线很少出现。

第七章　扩散三角形

——趋势线与终结线组成的三角形

20世纪30年代，艾略特在不断变化的股价形态和结构中发现了规律和循环之美，由此提出了波浪理论，其中经典的八浪循环图为许多投资者所津津乐道。

随着研究的深入，波浪理论中的内在规律也在不断被发现，本章中讲到的扩散三角形就属于这类规律的一种。

扩散三角形是由趋势穿越线和波浪终结线组成的，而波浪终结线就是以波浪理论为基础的，对波浪终结线的学习和研究将帮助投资者更好地理解波浪理论，更加清晰地把握股价运行的规律。

第一节 波浪终结者——波浪终结线

扩散三角形是由趋势穿越线和波浪终结线组成的，在上一章中我们讲到了趋势穿越线，本章将为大家介绍波浪终结线。顾名思义，波浪终结线是以波浪理论为基础的，众所周知，在一个八浪循环中，有上升五浪下跌三浪，其中最大的风险就是 5 浪的高点，最大的机会就是 c 浪的终点。这个原理很多读者都知道，但是如何把握这两个点，一直以来都是摆在投资者们面前的难题。而波浪终结线就是用画线的方式，识别 5 浪的高点，结合前文中讲的穿越线来判断 c 浪终点的一种方法。

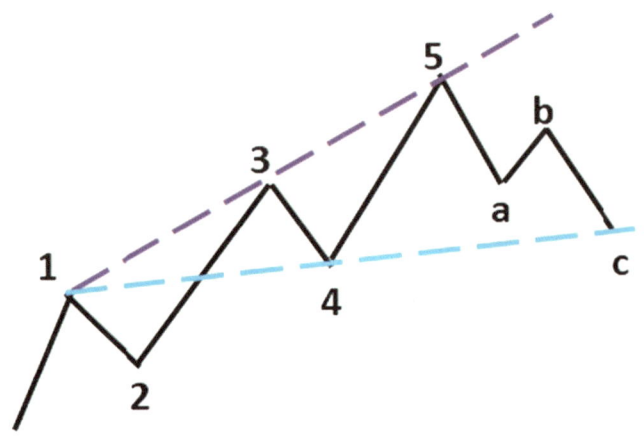

图 7.1.A　八浪循环图

图 7.1.A 是八浪循环图，在图中连接 1 浪和 3 浪高点的紫色线，就是波浪终结线，是终结 5 浪的顶部线；连接 1 浪高点和 4 浪低点的蓝色线，就是向上穿越线。1 浪的高点和 4 浪的低点之间所形成的价格差会对未来股价产生巨大的影响，如果有读者仔细研究过波浪理论，就会知道这条性质。

但是波浪理论中并没有明确地说明 1 浪的高点和 4 浪的低点会对未

来的股价具体造成什么样的影响。实际上这就是穿越线的一种应用，连接 1 浪高点和 4 浪低点形成的蓝色穿越线，就是未来下跌 c 浪的终点。1 浪高点和 4 浪低点之间的距离越大，说明回调的程度越小；反之如果 1 浪高点和 4 浪低点之间的距离越小，则股价回调的程度越深。另外 1 浪、3 浪、5 浪的高点所形成的终结线，也会对股价造成巨大的影响，这样以 1 浪为顶点，形成一个向上扩散三角形，当股价形成了向上的扩散三角形，就意味着下一个上升五浪上涨的幅度，要大于此次五浪上涨的幅度。如果是形成向下的扩散三角形则恰恰相反，如图 7.1.B 所示：

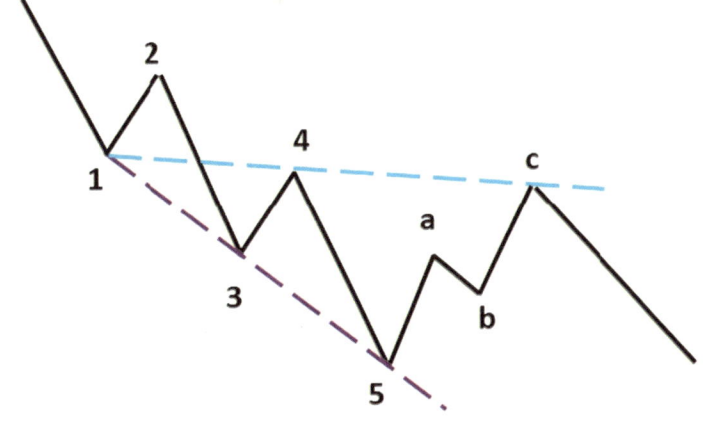

图 7.1.B　向下扩散三角形

图 7.1.B 是向下扩散的三角形，同样是由终结线和穿越线组成的，连接 1 浪的低点和 4 浪的高点形成蓝色穿越线，当 c 浪的高点受到蓝色穿越线的压力形成高点，连接 1 浪的低点和 3 浪的低点形成紫色终结线，两条线组成了一个扩散三角形。

这种形态更多地出现在下跌中的反弹或是做底时期；终结线也是这样，1 浪和 3 浪的低点往往是小波段的低点，所以往往 5 浪的低点也是小波段的底部。需要注意的是，无论是终结线还是穿越线，支点和起点的距离才是最终影响股价空间的因素，即 1 浪低点和 3 浪低点之间或 1 浪低点和 4 浪高点之间的时间间隔越长，产生的底部和顶部就越重要。

第二节　波浪终结线实战案例

在讲到实战案例之前，首先各位读者要知道扩散三角形的概念。简单地说，扩散三角形就是同一个起点延伸出来的两条扩散线，一条是波浪终结线，一条是趋势穿越线，途经两个支点，在整个扩散过程中，与未来的低点和高点形成的三角形，起点就是三角形的顶点。在实际交易过程中会出现股价多次触及波浪终结线的走势，如图7.2.A所示：

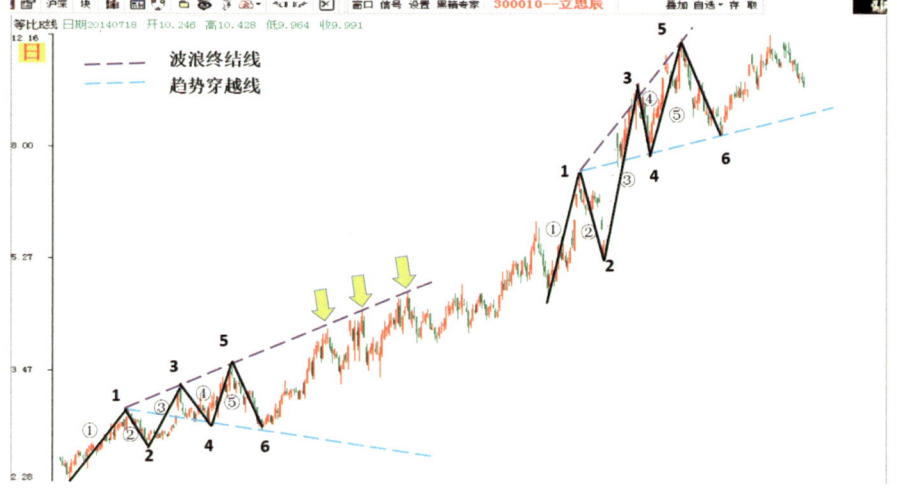

图 7.2.A　立思辰波浪终结线实战

图 7.2.A 是 300010——立思辰 2012 年 11 月到 2014 年 7 月的日K线走势图，在图中可以看到两个向上扩散的三角形，它们就是由波浪终结线（图中紫色线）和趋势穿越线（图中蓝色线）共同组成的形态。图中笔者用黑色线段表示上升五浪，并分别用①②③④⑤标注出来。

在图中左侧扩散三角形中，股价在上涨过程中出现了明显五浪上涨行情，连接①浪、③浪的高点（点1和点3）就形成了波浪终结线，股价在⑤浪的高点位置点 5 处触及终结线之后开始回调。后期股价在三个黄色箭头标识的地方连续三次触及终结线，每一次触及都出现了调整，由此可见，终结线对股价的影响非常大。

连接①浪高点（点 1）、④浪低点（点 4）形成的趋势穿越线对股价起支撑的作用，在图中点 6 所在的位置股价触及趋势穿越线就开始反转。通过该案例，我们可以知道由终结线和穿越线组成的扩散三角形在股价上涨的过程中对股价产生的影响。在实际操作中，投资者应该在点 6 的位置买进，而每次股价触及波浪终结线，都会进行回调，所以每一次都是不错的卖点。

第二个扩散三角形（图中右侧）则比较明显，股价在高位拉升上涨，其中上升 5 浪的走势也比较清晰，虽然②浪出现了暴跌，但并不影响股价整体的上涨走势。在图 7.2.A 中连接①浪和③浪的高点（点 1 和点 3）形成的波浪终结线，对股价造成了巨大的影响。图中我们可以看到，股价两度触及波浪终结线，两度进行调整，第二次触及波浪终结线时更是形成了头部开始下跌，最终跌至点 6。而点 6 则刚好触及由①浪高点（点 1）和④浪低点（点 4）形成的趋势穿越线，股价在此受到支撑而止跌，股价在点 6 的位置见底以后，出现小幅度的上涨，随后再次回落到趋势穿越线附近，可见趋势穿越线对股价的支撑力度也很大。

前文中讲到的这些三角形扩散形态，适用于所有的图形分析，无论是对个股还是指数，无论是对期货还是外汇的分析都适用，只要是成形的分析图形就可以使用。但是在实际运用的过程中如何准确地找到起点和支点是投资者需要注意的问题，整个扩散三角形是由起点和支点确定的，很多性质和对未来股价的判断也要根据起点和支点的位置而确定，起点和支点的重要性不言而喻。那么起点和支点的选取有何依据呢？既可以是波浪图形，也可以是明显的等同波段，如图 7.2.B 所示：

图 7.2.B　上证指数波浪终结线实战

　　图 7.2.B 是上证指数 2011 年 6 月到 2012 年 5 月的日 K 线走势图，在图中可以看到大盘走出了五浪下跌的走势，在图中用黑色线段标识，并分别用①②③④⑤标记出来。其中①浪低点（点 1）和④浪高点（点 4）形成了趋势穿越线（图中蓝色虚线），后期指数分别在点 6 和点 7 的位置触及趋势穿越线。指数运行到点 6 触及趋势穿越线即出现头部，短期快速下跌后反弹，在点 7 位置再次触及趋势穿越线，形成头部。

　　再来看由①浪低点（点 1）和③浪低点（点 3）组成的波浪终结线（图中紫色线）。当⑤浪的低点（点 5）触及波浪终结线时出现底部，虽然指数的走势在此经过几次反复的震荡（图中黄色框线部分走势），但并没有影响到底部的到来，最终指数在点 5 处出现底部，开始拉升。

　　通过上面的案例我们可以发现，向下的扩散三角形就是一个股价波动轮廓的预测器，有了它我们就能判断出股价上涨或下跌的大概空间了。扩散三角形这种方法可以应用到任何一个周期，不管是长周期还是短周期，不管是月线图、周线图、日线图还是分时图都可以使用，如图 7.2.C 所示：

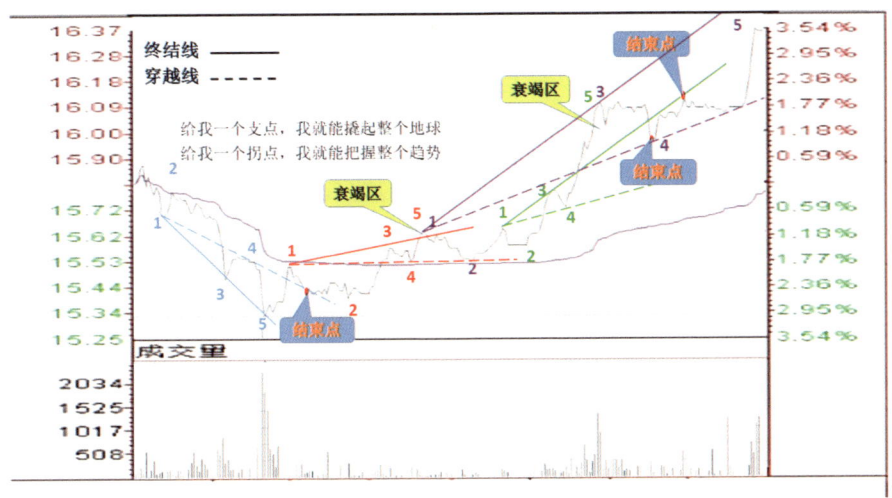

图 7.2.C　四川九州分时图

图 7.2.C 是 000801——四川九州 2014 年 7 月 21 日的分时图，在图中可以看到有三个扩散的三角形，首先是一个下降的扩散三角形（图中蓝色数字与虚线实线标识），其中连接蓝色点 1 和蓝色点 4 的是穿越线（蓝色虚线），对股价产生压力作用。穿越线被突破以后就变成支撑作用，在图中可以看到股价突破穿越线以后回踩，在穿越线处获得支撑（图中结束点）。由点 1 和点 3 形成的终结线（蓝色实线）给了市场最大的支撑，当股价运行到终结线附近，出现了全天的最低点（蓝色点 5）。

第二个是向上的扩散三角形（图中红色数字与虚线实线标识），其中红色点 1 和红色点 4 形成的穿越线是市场的支撑线（红色虚线），红色点 1 和红色点 3 形成的终结线是市场的压力线（红色实线）。股价虽然短时间突破终结线，很快就回到终结线以下。这里股价和终结线形成了一个很小的三角形，这个小的三角形就是趋势的衰竭区，关于趋势衰竭区的知识，笔者后面将会详细地进行讲述。

第三个也是向上的扩散三角形（图中绿色数字与虚线实线标识），其中绿色点 1 和绿色点 4 形成的穿越线是市场的支撑线，不过当日股价没有触及支撑线，绿色点 1 和绿色点 3 形成的终结线是市场的

压力线,股价快速突破以后,形成了比较大的衰竭区,随后出现调整再次回到终结线以下,最后尾盘触及终结线受到压制,收盘价在终结线附近。

可以看到,扩散三角形在分时线上的性质与其他时间周期上的性质相同,都可以作为股价波动轮廓的预测器。

趋势衰竭区

在前文的案例中笔者讲到了一个词"衰竭区",什么是衰竭区呢?相信很多读者都很好奇。衰竭区的全称是趋势衰竭区,是指股价在上涨过程中高于终结线的区域或在下跌过程中低于终结线的区域,如图7.2.D所示:

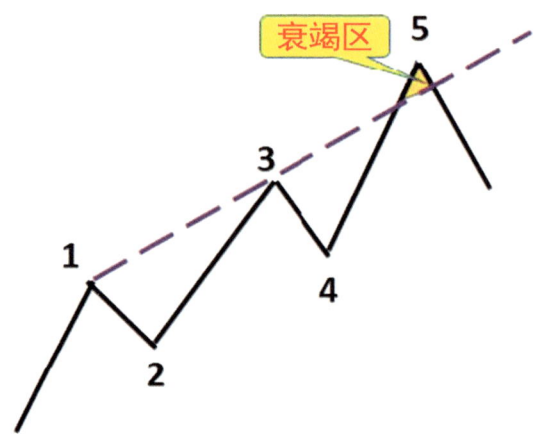

图 7.2.D　上涨衰竭区示意图

图 7.2.D 是上涨过程中股价出现衰竭区的范例,在图 7.2.D 中可以看到股价突破波浪终结线形成高点 5,出现加速上涨,而后快速下跌,再次跌破波浪终结线,这样在终结线上方所形成的区域就叫衰竭区(图中橙色区域)。

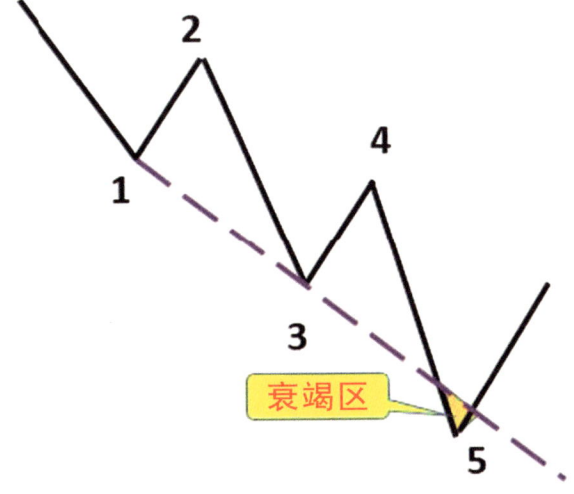

图 7.2.E　下跌衰竭区示意图

图 7.2.E 是下跌过程中股价出现衰竭区的范例。图中股价先是跌破了波浪终结线形成了低点 5，而后又快速站上波浪终结线，所形成的小的三角区域（图中橙色表示）就是下降过程中的衰竭区。

衰竭区就是股价的加速期，也就是我们通常所说的趋势的第三个阶段——加速阶段，表面上看起来股价快速上涨利润空间很大，实际上股价已经是强弩之末。如图 7.2.C 中股价的走势也验证了这一点，待到股价再次回到终结线以上趋势反转就确定了。股价突破或者跌破波浪终结线所形成的衰竭区域面积越大，未来所形成的头部和底部持续的时间就会越长，空间就会越大，所以，衰竭区就是市场风险释放的征兆。如图 7.2.F 所示：

图 7.2.F 是 600353——旭光股份 2014 年 2 月至 7 月的日 K 线走势图，在图中下降五浪用黑色线段表示，连接①浪低点（a 点）和③浪低点（c 点）形成波浪终结线，⑤浪中股价经过快速下跌跌破波浪终结线到达 e 点，三天后再次回到波浪终结线附近，形成三角形衰竭区（图中橙色标识）。突破后经过两次反复最终于 2014 年 5 月 16 日出现最低价 3.005 元，

跌至波浪终结线附近企稳，后期股价出现了大幅度的上涨，而这个底部也成为长期的低点，可以看到图中的衰竭区很小，只出现一根暴跌线就见底回升，在终结线处反复争抢，最终有效确定之后，股价快速上升。

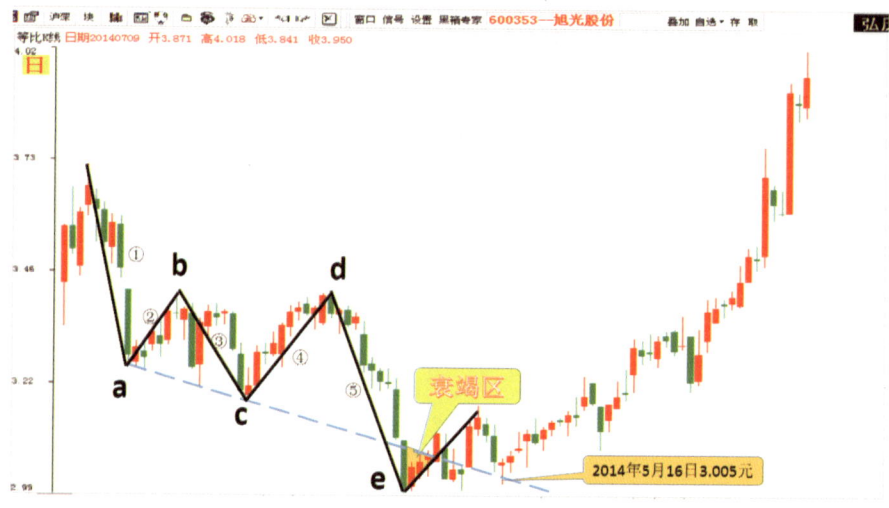

图 7.2.F　旭光股份衰竭区示意图

小　结

波浪理论的难点在于浪中有浪，我们很难把握每一浪的高点或者低点，真可谓"有一千个读者，就有一千个哈姆雷特"。所以很多技术分析者对波浪理论研究不多，认为其实用性得不到保证。本节中我们学会了波浪终结线和趋势穿越线的用法之后，终结线可以用来识别 5 浪的高点，而趋势穿越线则可以和终结线配合来判断 3 浪的低点，由此我们就可以更加准确地掌握和运用波浪理论。

同时，波浪终结线和趋势穿越线相结合，就构成了一个扩散三角形，扩散三角形分为向上扩散的三角形和向下扩散的三角形。

向下扩散三角形形态更多地出现在下跌中的反弹或是做底时期，向上扩散三角形则相反。

以下几条性质可以应用于实际操作中：

第一，由扩散三角形中穿越线的性质，我们可以知道1浪的高点和4浪低点之间的价格差与股价后期回调的幅度成正比。

需要注意的是，无论是终结线还是穿越线，支点和起点的距离才是最终影响股价空间的因素。

第二，在实际交易过程中会出现股价多次触及波浪终结线的走势。

第三，扩散三角形可以用来预测股价上涨或下跌的大概空间。

扩散三角形这种方法的优势就是可以应用到任何一个周期，不管是长周期还是短周期，不管是月线图、周线图、日线图还是分时图都可以使用。

同时要注意衰竭区的出现，衰竭区是市场风险释放的征兆。衰竭区的全称是趋势衰竭区，是指股价在上涨过程中高于终结线的区域或在下跌过程中低于终结线的区域。衰竭区就是股价的加速期，股价突破或者跌破波浪终结线所形成的衰竭区域面积越大，未来所形成的头部和底部持续的时间就会越长，空间就会越大。

第八章　收敛时空线

——扩散三角形的时空双重预测

趋势穿越线和波浪终结线组成了一个扩散三角形，扩散三角形可以预测股价的波动空间，收敛时空线的形态是在扩散三角形的基础上，增加了一根趋势线，只要股价走势是处于收敛状态的就可以进行预测，不仅可以预测空间，也可以用来预测时间，甚至时间和空间的轮廓都能显示出来。

股价出现高低点的位置更多的是由时间变盘点所决定的，只要是趋势线和终结线出现交点的地方，就是股价的变盘点。

第一节 收敛时空线的预测原理

收敛时空线的形态是在扩散三角形的基础上,增加了连接点 2 和点 4 形成的趋势线,并且要求股价走势是处于收敛状态的。前文中我们讲到扩散三角形是可以预测股价的波动空间的,而使用收敛三角形不仅可以预测空间,也可以用来预测时间,甚至时间和空间的轮廓都能显示出来。

预测的方法也很简单,连接点 2 和点 4 会出现一条趋势线,延长后与终结线出现一个交点,这个交点就是时间的变盘点,这个交点与终结线的垂直交点就是空间的位置,如图 8.1.A 所示:

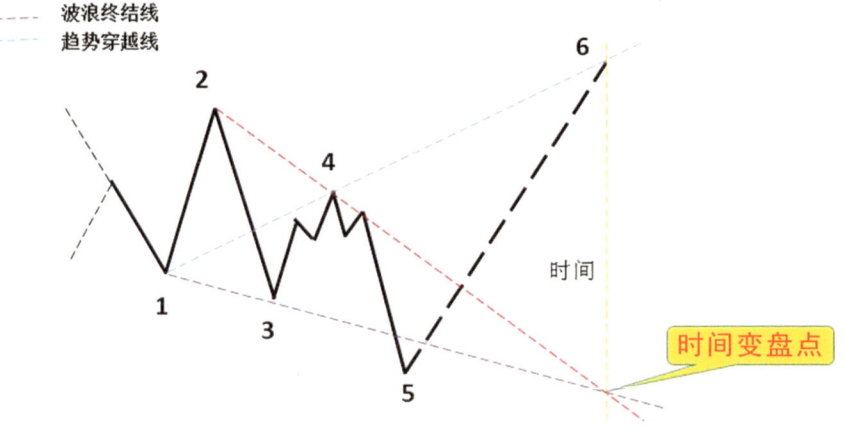

图 8.1.A　上涨时间变盘点示意图

图 8.1.A 显示了上升的收敛时空线,在图中可以看到除了波浪终结线(图中紫色线)和趋势穿越线(图中蓝色线)外,还多了一个连接点 2 和点 4 的趋势线(图中红色线)。由于股价整体是收敛形态的,所以下降的趋势线(图中红色线)和波浪终结线(图中紫色线)会出现一个

交点，这个交点就是时间变盘点，它预示着股价未来在这个时间点会产生变盘。从时间变盘点开始作垂线（图中黄色线），股价从点 5 出现上涨，未来上涨到穿越线与变盘点的垂直线交点，即点 6 的位置，就是股价上涨的空间。下降的预测同样如此，如图 8.1.B 所示：

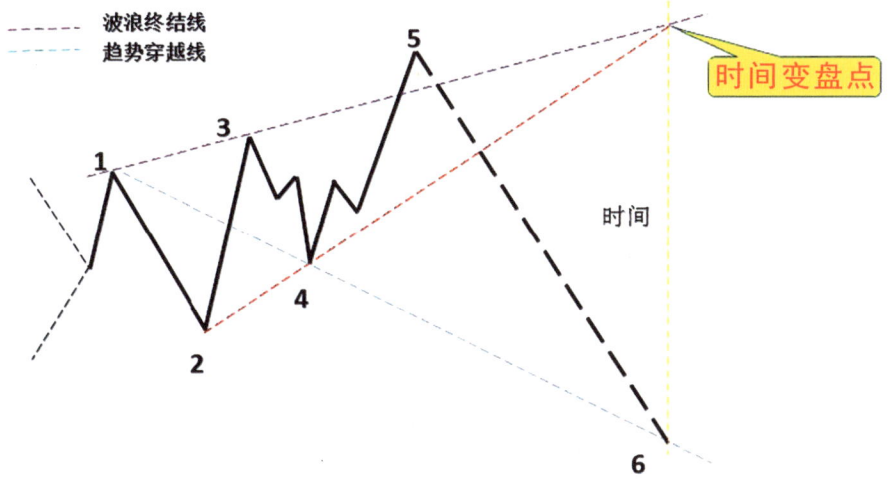

图 8.1.B　下降时间变盘点示意图

图 8.1.B 是下降的收敛时空线，在图中上升趋势线（图中红色线）和波浪终结线（图中紫色线）会出现一个交点，即时间变盘点，它预示着股价未来在这个时间点会产生变盘。同样过这个点作垂线（图中黄色线），穿越线与变盘点的垂直线交点，即点 6 的位置，就是股价的下跌空间。

股价出现低点的位置更多的是由时间变盘所决定的，只要是趋势线和终结线出现交点的地方，就是股价的变盘点。

第二节 收敛时空线的预测实战

如图 8.2.A 所示：

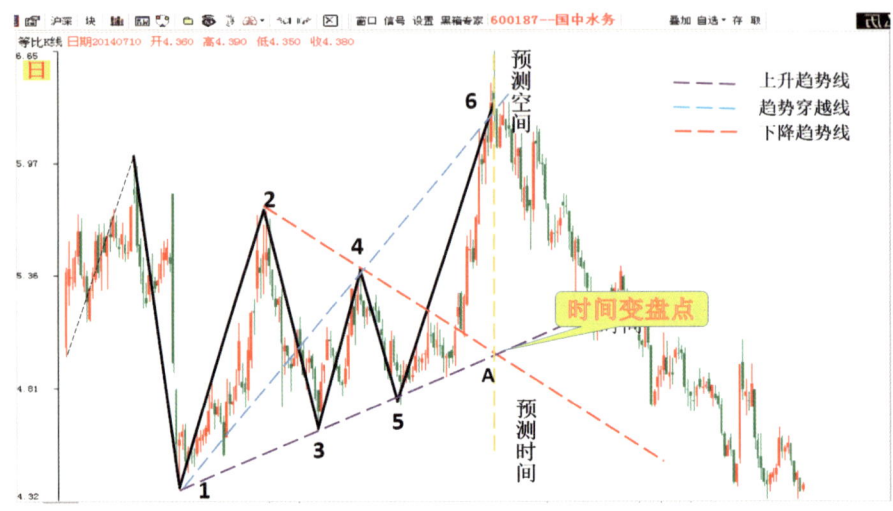

图 8.2.A　国中水务收敛时空线实战

　　图 8.2.A 是 600187——国中水务 2013 年 9 月到 2014 年 7 月的日 K 线走势图，在图中可以看到股价从点 1 上涨到点 2 之后，就出现了一个收敛形态，其中连接点 2 和点 4 形成下降趋势线（图中红色线），连接点 1 和点 3 形成上升趋势线（图中紫色线）。股价运行一段时间之后，在点 5 的位置出现低点，此后上升趋势线和下降趋势线在点 A 处形成交点，这个交点就是时间变盘点。过 A 点作一条垂线（图中黄色线），只要连接点 1 和点 4 形成趋势穿越线（图中蓝色线），趋势穿越线和 A 点的垂直线相交的地方就是股价的时空变盘点（点 6）。可以看到，股价正是在蓝色线与黄色线相交的这一天也就是 2014 年 2 月 12 日到达最高价 6.650 元，之后股价开始见顶回调。

在这个案例中收敛的形态属于比较标准的,股价没有创出第一波上涨的高点(即点 4 低于点 2),属于高低点同时降低的收敛形态,一般出现在盘整过程中,这对于判断横盘后的涨幅有很大的作用,这也是属于收敛时空线的范畴。如图 8.2.B 所示:

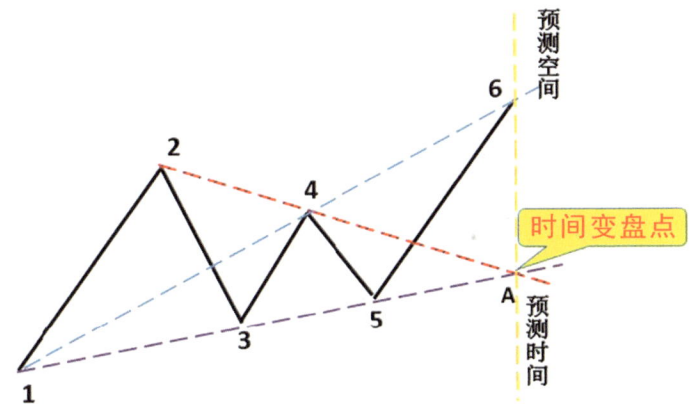

图 8.2.B　上升收敛时空线预测

图 8.2.B 是横盘过程中出现的上升收敛时空线,可以看到,这个图形与上面讲到的常规上升收敛时空线差不多,只是调整的空间幅度和时间幅度比常规的收敛时空线要小一些,并且不会出现衰竭区,下降收敛时空线也是如此。如图 8.2.C:

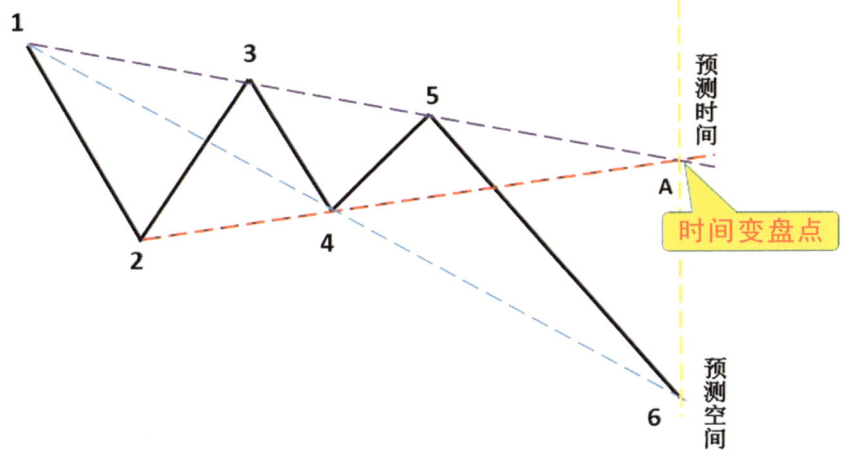

图 8.2.C　下降收敛时空线预测

破译趋势基因

图 8.2.C 是横盘过程中下跌收敛时空线，可以看到，横盘过程中出现的收敛时空线不管是上升还是下降都不会出现衰竭区，因为股价在狭小的空间内运行往往不会出现剧烈的波动。如图 8.2.B 和图 8.2.C 中的这两种情况可以出现在趋势的任何一次调整过程中，不管是底部、顶部还是趋势的发展过程中都有可能出现。如图 8.2.D 所示：

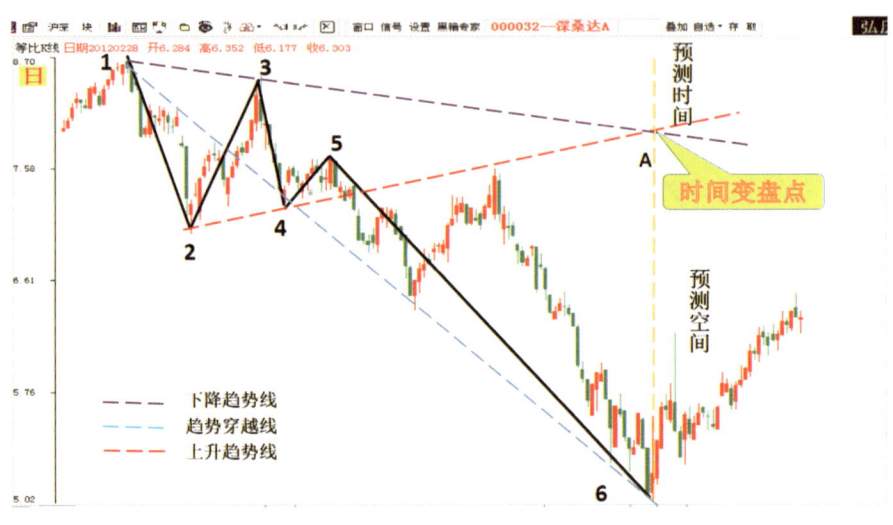

图 8.2.D　深桑达 A 收敛时空线预测

图 8.2.D 是 000032——深桑达 A 从 2011 年 6 月 30 日到 2012 年 2 月 28 日的日 K 线走势图，在图中可以看到一个收敛三角形。在收敛三角形中，连接点 1（2011 年 7 月 20 日最高价 8.700 元）和点 3（2011 年 8 月 30 日最高价 8.505 元）形成了一条趋势线（图中紫色线）；连接点 2（2011 年 8 月 9 日最低价 6.995 元）和点 4（2011 年 9 月 6 日最低价 7.268 元）形成一条上升趋势线（图中红色线）；股价运行一段时间之后，在 2011 年 9 月 21 日出现一个次高价 7.706 元，标记为点 5，此后上升趋势线和下降趋势线（图中红色和紫色虚线）在点 A 处形成交点，即时间变盘点。过 A 点作一条垂线（图中黄色线），只要连接点 1 和点 4 形成趋势穿越线（图中蓝色线），趋势穿越线和 A 点的垂直线相交的地方就是股价的时空变盘点（点 6）。可以看到，股价正

是在蓝色线与黄色线相交的这一天也就是 2012 年 1 月 6 日到达最低价 5.017 元，之后股价开始上涨。

我们再看下面一个案例，如图 8.2.E 所示：

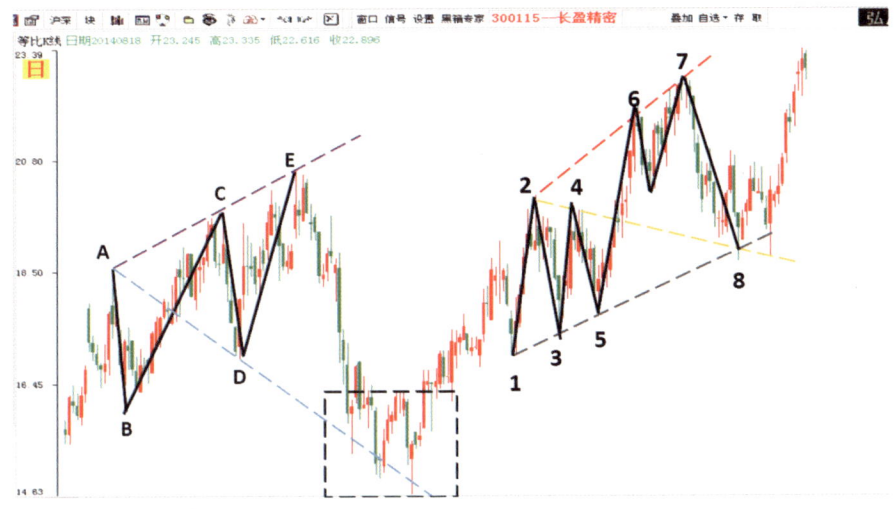

图 8.2.E　长盈精密收敛时空线预测

图 8.2.E 是 300115——长盈精密 2013 年 11 月到 2014 年 8 月的日 K 线走势图，在图中可以看到两个三角形，一个是扩散三角形（图中左侧三角形），一个是收敛三角形（图中右侧三角形）。其中在扩散三角形中可以看到，连接点 A 和点 C 的波浪终结线（图中紫色线），对股价产生压力，于 C 点和 E 点连续两次触及波浪终结线，随后股价形成头部快速下跌。连接点 A 和点 D 形成的趋势穿越线（图中蓝色线），对股价起到支撑作用。股价在穿越线附近反复争夺（图中虚线框标识），最终形成底部。

图 8.2.E 中右侧是一个收敛三角形，点 1、点 3 和点 5 的连线形成了一条趋势线（图中黑色线），对后期股价形成大的支撑。连接点 2 和点 4 画一条下降趋势线（图中黄色线），下降趋势线延长后，与上升的趋势线出现一个交点，这个交点就是时空变盘点。股价运行到了交点处就会出现时空共振点，可以看到股价在点 7 位置出现短期头部，在点 8

的位置见底。如图 8.2.E 所示,在图中连接点 2 和点 6 画一条终结线(图中红色线),则图中右侧的走势形成了一个扩散三角形,整体是一个复合式的三角形形态。

小　结

在本章里笔者为大家介绍了市场中的两类趋势线,即穿越线与终结线。对这两种趋势线的研究方向是一样的,都是研究趋势衰竭的画线。

终结线是研究同向趋势的,在同向趋势中我们找到了衰竭区,衰竭区就是超出终结线的部分,有了这种终结线,投资者就可以用简单的方法来判断市场中的动能。

穿越线是研究反向趋势的衰竭,以股价形成的真空区为标准,画一条连接高低点的连线,穿越线可以找到反向趋势的结束点,它像一个标尺一样,可以对股价的波动做出预测,并且能测量涨跌的空间。更简单一点说,穿越线就是针对上涨过程的回调或下跌过程中的反弹做出预测,更多的情况下只能判断小级别的波动。

这两种线都属于轮廓式画线,不可能非常的精确。另外本章中还讲到了两种三角形形态,一种是扩散三角形,一种是收敛三角形,这些都是实战性很强的技巧。

两种三角形的用法本质上就是将终结线和穿越线组合起来使用,这些形态判断虽然很准确,但是在股市中不会太频繁地出现,各位读者应该熟记这些形态的特点,不要让这两个形态与你擦肩而过。

第九章　趋势的三段跟踪法

——150年的交易秘诀

这是一个家族150年的交易秘密，这是一套创造了无数财富的交易策略，短线快进快出，趋势三段跟踪，随着趋势的发展，不断提高交易的安全性和获利量。每个阶段跟踪的完成都会使部分利益落袋为安，并且会是继续获利的开始，最终实现资金的安全性和利益最大化的完美结合。本章中笔者会为你介绍这一套神奇的交易方法。

所谓基础不牢，地动山摇，想要建高楼，就要打好地基，这套神奇的方法也需要一些知识来作为基础，在学习这套方法之前，我们首先需要了解一些分形的基本知识。

破译趋势基因

第一节 再涉分形

分形的知识,在《模型理论1》中,笔者也进行过讲述,但学习趋势的三段跟踪法需要用到其中的一些知识的延伸,所以就有了这一节的内容。

首先,什么是分形?分形是一种粗糙的或破碎的几何图形,它的组成部分可以被无限细分,而且它的局部形状一般与整体相似。

分形一般是自相似的和标度不变的。曼德勃罗特教授在解释"分形"一词时说:"我是由拉丁语形容词 fractus 创造了词'分形'(fractal),相应的拉丁语动词 fragere 意味着'打破'和产生不规则的碎块。从而可见(这对我们的需要是何等的合适!),除了'破碎的'(如像碎片或曲折),fractus 也应当具有'不规则'的含义,这两个含义都被保存在碎片(fragment)中。"(《大自然的分形几何》,p4)有许多数学结构是分形,例如:谢尔宾斯基三角形、柯曲雪花、皮亚诺曲线、曼德勃罗集、洛仑兹吸引子等。分形同样可以描述许多真实世界的对象,如云彩、山脉、湍流和海岸线等,当然,它们不是单纯的分形形状。

曼德勃罗特教授曾给出了一个分形的数学定义:一个几何对象,它的豪斯多夫维数严格大于其拓扑维数。这不仅有些抽象,而且也不是一个令人满意的定义,因为还有好多分形没有被该定义涵盖。后来曼德勃罗特又给出了一个比较通俗的定义:部分与整体以某种形式相似的形状。该定义仍然不能表达分形的全部意思,但会使很多初学者开始理解分形,虽然还不能全部理解。

那么究竟什么是分形呢?到目前为止还没有严格的定义。现在一般用法尔科内(《分形集几何学》)对分形集合 F 的描述来判断某一对象是否是分形:

(1)F 具有精细的结构,即使在任意小的尺度之下,它总有复杂的细节;

（2）F是如此不规则，以至它的整体和局部都不能用传统的几何语言来描述；

（3）F通常具有某种自相似性，这种自相似性可以是近似的，也可以是统计意义上的；

（4）F在某种意义下的分形维数通常都大于它的拓扑维数；

（5）在多数令人感兴趣的情形下，F以非常简单的方法定义，或以递归过程产生。

讲了这么多专业的术语，有人可能觉得分形很神秘，其实应用到股市中就没有那么复杂了。分形就是简单的股市碎片，是最简单的股市形态。

分形术语

为了方便大家理解，在下文的讲述中笔者需要用到一些分形的术语，这些分形术语有些在《模型理论1》中笔者也讲到过，本章中只明确一下这些分形术语的定义，对于其含义和性质就不再具体讲述了，我们以5日分形为例。如图9.1.A所示：

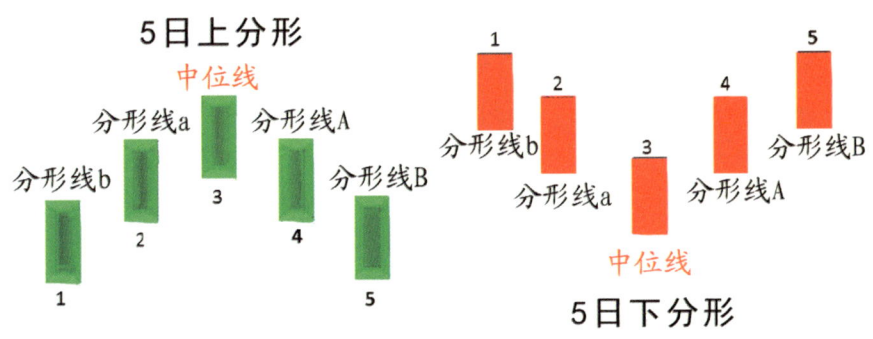

图9.1.A　5日分形示意图

分形的常用术语包括中位线、分形线、分形序列和分形级别，这些术语的具体含义如下：

中位线：是指分形的中间一根K线，是整个分形里的最高点或最

低点（上分形最高点和下分形最低点），简称Z。

分形线：是指最高价和最低价相比之前都同时抬高或降低的线。

分形序列：是指中位线左右两侧的分形线，为了有效区别不同的分形线，分别用字母来表示序列。

中位线左侧序列依次是 ａｂｃｄｅｆ…

中位线右边序列依次是 ＡＢＣＤＥＦ…

分形级别：指这个分形由几个交易日组成，即中位线与左右对等的分形线的和，所以分形级别总是单数，即3日、5日、7日、9日等，如图9.1.A中就是5日分形。

图中我们可以看到，上分形中分形线 A 和 a 的最高点和最低点均低于中位线的最高点和最低点，分形线 B 和 b 的最高点和最低点分别低于分形线 A 和 a 的最高点和最低点。而下分形则相反，分形线的最高点和最低点依次高于中位线，但是实际上这种情况属于标准分形，还有一种情况是宽松分形。

标准分形和宽松分形

分形分为标准分形和宽松分形，它们在形态上有着什么样的区别呢？我们以3日分形为例，如图9.1.B 所示：

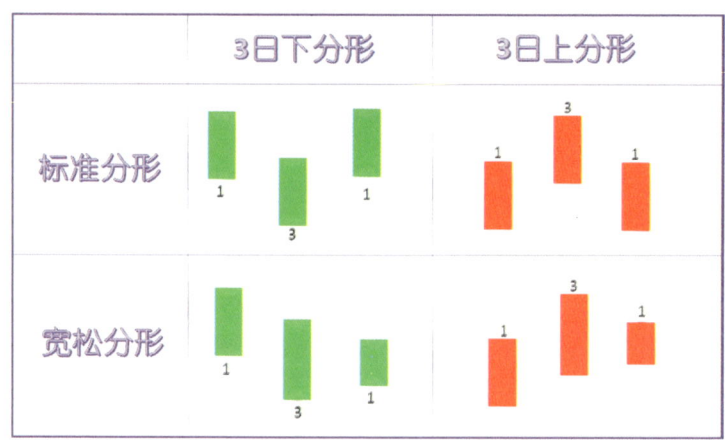

图 9.1.B　宽松分形和标准分形

标准分形的条件前文中笔者已经提过，在此就不再赘述了，而宽松分形的条件是：宽松下分形是最低点符合要求而分形线A（右1）的最高点不符合要求的分形，宽松上分形是最高点符合要求而分形线A（右1）的最低点不符合要求的分形。

读到这里，如果你觉得自己已经对分形有所了解和掌握，那么我们就可以开始学习神奇的多段趋势跟踪法了。

第二节　五段跟踪法

跟踪交易

如果笔者和你做一个游戏，你和笔者各拿出100万元，然后以一种绝对公平的方式从一到十之间随机选取一个数字，若是一到六，你赢得笔者那100万，若是七到十，笔者赢得你那100万，你会同意么？

若是换种方式，还是100万，还是一到十随机选取，还是一到六你赢，七到十笔者赢，但是即使输了每次只需给对方100元，然后重复，直到一方没有筹码为止，你会同意么？

按理说，两种方法都是你的赢面更大，并且都是60%，但是第一种方法你绝对会慎重考虑，为什么，输不起，万一输一次100万就没了，赢面再大也怕个万一。第二种方法相信没有人会拒绝，每次100元，100万至少可以玩1万次，那么60%的获胜概率就很重要了，积小胜，成大胜，最终的胜利几乎已经是注定的了。

同样的道理在股市中也适用，所以不要羡慕那些在股市中一夜暴富的人，对那些人来说，钱来得快去得更快，不积跬步无以至千里，不积小流无以成江海，九层之台起于垒土，千里之行始于足下。真正的股市赢家，都是一点一点积累起来的，那些看到利好就孤注一掷全仓买入或者直接用多少倍杠杆的人，即使一次能够获利也不可能长久，因为他只要判断错误一次就直接出局,而那些擅长在股市中打"麻雀战"的人却往往能够获利稳定,即使偶尔出现失误也能及时止损,最终收获利益,这就是低风险交易的好处。

想要进行低风险交易,就需要引入跟踪交易的概念,所谓跟踪交易,就是把一波行情分成许多段,跟踪行情,每一段视行情的变化进行不同的操作,最终使安全性达到最高的一种交易方法。

跟踪交易说来容易,但是实际应用起来却并不简单,一段行情,如何分,分成几段,如何确定行情的起点等等这些问题都是做跟踪交易前需要解决的,这就需要一套完整的跟踪交易策略,而这正是笔者接下来要讲给大家的。

基础结构的确立与第一、二段跟踪

这套跟踪交易策略,笔者称之为五段跟踪法,是在三段跟踪法的基础上进一步优化而来,在开始跟踪交易之前,首先要确定一个起点,那么第一个要解决的问题是起点如何确认,我们来看图9.2.A:

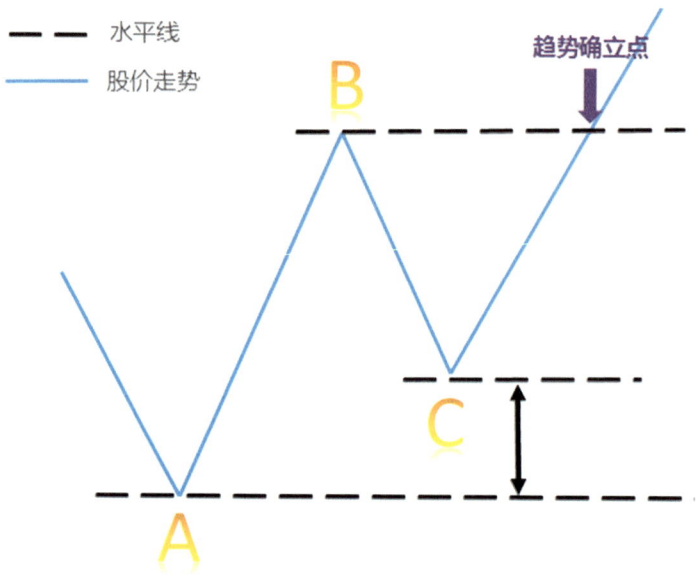

图 9.2.A　跟踪交易法基础结构示意图

图 9.2.A 是五段跟踪交易法基础结构的示意图,一旦基础结构确立了,起点也就确立了。图中蓝色线代表股价的走势,黑色虚线代表水平线,可以看到股价在经过一段时间的下跌后在 A 点处出现反弹,到达高点 B 之后继续回落,但最终多方力量战胜空方力量,股价最终没有跌破 A 点创出新低,而是在点 C 处开始回升,最终突破 B 点上升趋势确立。

股价出现图 9.2.A 中的走势之后,仍然不能确定跟踪交易的起点,ABC 三点处必须出现标准的 3 日分形,其中,A、C 点是下分形,B 点是上分形,注意,此处要求必须是标准分形,且 A 分形的中位线最低点必须低于 C 分形中位线的最低点,这样就可以确定跟踪交易的起点了,如图 9.2.B 所示:

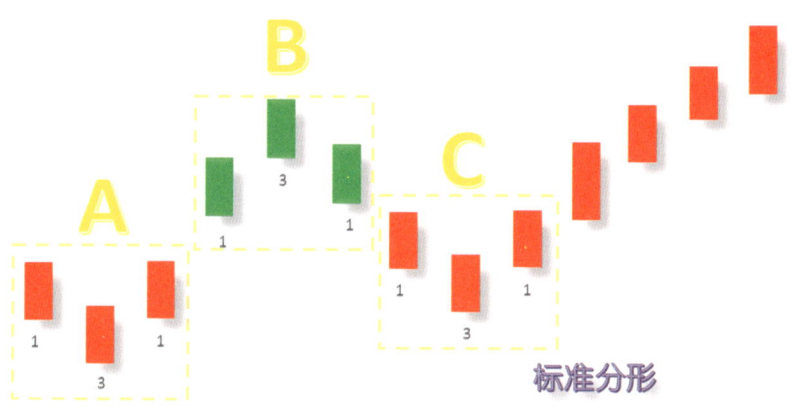

图 9.2.B 跟踪交易起点的确认

当然,起点的确定不需要股价真的涨起来,C 处分形出现之后就可以确定并开始跟踪了,但是在趋势确立点出现之前交易的安全性会稍低一些,所以第一段跟踪笔者建议小仓位买入(前两段跟踪的方法笔者下文中会讲到)。

这里需要注意的一点是,A、B、C 三个分形之间不允许出现 K 线重合的现象,即某根 K 线既属于分形 A,又属于分形 B,且分形 A、B、C 的中位线必须是股价的高低点。

起点确立以后就可以开始跟踪交易了，跟踪交易的精髓就是分段操作，多点买入及时止损，为何很多投资者不赚钱？就是因为做不好止损，所以五段跟踪法的一大优势就是会不断抬高止损点，随着止损点不断抬高，就会有一部分利益落袋为安，只要及时收回成本，接下来的操作即使完全错误，也不会给我们带来损失（而且这套交易策略有着完善的止损机制）。

下面我们来看跟踪交易的前两段如何来进行，如图 9.2.C 所示：

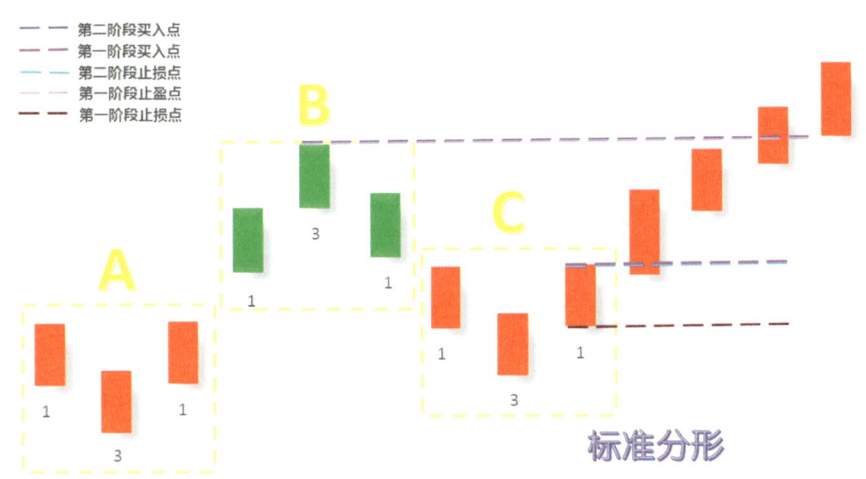

图 9.2.C　第一、二段跟踪示意图

图 9.2.C 是在图 9.2.B 的基础上添加水平线得来的，笔者用这张图来讲解一下前两个阶段的跟踪交易方法。

第一阶段：3 日分形 C 的右 1 这根 K 线的最高价为第一阶段买入点，最低价为第一阶段止损点，即起点确定之后，股价的收盘价一旦突破分形 C 处右 1 的最高价（图中粉色线）则轻仓买入（由于收盘后才能确定当日最高价，所以此处的买入操作是在下一个交易日进行的，下文中的买入操作也是一样的情况），而买入之后一旦股价跌破分形 C 处右 1 的最低价（图中褐色线）则卖出止损，若股价一直上涨则一直持有，一旦股价突破分形 B 的中位线最高价则卖出止盈，由于此时趋势还没有确定所以必须时刻注意风险控制。

第二阶段：若卖出止盈后股价继续上涨，直到收盘价突破分形 B 的中位线最高点（图中粉色线）后下一个交易日再次建仓（若出现卖出止盈日有效突破分形 B 的中位线最高点，则下一交易日即可建仓），开始第二段操作，此时若股价上涨则继续持有，若股价跌破分形 C 处右 1 的最高价（图中蓝色线）则卖出止损。

可以看到，第二阶段时我们将止损点由原来的分形 C 处右 1 的最低价，抬高到分形 C 处右 1 的最高价，那么即使不考虑之后的交易，两个止损点之间的利润已经被我们抓在手里了。获得的利润就落袋为安，这就是跟踪交易的优势所在。

下面笔者来讲后面三段跟踪交易如何进行。

第三、四、五段跟踪

后三段跟踪的操作方式类似，这里笔者就以第三段跟踪的操作方式为例。

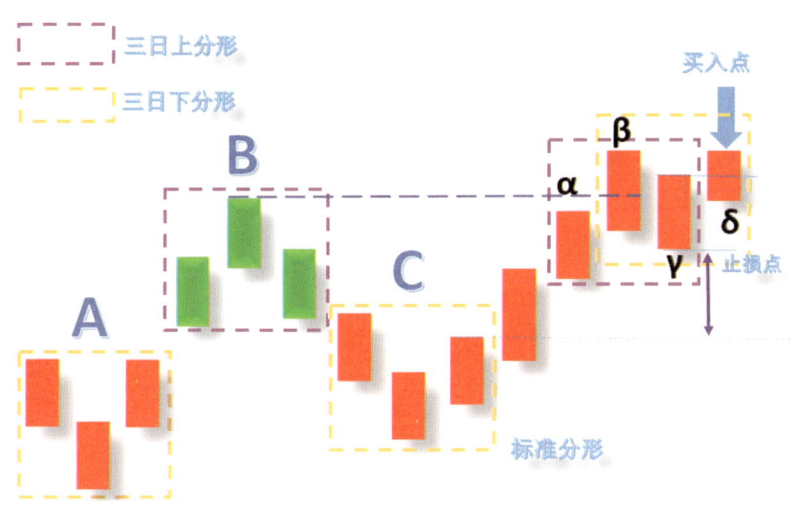

图 9.2.D　第三段跟踪示意图

破译趋势基因

如图9.2.D，图中笔者以粉色框线标记上分形，黄色框线标记下分形，用 α、β、γ、δ 标记了四根线，当股价突破分形 B 中位线的最高点之后继续运行，如果再次形成3日上分形，如图中 α、β、γ 三根线（此时不要求标准分形，宽松分形也可以），若同时 β、γ、δ 三根线又形成一个3日下分形的情况最佳，则该上分形的分形线右1（K线 γ，图中紫色箭头标识）的最高点就是我们在下一个交易日的买入点或者加仓点；若未出现前述走势，则需等待形成一个3日上分形走势（中位线最高点需高于分形 B 中位线的最高点），当股价有效突破此分形右一分形线的最高点时买入。同时将止损位提升到这根K线的最低点（图中蓝色实线标识），收获两个止损点之间的收益（上一个止损点用紫色虚线标识），一旦股价跌破止损位，则止损卖出，若股价上涨则继续持有，直到股价（收盘价）突破 β 最高点之后形成3日上分形，则重复之前的操作，如图9.2.E 所示：

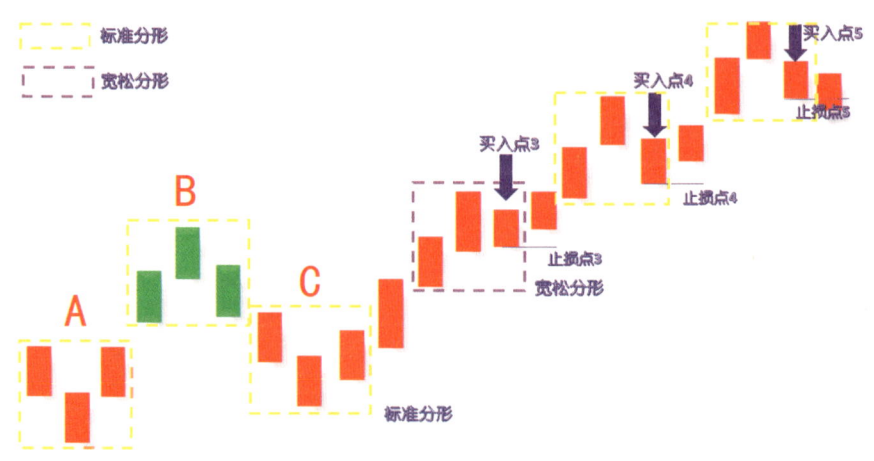

图9.2.E　第三、四、五段跟踪示意图

图中笔者用粉色框线标记宽松分形，用黄色框线标记标准分形，可以看到，随着跟踪交易的进行，止损点也在一步步抬高，我们的获利也在一步步增加，一旦股价开始下跌，跌破止损位后立即卖出止损，则可收获买入点到最后一个止损点之间的收益，也就是说，跟踪的阶段越多越长获利越多。

这里需要强调的一点是仓位的控制，所有鸡蛋不能放在同一个篮子里，同样的道理，所有的资金也不能都买同一只股票，这样做的风险太大，要选择多只股票，但是也不宜选择太多股票，以免首尾难以兼顾。以笔者的经验来看，选择大于三只小于五只的股票将手中的资金以一个合理的标准分配为佳。以同时操作三只股票为例，可以选择4∶4∶2作为资金分配标准，即一只股票中投入的资金最好不要大于你全部入市资金的40%。

这40%的资金也不能一次都投入，要学会一步步建仓，分散风险，降低成本，以五段跟踪交易法而言，资金的投入比例应该是这样：买入点1和买入点2时酌情轻仓操作，买入点3时投入二分之一建仓，买入点4时投入三分之一加仓，买入点5时再投入剩下的六分之一加仓，这样的话即使你买入点4时股价下跌止损了，你在买入点3时买入所得的收获也能够大于你的损失，这样就会有所收益，就能够分散风险，降低成本。随着止损点的不断抬高，成本不再增加，但是获益却在不断增多，这就是这套五段跟踪交易法的精髓所在。

这种方法之所以被称为五段跟踪交易法，是因为最多只能跟踪五个阶段，五个阶段之后就不能再继续跟踪了，所以买入点5出现之后以最后一个三日上分形右一K线的最低价为止损点，那么最后一个三日上分形之后股价继续上涨呢？该如何操作？

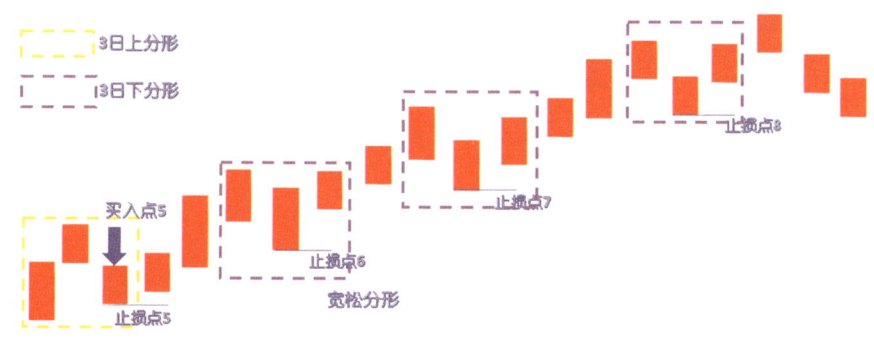

图 9.2.F　买入点 5 之后的跟踪

如图 9.2.F，当买入点 5 出现之后若股价继续上涨，则继续抬高止损点，提高获利。止损点的选取规则是，股价运行过程中出现 3 日下分形（不要求标准分形，宽松分形亦可以），则该下分形的中位线最低点即新的止损点。如图 9.2.F 中粉色框线标识的情况，如股价继续上涨，则等下一个 3 日下分形出现，再次抬高止损点，循环往复，直到股价跌破止损点时卖出止损。

止损之后无论股价是涨是跌都不可以继续跟踪了，此时我们就需要寻找新的基础结构，再次开展跟踪交易了。

这里需要注意的是，如图 9.2.G 所示，若分形 C 之后第一个上分形（图中粉色框线标识）中位线最高点低于分形 B 中位线最高点则不视为买入点。如图 9.2.G 所示：

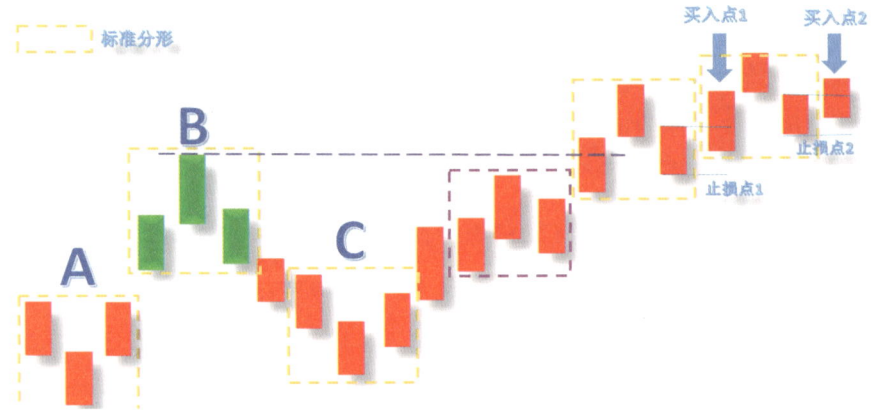

图 9.2.G　买入点选取示意图

也就是说，从第二阶段跟踪开始，每一个作为买入点的 3 日上分形中位线最高点都必须要高于前一个 3 日上分形的中位线最高点。

第三节　五段跟踪法实战

下面我们来看一下五段跟踪交易法的实战案例，如图 9.3.A 所示：

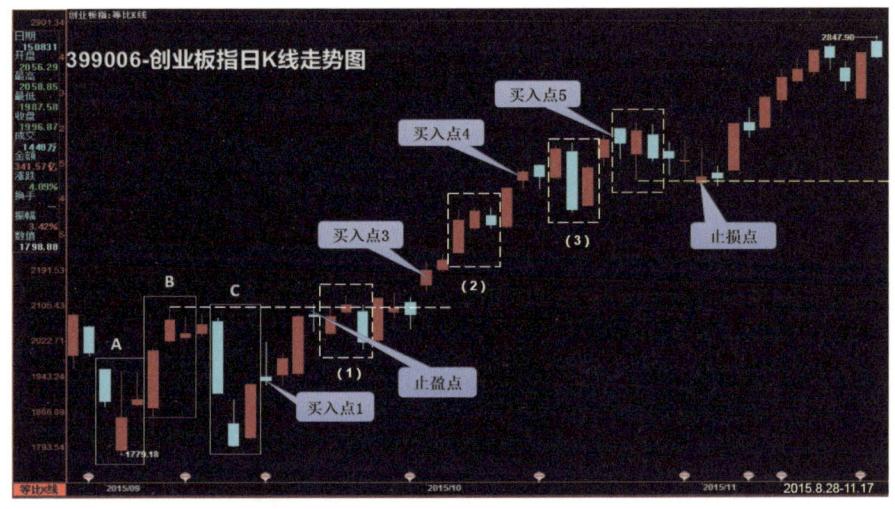

图 9.3.A　创业板指五段跟踪法实战

图 9.3.A 是 399006——创业板指从 2015 年 8 月 28 日到 11 月 17 日的日 K 线走势图，图中我们可以看到明显的 ABC 基础结构，并且下分形 A 的中位线最低点低于下分形 C 的中位线最低点，这就形成了一个低点抬高的走势，此时我们就可以开始跟踪交易了。

首先在分形 C 的右一分形线出现之后，下个交易日指数突破分形 C 的右一 K 线的最高点时轻仓买入（因为此时趋势还没有完全确定所以建议轻仓买入并且严格止盈和止损），买入之后指数连续上涨 5 个交易日之后接触到分形 B 的中位线最高点时，卖出止盈。次日指数下跌形成一个上分形（图中左起第一个白色虚线框），标记为上分形（1），未出现买入点 2。而第三个买入点或者说加仓点是上分形（1）右一分形线的最高点，即之后第 4 个交易日指数有效突破上分形（1）右一分形线的最高

模型理论 3

破译趋势基因

点时买入（二分之一仓位），止损点抬高到上分形（1）右一分形线的最低点；之后指数继续上涨出现第二个 3 日上分形（图中左起第二个白色虚线框标识），标记为上分形（2），同样突破上分形（2）右一分形线的最高点时是加仓点（三分之一仓位），止损点抬高到上分形（2）右一分形线的最低点；指数再次上涨出现第三个上分形，标记为上分形（3），同样在突破上分形（3）右一分形线的最高点时加仓（六分之一仓位），注意，这是最后一次加仓，止损点抬高到上分形（3）右一分形线的最低点，若指数跌破止损点则止损卖出，若指数继续上涨，则寻找上涨途中形成的三日下分形（如图中黄色虚线框标识）。将止损点抬高到该下分形的中位线最低点，如图中黄色虚线标识，可以看到止损点出现不久，指数即开始调整并且触及止损位，此时应止损卖出，再次寻找下一个基础结构。尽管卖出之后指数可能还会涨，但是股市中永远不缺少机会，并不是每一分利润都属于我们，弱水三千，只取一瓢，我们要知道哪一份利益是属于我们的，哪些不是。我们已经从这一波行情中收获到足够的利益，除非再次出现基础结构，否则剩下的利益都不属于我们，股市里最忌贪婪，不能因为一时的贪婪而葬送自己到手的利益乃至本金。

我们再来看下面一个案例，如图 9.3.B 所示：

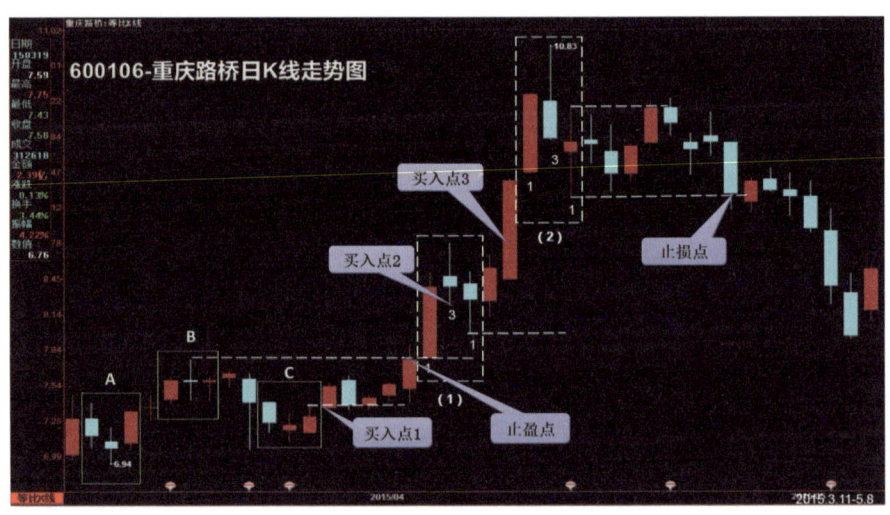

图 9.3.B　重庆路桥五段跟踪法实战

图 9.3.B 是 600106——重庆路桥从 2015 年 3 月 11 日到 5 月 8 日的日 K 线走势图，图中左侧出现了符合条件的 ABC 基础结构，跟踪交易开始。

首先在分形 C 的右一分形线出现之后，在下个交易日股价突破分形 C 的右一 K 线的最高点时轻仓买入，如图中买入点 1，止损点是这根 K 线的最低点。买入点出现之后四个交易日股价触及分形 B 中位线最高点时卖出止盈，在股价收盘价正式突破分形 B 中位线最高点后下个交易日出现买入点 2，买入之后股价走势开始形成一个 3 日上分形，标记为上分形（1）。则买入点 3 是上分形（1）右一分形线的最高点，即次日股价达到上分形（1）右一分形线的最高点时（图中买入点 3）买入（二分之一仓位），止损点抬高到上分形（1）右一分形线的最低点；之后股价继续上涨之后出现又一个 3 日上分形，标记为上分形（2）。同样上分形（2）右一分形线的最高点是加仓点（三分之一仓位），该上分形出现之后股价开始调整，分形（2）右一 K 线的最高价没有被有效突破，未形成买入点。此时止损点抬高到上分形（2）右一分形线的最低点，上分形（2）之后第八个交易日股价跌破止损位时止损卖出，可以看到即使在跟踪第二个上分形时止损了我们之前获取的利益也足够弥补此次的损失并且有结余，这才是跟踪交易的魅力。

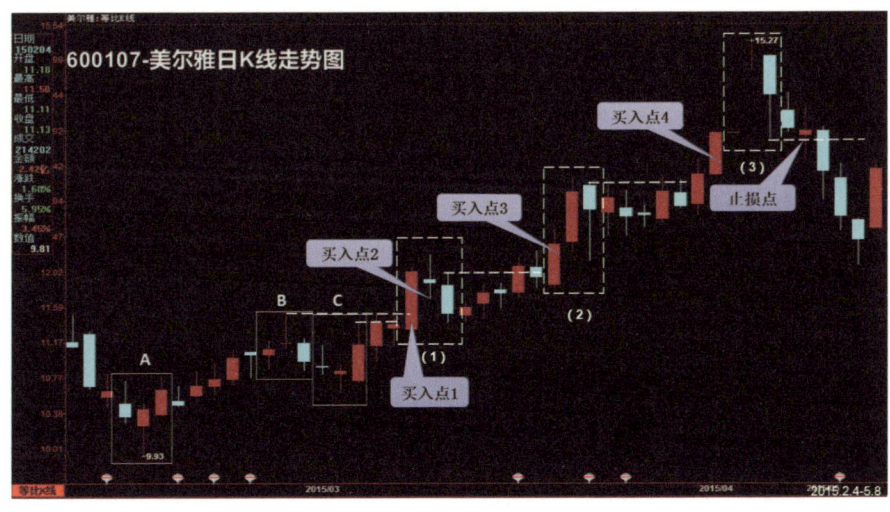

图 9.3.C　美尔雅五段跟踪法实战

图 9.3.C 是 600107——美尔雅从 2015 年 2 月 4 日到 5 月 8 日的日 K 线走势图，图中出现了符合条件的 ABC 基础结构之后开始跟踪交易。

2015 年 3 月 10 日，股价第一次有效突破分形 C 右一分形线的最高点，出现买入点 1，同时，这天股价一路上涨，有效突破分形 B 最高点。按照我们的操作原则，此时应该止盈，但是国内市场是"T+1"政策，因此应该次日卖出，而次日恰好又是买入点 2，因此可加仓或继续持股。止损点提高到买入点 1 的位置。

继续跟踪股价的走势出现第一个三日上分形，即图中白色虚线框标识的分形（1）之后，止损点提高到上分形（1）右一分形线最低点。可以看到分形（1）出现之后股价在接近止损点的位置开始上涨，在第 6 个交易日出现买入点 3，即有效突破三日上分形（1）右一分形线最高点，此时买入（二分之一仓位）。之后股价继续上涨又出现一个 3 日上分形，标记为上分形（2），分形（2）出现之后股价出现小幅调整，7 个交易日后股价有效突破上分形（2）右一分形线的最高点出现买入点 4（三分之一仓位）。之后停牌一天，次日涨停，随后下跌，走势出现下一个 3 日上分形，标记为分形（3），止损点抬高到上分形（3）右一分形线的最低点。上分形（3）出现之后股价开始下跌，没有有效突破上分形（3）右一分形线的最高点，反而在两个交易日之后股价跌破止损点，卖出止损。

小　结

自然界中，人类没有尖牙利爪，没有厚皮坚甲，既不是五感最灵敏的，也不是身体最强壮的，甚至在智力上也没有明显的优势，人类之所以能够成为自然界的霸主，原因就是人类善于发现规律，用规律来改变世界。

就像荀子在《劝学》中说的："登高而招，臂非加长也，而见者远；顺风而呼，声非加疾也，而闻者彰。假舆马者，非利足也，而致千里；假舟楫者，非能水也，而绝江河。君子生非异也，善假于物也。"

投资者也要善于发现规律，运用规律来使自己获利，股市的本质是主力和散户的博弈，主力和主力的博弈，散户和散户的博弈，使用的方式方法不断在更新，不断在变化，所以任何方法都不是万能的，就像所谓的万能钥匙打不开电子门锁一样。时代在改变，方法在改变，但是博弈的根本不会变，就像古代战争一样，吕布为什么厉害？一方面他自身武艺惊人，另一方面，他手中的方天画戟，胯下的赤兔宝马，同样天下闻名。所以，一个成功者需要两方面素质，一方面是自身素质，另一方面实用的工具，一个拿着枪的小孩照样可以打败一个赤手空拳的壮汉，而自身素质要提高就需要学习，学习什么？学习理念。

股市中获利靠什么？理念和运气，运气是不可控的，但理念却是可以学习，可以培养的。

作为散户，资金不如主力多，消息不如主力广，经验不如主力多，专业上也比不上主力，所以更多的时候散户只能赚散户的钱，只有先在与同类的竞争中脱颖而出，才能一步步成为股市赢家。

《货殖列传》中说："贵出如粪土，贱入如珍宝。" 别人买的时候你卖，别人卖的时候你买，股市里都是少数人获利，怎么才能成为少数人？想要成为少数人最简单的方法，和多数人不同，你就成为少数人了，在股市里和大多数人一样，永远只能做后知后觉者，所以想要脱颖而出，多数散户有的那些想法就都不能有，多数散户身上常有的那些缺陷都是什么呢？

模型理论 ③

破译趋势基因

一般散户买不到低位，即使买到了低位也拿不久的原因有三点：第一，专业知识不足，缺乏实用的工具，发现不了低位；第二，理念不完善，克服不了内心的恐惧，即使发现了低位也担心买了之后赔钱不敢买入；第三，心态不过关，贪婪，为了短期利益放弃了长远利益，买到低位之后刚见小利就卖了。

所以我们要知己知彼，想要赚大钱要就要掌握大趋势，要做长期投资，10年前你在北京买一所房子，到现在你赚了多少钱？1年前你买了一所房，到现在你能赚多少？同样是一所房子，买入的时机和持有的时间不一样，获利天壤之别，这就是长期投资的魅力。所以要能买在低位，更要眼光长远，要知道什么样的股票值得长期持有。

本章中所讲到的方法听起来很简单，很多人甚至五分钟就能学会，但是大道至简，简单不代表不实用，关键是坚持，要能执行。到了买入点不买，到了止损点不卖，方法再好也没用。长期获利的秘诀就是持续理性，只有当大多数人都情绪化的时候你还能够保持理性，才能够在众多散户中脱颖而出，获得收益。

想要一直保持理性，最好的方法就是严格地按照一套规则来操作，不管你是什么性格的人，最终结果是一样的，就好像同一条生产线上的产品都是一样的，但是生产它们的工人的性格都是一样的么？

股市中也是如此，所以你就需要一套规则，而本章所讲，正是这样一套规则，如何买，如何卖，如何止损，如何获利的问题都解决了，这套方法的优势就是不需要有很多的经验，只需要严格按照这套方法来操作即可在最大程度上规避风险获取利润。

顺应趋势,花全部的时间研究市场的正确趋势,如果保持一致,利润就会滚滚而来!

——威廉·江恩

第四卷　趋势的潜藏基因
——微趋势密码

破译趋势基因

在上一卷中，我们了解了分形，分形的性质就是它的组成部分可以被无限细分。实际上世间万物皆可细分，或者说世间万物都是由更小的部分组成的，分子由原子构成，原子由原子核和电子构成，更细小的粒子还有夸克；人体是由多个组织系统构成，组织系统由细胞和器官构成，细胞和器官的形态又由基因决定。

同样的道理，我们都知道在股市中，趋势分为长期、中期和短期趋势，其中长期趋势由多个中期趋势构成，中期趋势由多个短期趋势构成。那么，我们不禁要问了，短期趋势就是趋势的最小单位？

答案：不是，短期趋势也是可以细分的。那什么构成了短期趋势呢？短期趋势是由微趋势组成的。

短期趋势又是由什么所决定呢？趋势的基因么？那么趋势有基因吗？

答案：有的，微趋势就是趋势的基因。

那什么是微趋势呢？

在本章中笔者将为大家揭开微趋势的奥秘，学习和了解微趋势的组成和特点，但是在阅读本章时需要各位读者以一种崭新的思维来理解微趋势的变化。

第十章　微趋势

——预知趋势反转的利器

微趋势就是最小的趋势，通过研究微趋势我们可以清楚地知道趋势形成的过程，这样就能判断趋势反转的原因，所谓见微知著，就是这个道理。趋势对于普通的投资者来说是滞后的，只能等趋势形成以后才能确定是上升趋势还是下跌趋势，而微趋势可以通过趋势形成过程和规律提前预知趋势的反转。

在大的变化发生以前，我们往往可以从小的地方发现一些蛛丝马迹，从而对趋势做出提前的预判，例如当树叶的边缘开始微微发黄的时候就应该知道秋天将至了，等到叶子开始落下的时候就已经"天下知秋"了，那个时候就已经错过了最好的时机，就像是古人诗中所说"春江水暖鸭先知"，先知先觉的鸭子自然是第一个享受到温暖的春水的。在股市中，我们也要做一个先知先觉者，等到趋势形成之后再操作叫顺应趋势，在趋势没有形成之前就预测出趋势的方向，从而做出正确的操作才能称之为掌握趋势。所以，掌握微趋势对于投资者的重要性就不言而喻了，而学习微趋势，对投资者来说，无疑是在股市中快人一步的利器。

微趋势对于很多投资者来说都是一个新鲜词汇，觉得很陌生，其实我们几乎每天都跟它打交道，例如分时图中的走势，它也有趋势的规律，每一天的分时图组成当天的日线图，对于日线来说，分时图就是微趋势了。我们通过对当日分时图的分析来判断市场动能的强弱，日线图则是将这种强弱表现出来。

第一节　为什么要研究微趋势？

前文中笔者为大家介绍了微趋势对投资者的重要性，但是仅仅通过文字很难让大家对此有一个直观的认知，笔者通过下面一个例子来向大家阐述微趋势的神奇。如图 10.1.A 和图 10.1.B 所示：

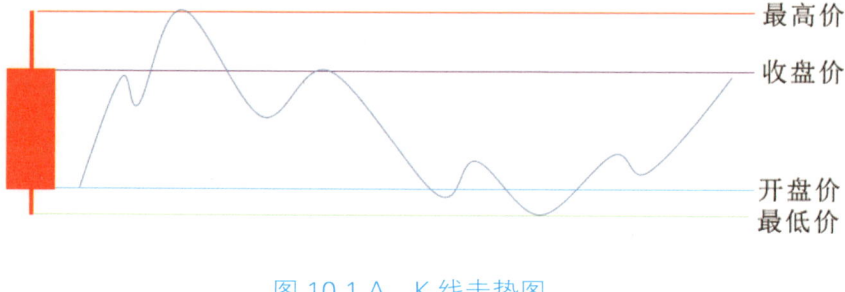

图 10.1.A　K 线走势图

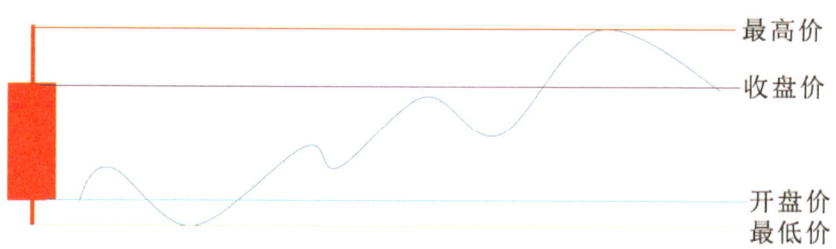

图 10.1.B　K 线走势图

图 10.1.A 和图 10.1.B 是同样的 K 线的两种不同走势，在图中两个 K 线的最高价、开盘价、最低价、收盘价都是一样的，从 K 线图上没有任何的区别，只看 K 线图都代表着当天上涨的动能十足。但是很多时候可以看到主力利用这种 K 线在头部处骗线。如果有这种阳线出现，即使出现下跌，很多投资者也不会卖出，因为上涨的阳线让投资者信心十足，所以对于下跌才会熟视无睹，最后造成的结果就是股价在这里形

成头部而投资者百思不得其解，其实只要我们观察这根 K 线当日的走势图就能明白其中的原委。我们分别看看这两个分时图代表的意义：

图 10.1.A 中：股价的分时走势是冲高回落，再冲高，这种走势往往伴随着利好消息的出现，第一次上攻的买入资金多是在昨天收盘之后和今天开盘之前，这个好消息可能是预增、重组、收购等消息。知道这个好消息的有一群人，当这群人得知此消息后，迅速地在开盘买进，致使股价开盘就向上冲。当利好消息被充分消化后上涨动能开始不足，此时在开盘后发现该股急速拉升，后知后觉的投资者也知道了该股的好消息，也开始跟风买入，所以股价又出现了第二次拉升。而当此好消息充分传播后，跟风买入的人差不多都已经买入了，导致股价上涨无力，上方涌现出抛盘，此时股价快速回落，跌破第二次上冲的波段。而此时仍然有不知不觉的投资者抢反弹，股价短暂反弹再创新低。直到持续了三波下跌，直至创出当日开盘新低，意味着好消息不光没有起到好的作用，股价反而会创新低，此时主力在上涨和下跌的过程中都会抛售筹码。而当市场创出新低后，市场交易冷清，此时主力还没有出货完毕，故用少量资金就可以将股价拉起，这样投资者当天看到收盘是一个中阳线，都觉得市场看多，而不会引起恐慌，方便继续出货。

主力之所以用少量资金就能将股价拉起来有两个原因，一是经过三波下跌后交易冷清，二是利用临近收盘时拉升交易不活跃，因为绝大多数投资者临近收盘一般不交易，而此时主力正可以以小博大。主力是很狡猾的，对于大众投资者的心理有着相当的把握，所以投资者要警惕尾盘拉升的股票，尤其是在创出当日最低价以后的尾盘拉升，都意味着主力故意做盘，次日股价往往会出现调整。

看到此处，有的读者不禁要问了，利好消息出现反而成了出货点，那我们以后还能相信什么？其实大家可以从另一个角度来看一下这种所谓的利好消息，一个上市公司的重大重组或收购，可以肯定的是公司的高管会提前知道，也一定会在股东会上先行讨论。主力持有重仓要么会

破译趋势基因

参加他们的股东会，要么会时时地询问公司的经营信息，总之他们会提前知道。而投资者只能通过公开的媒体信息和公告得知，这时几乎所有的投资者都知道了。主力提前布局，当公布利好消息的时候，主力借机出货。其实这种情况也是主力无奈之举，因为这样的股票往往交易不活跃且套牢盘很重，如果是正常的出货需要付出更多的筹码和时间。

单独从图 10.1.A 中的走势图的角度来说，当日震荡剧烈，表示市场中的投资者分歧较大，多空双方争夺激烈，多方在付出更大的代价后，在高位收盘，当日先出现最高价后出现最低价，所以后市也看淡。投资者盯盘就是观察当日的高、开、低、收四个价格产生的过程，例如当日最高价比当日最低价出现的早（如图 10.1.A）。就意味着市场看淡，应逢高出局，相反，先出现最低价后出现最高价（如图 10.1.B），则后期看涨。

图 10.1.B 分时图中：股价的分时图从走势上进行简单的分析，开盘小幅回落后一路上涨，全天出现了三次上攻，每一次上攻回调后股价都会创出新高，这种走势表示当日多空双方争夺不激烈，多方明显占据优势。每一次上攻都会打开上涨的空间，代表多方力量强大，而空方只能进行短暂的反扑，下跌空间有限，后期看涨。这样形成的日线图就代表动能十足、继续看涨，这样的 K 线走势如果在颈线位置出现，则代表股价很可能有效突破前期高点。

但如果仔细推敲就不是这么简单了，首先这种走势往往出现在拉升前夕，这是主力在做拉升前的试盘，而试盘的点就是开盘后的上涨和创新低。在这里，笔者来解密一下主力的动机。

主力首先是在开盘后先试盘，试盘就是一次拉升之后一次下跌的过程，开盘上冲看看有多少套牢盘。这种拉升往往是在整个指数下跌的时候，主力就是要在整个市场都下跌时偏偏让这只股票上涨，故意吸引投资者的眼球，如果在如此醒目的情况下还没有多少套牢盘，可能有两个原因，一是投资者不看好整体市场，二是不关注该股。主力在拉升之前秘密关注的人越少就越容易拉升，正所谓"事以密成"，这个"密"既要秘密又要缜密，所以在图 10.1.B 中走势说明主力向上试盘成功。

而后再进行试盘，压低股价，看看市场有多少跟风盘。图 10.1.B 中股价开盘逆势拉升后，快速回落并跌破开盘价，创出当日新低，此时主力是想知道股价下跌会有多少人抄底，发现股价下跌抄底的并不多，而后再小幅拉升，且创出第一次拉升的高点。此时发现市场中并没有多少跟风盘，为了不引起注意，采取上升回调再上升再回调的拉升方式，最后在尾盘出现调整，这样更多盯盘的投资者看到尾盘下跌，一般不看好，就形成了一个较长的上影线，为接下来的拉升指明了方向。

投资者只要明白走势图所代表的意义，就能很轻易看清主力意图，以了解 K 线代表的真实意义。在图 10.1.B 整个走势中，后面的拉升、回调都不重要，重要的是伫立在前面的试盘过程，也就是开盘之后的拉升和下跌，这是这张走势图的核心。如果去掉这个试盘过程的走势，只出现三波段拉升，最后尾盘回调也未必是好的走势，所以每一个微小的走势都有着重要的意义。

通过对以上两个走势图的解析，我们知道了哪怕 K 线图的高、开、低、收四种价格都一样，如果分时图不一样，其所代表的意义也就变了。也就是说，如果我们只分析研究 K 线图，而忽略了对分时图的研究，就永远不能发现主力的真相，这就是微趋势研究的意义。

投资者都知道，股价是沿着趋势的规律运行的。我们要想彻底研究好趋势，就应该从趋势的组成开始。微趋势是趋势的最小单位，可以是分时图，可以是日线波动，也可以是周线和月线的调整等等，这些都是微趋势的涵盖范围。换言之，微趋势就是研究小型波动规律的方法。

微趋势所涵盖的范围很广，分析的方法也很多。在这一章里，主要讲的是微趋势的跟踪，这是一种利用微趋势做短线波段的方法，它能让我们找到市场最小的反转基础。知道了这些反转基础以后，我们就可以根据趋势的发展找出短线的顶和底，从而进行波段操作，获取利润。

破译趋势基因

当然，这个方法只适用于短线交易，对于中长期操作，只能将分析的周期加大，去看周线、月线、季线，甚至是年线。另外也需要投资者具备优秀短线交易者的素质，能够及时地止损和跟进。选择短线交易的投资者都是快进快出的，优秀的短线交易者更注重利润的不断积累，一旦发现错误立即离开市场。

短线交易需要配合短线交易的理念，当然这也是微趋势交易的理念，在讲到这个理念之前，为了方便理解，笔者首先来阐述一下投资者选择做短线交易的原因。

第二节　为什么要做短线交易？

史蒂芬·科恩（Steven Cohen）和詹姆斯·西蒙斯（James Simons）是当今世界的投资大鳄，在世界范围内不断地创造着奇迹，在华尔街几乎没有人不知道他们的名字，他们都是真正成功的投资者。

史蒂芬·科恩是美国著名对冲基金 SAC 资本顾问公司（SAC Capital Advisor）的创始人和掌门人。1984 年，他在经纪公司（Gruntal）组建了自己的交易团队，管理着 7500 万美元的投资组合和六个交易员；在 1992 年,他募集 2500 万美元成立了 SAC 资本顾问公司；2008 年最高峰时，公司管理的资产曾达 160 亿美元。

据彭博社报道，史蒂芬·科恩每天都在进行着大量的日内交易，每天平均买卖一亿股，相当于美国市场日成交量的百分之一，这个数字很吓人。但是他所管理的 SAC 资本顾问公司从 1992 年成立以来至 2007 年，平均年收益率超过 30%，其中 1999 年收益率为 68%，2000 年更是高达 73.4%。这个获利结果让中国的公募基金望尘莫及，而他所采用的方法不仅是短线交易，更确切地说是超短期的日内交易。

詹姆斯·西蒙斯是世界级的数学家，也是最伟大的对冲基金经理之一。定量投资让西蒙斯净赚15亿美元，成为全球收入最高的对冲基金经理，15亿的数字差不多是索罗斯最高收益的两倍。他所掌管的大奖章基金从成立开始，年均回报率高达38.5%，十几年来资产从未减少过。

　　与美国众多基金公司迥然不同的是，西蒙斯的公司里少有商学院高才生、华尔街投资分析老手，而是充斥着大量数学、统计学和自然科学博士。西蒙斯将他的数学理论背景巧妙运用于股票投资实战中，他通过计算机模型，大量筛选数十亿计单个数据资料，从中挑选出中意的证券进行买进、卖出。人们将西蒙斯的这种投资方式称为"定量投资"。通过计算机实现交易，也可以有效排除人为因素的干扰。

　　西蒙斯取得如此成绩，主要依赖于他的交易方式——"高频交易"，这种频繁的买进卖出甚至让他获得远超过了索罗斯的回报。西蒙斯刚开始也是采用巴菲特式的长期投资，当基金大幅亏损后，西蒙斯不得不痛定思痛，建立了自己的高频交易系统，并依靠此系统叱咤华尔街几十年。而至今为止他的交易方法一直是个谜，人们只能通过他透漏的只言片语中得知，这种高频交易就是一种高频率量化的投资方法。

　　通过对以上两个华尔街投资大鳄的介绍，我们知道了当今投资界取得成功的案例不乏进行短线交易的投资者，包括阿帕卢萨资产管理公司（Appaloosa Management）基金的掌舵人大卫·泰珀(David Tepper)，虽自称是价值投资的追随者，也最崇拜巴菲特，而在实际的交易过程中却是在频繁地进行短线交易。这和普通的投资者一样，虽然仰慕巴菲特的长期价值投资，但在实际的操作过程中却不得不进行短线交易，因为巴菲特的方法有其不可复制性。

　　股市说到底不是在投资而更多情况下是在投机，就是在市场有机会的时候就进行投资，而在市场没有机会的时候就要等待机会，也就是西蒙斯所说的"壁虎式交易"，只有这样炒股才是安全的。大多数投资者是一直在操作，不管市场有没有机会都进行操作，这样做的结果是赚来

破译趋势基因

的钱最终又都被市场拿回去了,这样的情况周而复始,成就了大批"任股市风云变化,我自岿然不赚"的投资者,这也就是很多股民炒股炒了几十年,到头来还是不赚钱的原因。所以选择短线投资交易,可能是普通投资者积累炒股经验、持续财富增长的最佳选择,稳健的利润和较低的风险是股民最终要追求的投资方法。

第三节 利润和风险应当如何平衡?

在股市中大家都知道利润和风险是成正比的,利润越大风险也就越大,正所谓"富贵险中求"。从接触股票以来,一个问题一直在困扰着笔者,如何在获取利润的同时回避风险?也就是股民经常问的有没有百分百赚钱的方法?这个问题华尔街的投资大师也在思考。

有没有稳赚不赔的投资方法?在美国长期资本管理公司(LTCM)曾号称找到了稳赚的投资模型。美国长期资本管理公司创立于1994年,主要活跃于国际债券和外汇市场,利用私人客户的巨额投资和金融机构的大量贷款,专门从事金融市场炒作。它与量子基金、老虎基金、欧米伽基金一起被称为"国际四大对冲基金"。梅里韦瑟(Meriwehter)被誉为能"点石成金"的华尔街债务套利之父,他聚集了华尔街一批证券交易的精英加盟:1997年诺贝尔经济学奖得主罗伯特·默顿(Robert Merton)和迈伦·舒尔茨(Myron Schols),他们因期权定价公式荣获桂冠;前财政部副部长及联储副主席大卫·莫里斯(David Mullis);前所罗门兄弟债券交易部主管罗森菲尔德(Rosenfeld)。这个精英团队内荟萃职业巨星、公关明星、学术巨人,真可谓"梦幻组合"。

这批华尔街精英以"不同市场证券间不合理价差生灭自然性"为基础,制定了"通过电脑精密计算,发现不正常市场价格差,资金杠杆放大,入市图利"的投资策略。舒尔茨和默顿将金融市场历史交易资料、已有的市场理论、学术研究报告和市场信息有机结合在一起，形成了一套较完整的电脑数学自动投资模型。他们利用计算机处理大量历史数据，通过连续而精密的计算得到两种不同金融工具间的正常历史价格差，然后结合市场信息分析它们之间的最新价格差。如果两者出现偏差，并且该偏差正在放大，电脑立即建立起庞大的债券和衍生工具组合，大举套利入市投资；经过市场一段时间调节，放大的偏差会自动恢复到正常轨迹上，此时电脑指令平仓离场，获取偏差的差值。

这种基于庞大的历史数据所分析出来的模型，几乎让长期资本管理公司傲视群雄，在1994至1997年间，长期资本管理公司业绩辉煌骄人。成立之初，资产净值为12.5亿美元，到1997年末，上升为48亿美元，净增长2.84倍。每年的投资回报率分别为：1994年28.5%、1995年42.8%、1996年40.8%、1997年17%。

而一个"黑天鹅事件"的发生，粉碎了他们稳赚的神话。长期资本管理公司万万没有料到，俄罗斯金融风暴引发了全球的金融动荡，结果它所估空的德国债券价格上涨，它所做多的意大利债券等证券价格下跌，它所期望的正相关变为负相关，结果两头亏损。它的电脑自动投资系统面对这种原本忽略不计的小概率事件，错误地不断放大金融衍生产品的运作规模，美国长期资本管理公司利用从投资者那儿筹来的22亿美元作资本抵押，买入价值3250亿美元的证券，杠杆比率高达60倍，由此造成该公司的巨额亏损。它从5月俄罗斯金融风暴到9月的全面溃败，短短的150天，资产净值下降90%，出现43亿美元巨额亏损，仅余5亿美元，已走到破产边缘。

可以说如果没有这次的"黑天鹅事件"，长期资本管理公司还会一如既往地利用这种"稳赚模型"，继续创造着资本投资的神话。随着长期资本管理公司陨灭，他们的这种百分百赚钱的方法也石沉大海，可见一味地追求利润最大化，不是真正的投资王道。

那有没有最安全的投资方法，也就是风险为零的投资方法？被称为

模型理论

破译趋势基因

"华尔街空神"的约翰·保尔森（John Alfred Paulson）曾经说过："投资不是先去想如何赚钱，而是要知道如何能没有风险。"保尔森是美国次债危机的最大获利者，当年，保尔森的个人收入超过30亿美元，远远超越乔治·索罗斯、西蒙斯、科恩、肯·格里芬等明星对冲基金经理的记录。他所遵循的投资理念就是可以不赚钱，但是一定不能亏损，其实这对每个股民而言也是最重要的。

目前华尔街的投资大鳄都是追求最小风险，只有这样才能长期在股市中屹立不倒。所以股民也要把控制风险放到第一位，在保证不亏损的情况下追求利润。如何将风险控制到最低呢？持股的时间越短，风险就越小。所以很多老股民选择短线交易，之所以做出这样的决定，一是经历过惨痛的亏损，二是明白了控制风险比赚钱更重要。短线交易就是实现风险最小的投资方法，虽然每次交易只能获得微利，但是复合式的增长就会创造出财富神话。

第四节 短线交易的核心理念

股民在进行短线交易之前一定要知道一个道理：经验比赚钱更重要。华尔街投资大师朱尔曾对股市有一个精辟解释："股票市场是有经验的人获得更多金钱，有金钱的人获得更多经验的地方！"在股市中如果没有经验，你有再多的钱都会被股市无情掠夺；而如果你有了经验，即使你的本金很少也会一步步增加，很多的投资大师便是从几千美元开始投资，最终成为享誉世界的投资巨富的。股市中既有人从几千元成为投资巨富，也有人从富翁变成穷光蛋，经验的重要性可见一斑，而经验的获得往往是以付出惨痛的亏损为代价而得到的，所以在华尔街有一句名言："炒股十年不赚钱，二十年赚小钱，三十年赚大钱。"这句话充分地说明炒股经验的重要性和获得经验的艰难。

当然，任何一条道路都有捷径，做任何事情都有提高效率的方法，投资经验的获得也不例外，普通的投资者如何快速地获得经验呢？除了去学习一些投资方法，更重要的是不断进行交易。有的投资者炒股十多年，而炒股水平还是一般，最根本的原因就是，十年间他没有进行几次交易，所以股龄很长水平一般。有的人也看过大量的投资书籍，学习了很多的投资方法，却还是亏损，为什么会这样呢？是因为没有学以致用，还是投资者的资质太低？笔者认为这样的投资者的问题是"勇于吃饭，怯于作战"，学习就像吃饭，人是铁饭是钢，谁不吃饭都没力气，没力气还怎么征战，同样的道理，不学习就没知识，没知识还怎么炒股？但是有些投资者忘了最根本的目的，吃饭是为了更好地作战，学习是为了更好地投资获利，结果有的投资者吃了饭就犯困变懒，不肯去尝试交易了。在股市中你懂得什么并不重要，重要的是你做了什么。只有行动才会积累经验。

笔者经常会给刚入市的投资者做投资计划，除了要阅读经典的投资书籍以外，最重要的是拿出几千元到1万元，去尝试做频繁的短线交易。如果半年内你的本金还在，那么你就可以放心大胆地去投资了；如果本金亏光了，你的经验也超过了那些在股市中摸爬滚打十多年的老股民。这样既能检验自己的炒股水平，又能积累炒股经验，最重要的是你理解了短线交易的两个理念。

理念一：忘记对错

我们经常会听到身边的股民讲"我后悔卖掉这个股票了，如果我没卖的话，我现在都赚翻了"，"我不应该买入这个股票，买入以后一直跌到现在"，类似的话语我们常常可以听到，充分说明股民心态的最大错误就是事后后悔。之所以会后悔，说明股民不是把重点放在是否赢利上，而是放在买卖的对错上。华尔街有句谚语："卖掉的股票就像离婚的妻子。"这句话告诉我们，股票一旦卖掉你就不应该再关心它了。

破译趋势基因

炒股的目的是什么？相信所有的投资者都会说是"赚钱"，但是真正操作起来，股民对买卖是否正确的关心远大于对操作是否盈利的关心。最典型的是，几乎所有的投资者都喜欢抄底卖顶，潜在的心理就是寻求没有错误的买卖方法，做到买进就涨，卖了就跌，而不关心是否能持续赢利。当一个股民看到一个指标的时候，首先不是想到这个指标能否使其赢利，而是关心它有没有失误的时候。如果投资者忘记了炒股的初衷，就会把精力放在对错上。

这个世界不可能有完美的方法，就像没有完美的人一样，追求完美、厌烦瑕疵本身就是空想不务实的表现。所以，在做短线交易的时候要学会忘记对错，只关心是不是赚钱或者是不是没赔钱，至于股票卖掉以后的表现，就无关自己了。股市中有的是机会，所以你不用担心错过了就没有了，股市中有的是钱，所以你不用后悔有的钱你没赚到。短线交易的过程就是要磨练投资者忘记是非观的过程，没有那么强的是非观，这一点不管是在股市中还是生活中都非常重要，就像每一个人都不是绝对的善与恶一样，任何一件事情都不是绝对的对与错，做到了这点你的生活也会变得简单幸福。

最后用韩寒在《后会无期》里的一句台词诠释股市中的短线理念："小孩子才分对错，成年人只看利弊。"

理念二：学会预测

凡事预则立，不预则废。这几乎是每个股民都能经常听到的话。预测没有那么深不可测，其实每个股民都能学会、都能掌握，重要的不是预测方法，而是作为一个投资者你必须要有自己的观点。有观点就有预测，就有判断的依据，没有观点就像没有目的地的旅行，随意而松懈。不会预测你就不知道你想要的是什么，当你自己都不知道你想要什么，没有人能满足你。

买入一只股票之前我们需要有一个预测：什么价格买入？保持什么

仓位？持股多长时间？获利多少出局？这些都来自你对未来的预测，不管你预测的水平怎么样，你都要做出选择。养成了这种预测的习惯，就不会人云亦云，就能冷静地总结成败得失。华尔街的谚语说道："做多做空都能赚钱，只有彷徨会让你一无所有，左右摇摆只会让事情更糟，你必须要学会预测。"

当然一开始可以先从简单的开始，比如从你对大盘看多还是看空开始。指数代表着整个市场，稳定性和规律性更明显，你可以预测明日收阴还是收阳，并将你的预测和市场最终的走势进行对比。当你的预测能做到十之八九，你就会坚定自己的投资方法，不会轻易受市场所影响，所有的操作都会按照既定的方式来进行。正所谓"知命者不会怨天尤人，知股者不会垂头丧气"，一切都是应该发生的，早在预料之中，做到"意外之事，意料之中"，没有迷茫和彷徨的投资才会更理性。

小 结

无数名人的成功先例证明了，无论是机构还是散户，对于大多数投资者来说，短线才是在股市中最快也是最容易的获利手段。实际上，如果你懂得正确的操作方法的话，它甚至还是最安全的获利手段，在股市中，利润和风险总是成正比，寻找利益最大而风险最小的投资方法是每个股民的追求。

在追寻的路上我们需要知识和工具，知识可以让你走在正确的道路上，而工具则可以让你快人一步，当别人还深陷局中皓首穷经地寻找适合的股票时，先知先觉者却可以凭借工具快人一步踏上致富之路。

破译趋势基因

笔者再次强调短线投资的两个理念：

第一，忘记对错

忘记对错，就不会有贪婪和后悔

第二，学会预测

学会预测，就不会恐惧和冲动

作为一个成熟的投资者要学会冷静思考，沉着面对股市中的一切变化，正确的方法加正确的理念将使你在股市中无往不利。

本节中笔者花了很多的篇幅来讲解短线交易的理念，是想让大家在学习微趋势之前做好充分的准备，不要只见其美不见其缺。尤其是对于一个新事物来说，只要具备相关的理念，再加上先进的方法，就能学好学精。

第十一章　微趋势密码

——根据微趋势进行系统交易

上一章笔者为大家介绍了微趋势的概念，微趋势就是研究细小趋势的规律，当然更多的是反转的规律。当趋势反转之前会出现什么样的征兆，这种征兆能不能量化？任何事物只要量化以后就容易掌握。

股市的波动是有规律的，这种规律是可以超出国界、不分地域的。那么微趋势中能发现这种规律吗？这种规律容易被发现和掌握吗？能不能根据微趋势进行系统交易？这些问题笔者都会在本章中为各位读者一一解答。

技术分析的发展历程就是发现股市规律的过程，这种规律是本来就存在的，而一旦被发现，就能预测未来发展的趋向。规律是客观事物发展过程中的本质联系，其形式具有普遍性，只不过有的规律显而易见，有的规律深藏隐蔽，有的仔细观察就能发现，有的则需要进行逻辑推理才能得出。掌握了规律就能知道市场波动的节奏，掌握了这种节奏，就能在机会来临时入场，机会消失时出局。

破译趋势基因

第一节 趋势反转的节奏
——三三节奏预测顶底

趋势为什么会反转，是主力出货了？是遇到压力了？是出现坏消息了？或是到了时间变盘点？这些问题相信很多读者也进行过仔细的研究，但最终的结果往往是发现好像与它们都有关系，而又好像都没关系。

其实趋势的反转是一个综合因素，不是单一条件能决定的。单独从技术分析的角度而言，量、价、时、空是技术分析的四要素，它们之间相互影响，相互作用，形成了股市中错综复杂的走势，在图形上形成了平面坐标，时空就这样简单出现了。时间只会向前推进，表现形式是左右；空间会交错推进，表现形式是上下。简单理解就是时间在向前推动着空间的上下运行。

那空间有没有固定的节奏呢？当趋势不断地细分以后，微趋势就能呈现出空间的基本反转结构，这种结构是时空最简单的构成，研究的是股价顶与底之间的转折条件。经过大量的验证后发现，股价顶和底的空间反转与创新高、创新低的次数有关，简单地说，当一个低点或高点确定后，每创三次新高或新低就会出现反转，这种方法就叫"势不过三"。趋势反转往往在三次新高或新低后产生，如图11.1.A所示。

图11.1.A是新加坡海峡指数半年K线走势图，这个案例非常典型，笔者在新加坡讲课的时候曾经使用过这个案例，当时听课的众多投资者看到这张图片的时候，几乎在瞬间就发现了这个规律，它就像黑夜里的焰火，如此醒目和震撼。

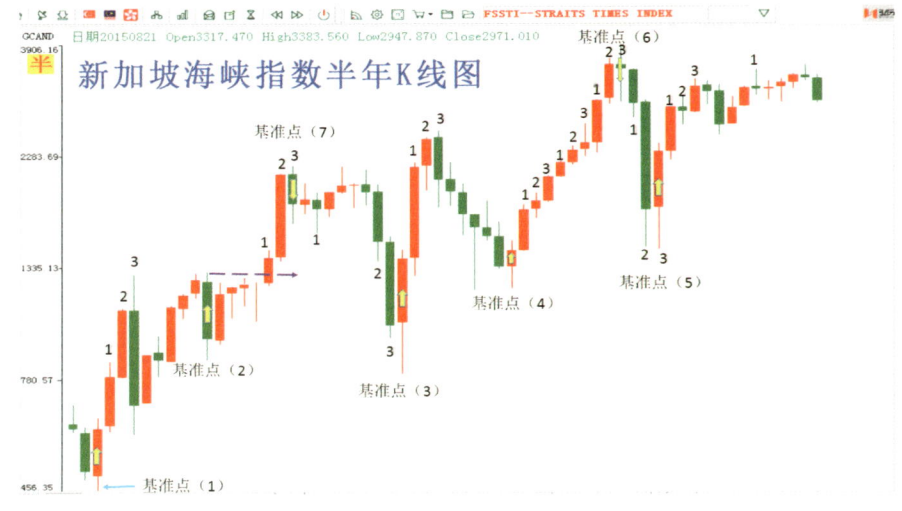

图 11.1.A　新加坡海峡指数半年 K 线走势图

图 11.1.A 中以高低点为基准点，以数字标记创新高或新低的点。其中基准点（1）是海峡指数的最低点——1986 年 6 月的 456.350 点，这是一个明显的波段低点。第二根 K 线创出新高，就在 K 线的上方标上数字 1（该 K 线为 1986 年后 6 个月的半年线，最高点 784 点），即标数字 1 的 K 线的最高价高于基准点（1）所在 K 线（该 K 线为 1986 年前 6 个月的半年线）的最高点；第三根 K 线又创出了新高，在 K 线的上方标上数字 2（该 K 线为 1987 年前 6 个月的半年线，最高点 1093 点），标数字 2 的 K 线的最高点高于标数字 1 的 K 线的最高点；第四根 K 线再次创出新高，在 K 线的上方标上数字 3（该 K 线为 1987 年后 6 个月的半年线，最高点 1288 点），标数字 3 的 K 线的最高点高于标数字 2 的 K 线的最高点。当标数字 3 的 K 线出现时，指数开始暴跌，最低点 595 点跌破标数字 1 的 K 线的最低点 604 点。

基准点（2）是海峡指数的第二个低点（该 K 线为 1990 年后 6 个月的半年线，最高点 1304 点）。以基准点（2）的最高点为标准，后面虽然出现四根阳线，但是最高点都没有创出基准点（2）的最高点的新高，所以不标记数字。直到第六根 K 线最高点创出新高（如图中紫色

破译趋势基因

箭头标识），在K线的上方标记数字1（该K线为1993年前6个月的半年线，最高点1449点）；第七根K线再次创出新高，在K线的上方以数字2标记（该K线为1993年后6个月的半年线，最高点2098点），标数字2的K线的最高点高于标数字1的K线的最高点；第八根K线又创出了新高，在K线的上方标上数字3（该K线为1994年前6个月的半年线，最高点2180点），标数字3的K线的最高点高于标数字2的K线的最高点。当标数字3的K线出现后，指数出现了长时间的下跌，此后开始了长达四年的持续下跌，最低点800点跌破标数字1的K线的最低点1223点。

基准点（3）是海峡指数重要的低点（该K线为1998年后6个月的半年线，最高点1452点），之前的一波下跌从1994年1月5日的2180点跌至1998年9月4日的800点。以基准点（3）的最高点为标准，第二根K线创出新高，在K线的上方标上数字1（该K线为1999年前6个月的半年线，最高点2213点），也就是说标数字1的K线的最高点大于基准点（3）所在K线的最高点；第三根K线又创出了新高，在K线的上方标上数字2（该K线为1999年后6个月的半年线，最高点2497点），标数字2的K线的最高点高于标数字1的K线的最高点；第四根K线又创出了新高，在K线的上方标上数字3（该K线为2000年前6个月的半年线，最高点2582点），标数字3的K线的最高点高于标数字2的K线的最高点。当标数字3的K线出现后，指数开始暴跌，连续收出六根阴线，直到2001年9月24日的1197点，最低点跌破标数字1的K线的最低点1280点。通过前面三个基准点创新高的走势，我们可以看到每当指数运行到标数字3的K线的位置时都会出现头部。

基准点（4）是海峡指数2003年3月11日的1205点，此后出现了连续9根阳线。以基准点（4）的最高点为标准（该K线为2003年前6个月的半年线，最高点1523点）；第二根K线创出新高，在K线的上方标上数字1（该K线为2003年后6个月的半年线，最高点1804点），也就是标数字1的K线的最高点大于基准点（4）所在K线的最高点；第三根K线又创出了新高，在K线的上方标上数字2（该K线为2004年前6个月的半年线，最高点1912点），标数字2的K线的最高点高于标数字1的K线的最高点；第四根K线又创出了新高，在K线的上方标上数字3（该K线为2004年后6个月的半年线，最高点2076点），标数字3的K线的最高点高于标数字2的K线的最高点。与前面三次不一样的是，当标数字3的K线出现后指数没有下跌，反而创出新高。

为什么本次出现标数字3的K线以后没有形成头部呢？如果仔细观察前面三次的头部，都是创出上一个头部的新高。而本次指数虽然连续上涨，但并没有超过2000年的2282点，没有创出上一个头部的新高，所以此时应继续寻找最高点创新高的K线标数字1、2、3。在第二个数字3标完后，若点位仍然小于前一头部，则应继续寻找最高点创新高的K线标下一次数字1、2、3（如图11.1.A中基准点4后面的走势），如此循环，最多可以循环三次，即最多标出三次数字1、2、3。第三个数字3出现后，指数出现暴跌，且出现最低点1455点，跌破了第一个数字1的最低点2235点。

基准点（5）是海峡指数2009年3月10日的1455点。以基准点（5）的最高点为标准（该K线为2009年前6个月的半年线，最高点2424点）。第二根K线创出新高，在K线的上方标上数字1（该K线为2009年后6个月的半年线，最高点2897点），也就是标数字1的K线的最高点大于基准点（5）所在K线的最高点；第三根K线又创出了新高（该K线为2010年前6个月的半年线，最高点3037点），在K线的上方标上数字2，标数字2的K线的最高点高于标数字1的K线的最高点；第四根K线又创出了新高（该K线为2010年后6个月的半年线，最高点3313点），在K线的上方标上数字3，标数字3的K线的最高点高于标数字2的K线的最高点。指数的运行在标数字3的K线后出现两根阴线，之后指数虽在震荡上涨，但并没有超出2007年3906点的新高，

预示着指数未来必然会创出新高。而下跌最低点也没有跌破数字 1 的最低点 2235 点，历史上每一次出现数字 3 后，指数都会出现下跌，且要跌破数字 1 的最低点，预示着未来必有低点要低于标数字 1 的 K 线的最低点。

通过上面 5 个以低点为基准点的微趋势规律预测头部的案例，我们可以知道微趋势中"势不过三"的原则在顶部预测上的应用，那么微趋势能不能预测底部呢？我们只需用波段的高点为基准点就可以预测底部的到来。

在图中，基准点（6）为 2007 年 10 月 10 日的最高点 3906 点。以基准点（6）的最低点 2962 点为标准，第二根 K 线创出新低（该 K 线为 2008 年前 6 个月的半年线，最低点 2745 点），以数字 1 标记，标数字 1 的 K 线的最低点小于基准点（6）的最低点；第三根 K 线又创出新低（该 K 线为 2008 年后 6 个月的半年线，最低点 1473 点），标记为数字 2，标数字 2 的 K 线的最低点小于标数字 1 的 K 线的最低点；第四根 K 线又创出新低（该 K 线为 2009 年前 6 个月的半年线，最低点 1455 点），标记为数字 3，标数字 3 的 K 线的最低点小于标数字 2 的 K 线的最低点。标数字 3 的 K 线的最低点 1455 点出现后指数见底，出现了快速的上涨，并最终形成了持续五年的震荡上涨走势。

在图中基准点（7）为 1994 年 1 月 5 日的最高点 2180 点。以基准点（7）的最低点 1646 点为标准，第二根 K 线没有创出新低，跳过不标数字；第三根 K 线创出新低，标记数字 1（该 K 线为 1995 年前 6 个月的半年线，最低点 1574 点），标数字 1 的 K 线的最低点小于基准点（7）的最低点；随后出现四根 K 线并没有跌破标数字 1 的 K 线的最低点；直到第八根 K 线又创出新低，以数字 2 标记（该 K 线为 1997 年后 6 个月的半年线，最低点 1372 点），标数字 2 的 K 线的最低点小于标数字 1 的 K 线的最低点；第九根 K 线又创出新低，标记为数字 3（该 K 线为 1998 年前 6 个月的半年线，最低点 951 点），标数字 3 的 K 线的最低点小于标数字 2 的 K 线的最低点。标数字 3 的 K 线出现后，股价虽然又创出新低，但很快就开始了快速上升走势，标数字 3 的 K 线就是最后一根阴线，也形成了长期底部。

通过前文中新加坡海峡指数的案例，各位读者应该对微趋势有了初步的了解。也许有些读者会问，微趋势的奥秘就这么简单吗？是的，就是这么简单。大道至简，很多规律并没有那么复杂，只是投资者不知道而已，就像哥伦布发现新大陆前一样。

1492 年，哥伦布发现了新大陆。从海上回来后，他成了西班牙人民心目中的英雄，国王和王后也把他当作上宾，封他做海军上将。可是有些贵族瞧不起他，他们用鼻子一哼，说："这有什么稀罕？只要坐船出海，谁都会到那块陆地的。"

在一次宴会上，哥伦布又听见有人在讥笑他了。"上帝创造世界的时候，不是就创造了海西边的那块陆地了吗？发现了新大陆，又算得了什么！"哥伦布听了，沉默了好一会儿，忽然从盘子里拿个鸡蛋站了起来，提出一个古怪的问题："女士们，先生们，谁能把这个鸡蛋竖起来？"

鸡蛋从这个人手上传到那个人手上，大家都把鸡蛋扶直了，可是一放手，鸡蛋立刻倒了。最后，鸡蛋回到哥伦布手上，满屋子鸦雀无声，大家都要看他怎样把鸡蛋竖起来。哥伦布不慌不忙，把鸡蛋的一头在桌上轻轻一敲，敲破了一点儿壳，鸡蛋就稳稳地直立在桌子上了。

"这有什么稀罕？"宾客们又讥笑起哥伦布来了。"本来就没有什么可稀罕的，"哥伦布说，"可是你们为什么做不到呢？"宾客们一个个强词夺理："鸡蛋都破了，那算什么呢？"哥伦布却继续保持不以为然的态度："我在刚开始定条件时，曾有说过不允许把鸡蛋敲破吗？"

小　结

　　规律的使用并不复杂，难的是发现，只要发现了规律，几乎人人都可以使用。数学家们曾经花费无数的精力发现了勾股定理，但是现在勾股定理就连小孩子都可以掌握。当然，事情也没有想象的那么简单，虽然微趋势的规律是一种简单而易于掌握的方法，但是作为投资者想要真正用好微趋势的规律，根据微趋势进行交易，还需要进行系统的学习。

第二节　微趋势跟踪与5日分形

　　微趋势跟踪，顾名思义就是微趋势反转后跟踪买卖的方法。这个方法包括微趋势基础、反转和跟踪三个部分。这三个部分是逐渐递进的关系，即先有微趋势基础，再寻找反转点，最后跟踪反转点的出现。

　　微趋势基础就是微趋势确立的硬性条件。微趋势的基础与混沌理论里的分形类似，都是确认一个基准点，而这个基准点往往是波段的高低点。问题是波段的时间跨度有多大呢？即应该用什么样的高低点作为标准？当然，我们研究的是微趋势，时间跨度不会太大，在实际应用过程中往往以5日分形为准。

　　在前文的讲解中，我们讲到了3日分形，在微趋势实际的操作过程中，5日分形是实战性最强的，除了3日分形之外，它几乎是最小、最敏感、最直接的转折形态。与3日分形相似的是，在5日分形中也分为标准分形和宽松分形，如图11.2.A所示：

图 11.2.A　5 日分形

　　图 11.2.A 中是两种不同的 5 日分形。其中图（1）是标准的 5 日分形，左右两侧的 K 线都依次降低，也就是最高价和最低价同时降低，这样标准的 5 日分形就像人的手指一般，中间的高点就像中指一样，是五指中最长的一根，而后左右两指依次降低。只是股市中的 5 日分形与手掌不太一样的一点，就是可以允许跳跃，即中间有不符合条件的 K 线可以跳跃，不一定是连续的，只要左右两面有符合条件的 K 线依次最高价和最低价降低就可以了。

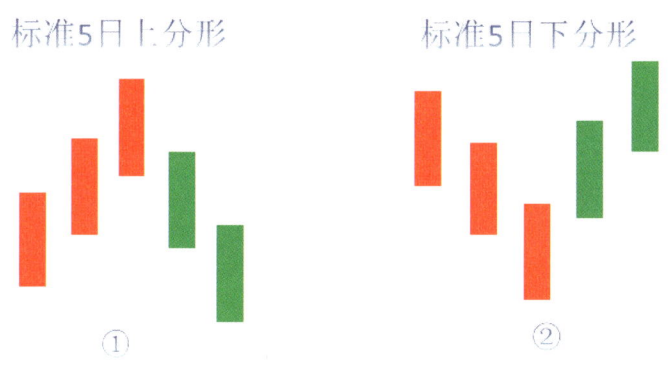

图 11.2.B　标准 5 日分形

　　这种标准的 5 日分形代表市场动能的均衡，所以这样形成的底部或头部是多空博弈自然形成的，左侧明显代表多方，右侧明显代表空方，能够很清晰很形象地代表市场的动机。标准的 5 日分形还要求右侧大于左侧，即 5 日上分形右侧的最低价要比左侧的最低价低，5 日下分形要求右侧的最高价要比左侧的最高价高。

图 11.2.A（2）是简单的 5 日分形，这种形态要求较低，只要求中间一根 K 线的最高价大于左右两根 K 线的最高价就行。这是计算机系统识别分形最常用的方式，几乎可以囊括股价转折的所有顶底，用于统计股价顶底之间的关系。由于这种分形的要求较低，更多用于统计数据，而非确认反转，所以研究微趋势时，对 5 日分形要求是标准的 5 日分形图形，即便这样可能会错过一些波段，但能够大大提高准确率，所以笔者建议还是选择标准形态。

这样是为了更加稳妥，投资者也可以根据自己的投资水平或对某只股票的了解程度，尝试用简单的 5 日分形作为基础，这样能够把握在特殊情况下股价形成不规则的顶底的情况。

妙用 5 日分形

微趋势的基础之所以选择用标准的 5 日分形，是因为 5 日分形可以判断市场的强弱，甚至是股市中最难判断的反转和反弹。如图所示：

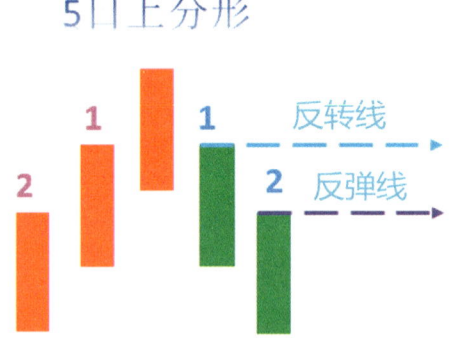

图 11.2.C　5 日上分形

图 11.2.C 是标准 5 日上分形，左右分别是两根高低价依次降低的 K 线，其中最高点的 K 线被称为参考 K 线，左边的两根 K 线称为左 1 和左 2（粉色），右边的两根是右 1 和右 2（蓝色）。其中右 1 的最高价是股价的反转线（图中蓝色箭头标识），只有股价的上涨超过反转线才意味着转折的开始，即中期行情的开始，当然，判断有效突破时采用收盘价突破更有效。右 2 的最高价是反弹线（图中紫色线标识），是股价反弹应该达到的位置，如果股价上涨没有触碰到反弹线，就说明是弱势反弹。正常股价的反弹是在反弹线和反转线之间，即股价的反弹会在反弹线附近，最高不会超过反转线。如图 11.2.D 所示：

图 11.2.D　中百集团日线走势图

图 11.2.D 是 000759——中百集团从 2014 年 9 月到 2014 年 12 月的日 K 线走势图，在图中可以看到共有四个 5 日上分形，分别标记为①②③④。第①个 5 日上分形是在上涨途中出现的（构成 5 日上分形的五根 K 线以左 2、左 1、参考 K 线、右 1、右 2 的顺序分别为 2014 年 9 月 10 日、11 日、12 日、17 日、19 日），2014 年 9 月 5 日至 10 日短线调整（图中蓝色虚线框内）过后股价再次创出新高。其中分形的最高点是一根大阳线（2014 年 9 月 12 日），这根大阳线就是 5 日分形的标准，

破译趋势基因

我们称之为参考K线，只要在它的左右两侧寻找两根最高价、最低价都比参考K线低的K线就构成了一个上分形。

5日上分形①中参考K线左侧第一根K线（2014年9月11日，粉1）的最高价和最低价都比参考K线（黑色5标识）的最高价和最低价低，所以符合条件；再看左边第二根K线（2014年9月10日，粉2）的最高价和最低价，比左边第一根K线的最高价和最低价低，也符合条件。这样参考K线左边找到两根符合条件的K线，标识为粉色1，粉色2。再来看参考K线右边的K线，第一根和第二根K线，最高价和最低价都在参考K线最高价最低价所构成的区间范围以内，所以都不符合条件；右边的第三根K线（2014年9月17日，蓝1）的最高价和最低价，都比大阳线的最高价和最低价低，所以符合条件，标记为蓝色数字1；右边的第四根K线的最高价和最低价，都比第三根K线的最高价和最低价要高，不符合条件，跳过这根K线继续往右看；右边第五根K线（2014年9月19日，蓝2）的最高价和最低价，都要比第三根K线的最高价和最低价低，符合条件，标记为蓝色数字2。构成5日上分形的五根K线已经全部找到，并且标记出来，下面我们就可以据此找到股价的反转线和反弹线了。

根据前文中讲到的内容，5日上分形标准K线的右侧符合条件的第一根K线（蓝1）的最高价就是反转线（图中紫色线），也即图中标准K线（黑色5标识）右侧的第三根K线的最高价的水平线就是反转线，即只要股价突破此线就意味着趋势的反转；5日上分形标准K线的右侧，符合条件的第二根K线（蓝2），也就是图中参考K线右侧的第五根K线的最高价就是反弹线（图中蓝色线），即未来股价的反弹很可能在此线附近。在图11.2.D中，我们可以看到参考K线右边的第八根K线（2014年9月24日），出现一根大阳线同时突破了反弹线和反转线，所以就意味着股价的反转，随后的调整都是进场的时机。

第②个5日上分形出现在股价的最高点（构成5日上分形的五根K

线以左2、左1、参考K线、右1、右2的顺序分别为2014年9月26日和10月10日、13日、14日、15日），参考K线是一根跳空阳线，也是一个中期头部的高点（黑色5标识）。根据5日上分形的判断规则，参考K线左边的第一根K线（2014年10月10日，粉1），最高价和最低价都低于参考K线，这样左1符合条件；按照规则，左2的最高价和最低价要比左1的最高价和最低价还要低，在图中一直向左寻找，直到参考K线左边的第六根K线（2014年9月26日，粉2）才符合条件，即当日最高价与最低价均小于左1的最高价和最低价，这样参考K线左侧符合条件的两根K线就全部找到了。

再来看参考K线右侧，在图11.2.D中可以看到参考K线右侧连续两根K线（2014年10月14日、15日，蓝1、蓝2）都符合5日上分形的条件，即右1和右2高低点依次降低，因此右1的最高价的水平线就是反转线（图中紫色线），右2的最高价的水平线是反弹线（图中蓝色线）。随后股价在右边第四根K线（2014年10月17日）见底，第五天（2014年10月20日）出现反弹正好达到反弹线附近，第六天（2014年10月21日）直接跌穿反弹线，（图中黑色虚线标记走势）由此可以看到反弹线的压力。有了这种简单的方法，投资者对于股价的反弹就会有一个预期，知道大概的上涨空间是多少，并且可以以反弹线的价格作为止损价格。

第③个5日上分形是最规则的（构成5日上分形的五根K线以左2、左1、参考K线、右1、右2的顺序分别为2014年10月17日、20日、21日、22日、23日），这个上分形是下跌过程中反弹的高点。图11.2.D中可以看到参考K线左右两边的K线都是高低点依次降低的（图中分别用粉色和蓝色标记为1、2），这样就构成了5日上分形。因此，右1的最高价的水平线就是反转线（图中紫色线），右2最高价的水平线就是反弹线（图中蓝色线）。图中可以看到，股价连续两次在反弹线附近挣扎（黄色箭头标识），每次都是突破后次日就会调整，由此可以

看到反弹线的压力之大。随后虽然在2014年11月10日出现了一根大阳线突破，但是并没有突破反转线，且第二天就跌穿反弹线，仍然是突破后第二天就下跌。

第④个5日上分形的参考K线也是反弹过程中的高点（构成5日上分形的五根K线以左2、左1、参考K线、右1、右2的顺序分别为2014年12月2日、3日、4日、8日、9日）。图11.2.D中可以看到，参考K线（黑色5标识）是一个小阳线，到当日为止已经连续上涨了3个交易日（2014年12月2日、3日、4日），之后有2014年12月5日一根大阴线跌穿了之前三天的上涨，大阴线的最高价与参考K线是一样的，所以不能作为右1。因此，右1（蓝色）应该是2015年12月8日的跳空十字星，即大阴线的第二天。右2（蓝色）就是下一根大阴线。参考K线左边两根K线的寻找则比较容易，就是参考K线之前两个交易日的两根K线，同样的反转线就是右1的最高价的水平线（图中紫色线），反弹线就是右2的最高价的水平线（图中蓝色线）。

在图11.2.D中可以看到，右2的下一根K线（2014年12月10日）就是低开大阳线见底回升，随后2014年12月11日出现跳空小阳线最高价突破反弹线，第二天12日收盘价站上反弹线，最后15日大阳线直接突破反转线，此时就意味着反转的开始，也结束了为期两个月的下跌行情。

通过这个案例我们可以看到，5日上分形在实战中是非常实用的，可以有效避免轻易追进长期下跌的股票，也为处在下降趋势的股票提示出短线的出局点。同理，我们也可以利用5日下分形来判断市场的下跌和回调。

我们都知道，投资者之所以会深度套牢，最根本的原因就是没有第一时间止损，最终一错再错；而最重要的原因在于没有清晰地判断出股价到底是回调还是下跌，回调就意味着股价短期回落后还会继续创出新高，是继续加仓的机会；下跌就意味着股价一去不复返，不及时卖出就会长期套牢。虽然股市中有很多方法可以判断出回调和下跌，但是都不能轻松地分辨出价格所在，且不容易掌握，我们用 5 日下分形就能轻松判断股价的转折，还能提前预测股价回落的空间。如图 11.2.E 所示：

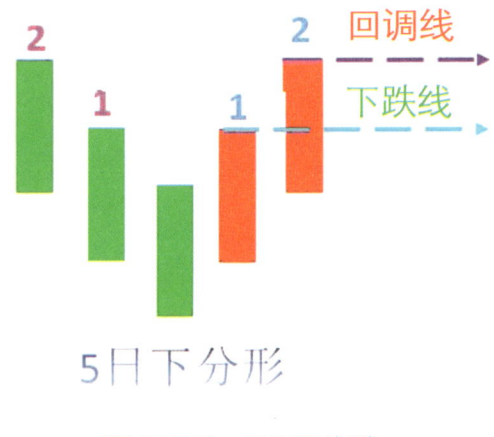

图 11.2.E　5 日下分形

上图是一个标准的 5 日下分形，左右两侧 K 线的最高价和最低价都依次抬高。因此，右 1 的最高价就是下跌线，即股价一旦跌破下跌线就意味着可能会创出新低，进入长期下跌的下降趋势。当然，在判断跌破时收盘价跌破更加有效。

右 2 的最高价就是回调线，股价正常的回调都应该达到回调线附近。这样的股价走势就像水稻低下了头，是成熟的象征，但是这里需要注意的是，股价回调的幅度也不能太大，即不能跌破下跌线，正常的股价回调是在两条线中间。

5 日下分形判断股价转折案例如图 11.2.F：

图 11.2.F 天坛生物日线走势图

图 11.2.F 是 600161——天坛生物从 2014 年 11 月至 2015 年 3 月的日 K 线走势图，在图中可以看到有六个 5 日下分形。其中第①个 5 日下分形（构成 5 日下分形的五根 K 线以左 2、左 1、参考 K 线、右 1、右 2 的顺序分别为 2014 年 11 月 11 日、13 日、14 日、17 日、19 日）是一个连续下跌后的走势，参考 K 线（2014 年 11 月 14 日）是一根低开高走的阳线，左 1 左 2（粉色）和右 1（蓝色）右 2（蓝色）中间都间隔了一根 K 线，但是右 2（蓝色）要比左 2（粉色）小，所以这不是标准的 5 日下分形，说明反转的动能不足。其中右 1 的最高价就是下跌线（蓝色线），右 2 的最高价就是回调线（紫色线）。图中可以看到右 2（蓝色）只是一个小高点，且右 2 收盘价已经跌破右 1 的下跌线，说明市场仍然很弱，还只是反弹。

按照前文讲到的反转线和反弹线的寻找方法会发现，股价短线调整后又出现了反转，这样也就诞生了第②个 5 日下分形（构成 5 日下分形的五根 K 线以左 2、左 1、参考 K 线、右 1、右 2 的顺序分别为 2014 年 11 月 19 日、20 日、21 日、24 日、25 日）。第②个 5 日下分形是一个非常标准的 5 日下分形，左 1（粉色）、左 2（蓝粉色）和右 1、右 2（蓝色）都是连续的，右1的最高价就是下跌线，右2的最高价就是回调线。图 11.2.F 中可以看到，股价短期上涨后开始调整，先触碰回调线，其后跌穿回调线，虽然最低价接近下跌线，但是没有跌穿下跌线。股价低点在回调线和下跌线之间，属于正常的转折区。随后股价快速上涨，因此就出现了第③个 5 日下分形。

第③个 5 日下分形也符合标准形态（构成 5 日下分形的五根 K 线以左 2、左 1、参考 K 线、右 1、右 2 的顺序分别为 2014 年 12 月 8 日、9 日、10 日、11 日、15 日），左 1 和左 2（粉色）是连续两根 K 线高低点依次抬高，右 1（蓝色）是大阳线突破左侧两根 K 线的空间，非常强势，右 2（蓝色）则是一个小阳线，右 2 的最高价就是回调线（紫色）。随后我们发现，2014 年 12 月 17 日出现一根低开低走的阴线，跌穿了回调线和下跌线（蓝色），此后股价一路下跌，直到跌穿第①个 5 日分形的最低点，这样就出现了第④个 5 日下分形。

第④个 5 日下分形是中期行情的启动点（构成 5 日下分形的五根 K 线以左 2、左 1、参考 K 线、右 1、右 2 的顺序分别为 2014 年 12 月 29 日、30 日、31 日，2015 年 1 月 5 日、6 日），也是一个标准的 5 日下分形，其中右 1（蓝色）的最高价就是下跌线，右 2（蓝色）的最高价就是回调线。随后股价从 2015 年 1 月 7 日到 2015 年 1 月 28 日出现了三周的上涨并创出新高，已经远远脱离回调线与下跌线。股价大幅上涨后开始回落，从 2015 年 1 月 28 日到 2015 年 2 月 10 日，出现了两周以上的下跌，先是跌到回调线附近开始反弹（2015 年 2 月 2 日到 2015 年 2 月 6 日），而后 2015 年 2 月 10 日收盘价跌穿回调线，股价在回调线与下跌线之间震荡，但一直没有跌穿下跌线，可见下跌线的支撑之强。实际操作中，在敏感区域又出现的长下影线（如本例中 2015 年 2 月 10 日这一天的 K 线形态）就是底部的信号。

第⑤个 5 日下分形不是标准的形态（构成 5 日下分形的五根 K 线以左 2、左 1、参考 K 线、右 1、右 2 的顺序分别为 2015 年 2 月 6 日、9 日、10 日、11 日、12 日），右侧的最高价明显小于左侧的最高价，这就说明反弹力度不强。其中左1、左2（粉色）和右1、右2（蓝色）都是连续的K线，右2的最高价比左1的最高价还要低。随后股价经过两天的上涨后开始回落，2015年2月25日最低价跌破回调线和下跌线，但是收盘价并没有跌破下跌线。随后股价收盘价超过回调线，意味着股价的反转，并快速创出新高（2015年3月5日），当触及前期高点附近时（图中黄色虚线），股价开始出现调整。从2015年3月5日到2015年3月12日经过一周的调整后，形成了第⑥个5日下分形。

第⑥个下分形是一个比较强势的下分形（构成5日下分形的五根K线以左2、左1、参考K线、右1、右2的顺序分别为2015年3月6日、11日、12日、13日、16日），与上一个下分形恰恰相反，右侧走势明显强于左侧。图11.2.F中可以看到，右1（蓝色）已经创出新高，代表着上攻的动能十足，随后右2继续上攻，因此，右1的最高价就是下跌线，右2的最高价就是回调线。由于右侧走势比较强势，不能创出回调线的高点就意味着股价走弱，只有收盘价高于回调线才能延续强势，一旦股价跌破下跌线就是卖出的时机。

小 结

综上所述，我们采用5日分形作为微趋势的基础，是因为5日分形本身就是一种短线买卖的依据，根据参考K线左右两侧的对比和标识，就能知道市场动能的强弱。当然我们也不能迷信这种方法，虽然用5日分形可以判断市场的转折，有效区分反转和反弹、回调和下跌，但是，它并不适合所有的波段，在应用过程中要注意两点：一是规避窄幅横盘震荡的5日分形，二是必须为标准的5日分形，尤其是左右两侧的对比，必须要符合条件。这是有效与否的市场判断依据。

第三节 微趋势基础与跟踪

微趋势基础

有了 5 日分形的知识作为基础，现在我们进一步来学习微趋势的基础。与 5 日分形相比，微趋势基础的要求更严谨一些。微趋势基础一般都以 5 根 K 线为准，进行左右对比，即以中间一根 K 线为中心，左右各两根，其中中间的 K 线就是基准点。如图 11.3.A 所示：

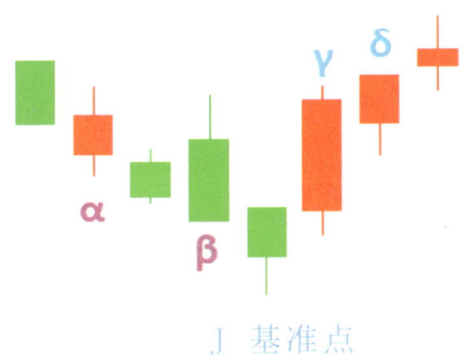

图 11.3.A　微趋势上升基础图

图 11.3.A 是微趋势上升基础图。在图中，J 是基准点，即左右对比的中心点，基准点必须是波段的低点，与左右两个基础点相比最低价最低；β 是左边第一个基础点，它的高点和低点都要高于基准点的高点和低点，即整个波动的区间都要比基准点大（注意此处的用词是波动区间而非波动幅度，波动区间指股价波动的位置，波动幅度指股价从最高价到最低价波动的幅度）；α 是左边第二个基础点，它的波动区间要大于 β 的波动区间。与分形的性质相似的是 α 和 β 不一定是连续的，只要有符合条件的 K 线就可以构成微趋势基础形态。而在基准点的右

侧，γ 是第一个基础点，它的条件是波动区间要大于基准点的波动区间；δ 是右边的第二个基础点，这个基础点要求波动区间要大于 γ 的波动区间。需要注意的是，γ 和 δ 要求必须是连续的，不能跳跃，即 γ 和 δ 是基准点后连续两根低点和高点同时抬高的 K 线，只要是符合了这个条件，就可以称为微趋势上升基础形态了。

通过上面的描述可以得到以下的微趋势上升基础判断公式条件：

1. α 区间 >β 区间 >J 区间；

2. δ 区间 > γ 区间 >J 区间；

3. α 和 β 可以跳跃，γ 和 δ 必须连续；

4. J 是 α-δ 区间里的最低价。

微趋势实战案例如下：

图 11.3.B 是上证指数从 2014 年 2 月 21 日到 2014 年 4 月 11 日的周

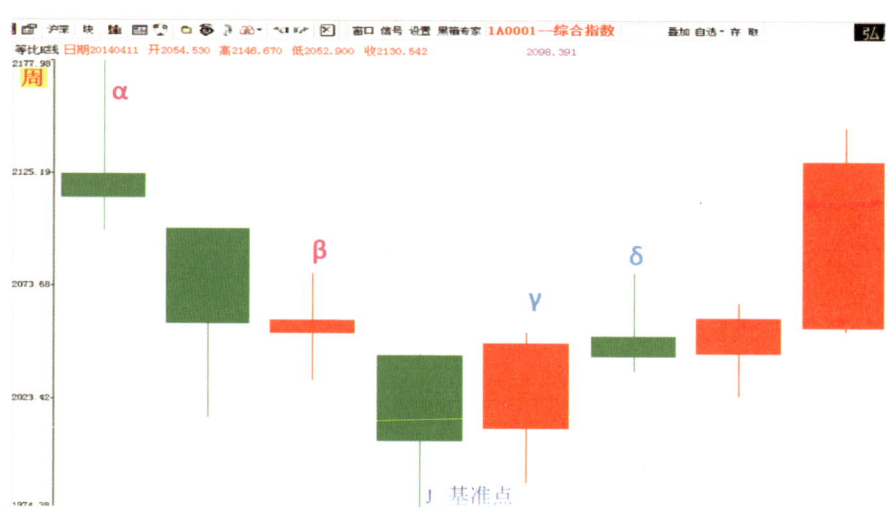

图 11.3.B　上证指数周线走势图

K 线走势图，我们可以看到，波段的最低点出现在 2014 年 3 月 10 日到 14 日的这根 K 线，所以这根 K 线就是基准点，最低点 1974.382，最高点 2042.634。我们先看基准点左边第一根 K 线（2014 年 3 月 3 日到

7 日的周 K 线），最低点 2030.946，高于基准点的最低点 1974.382；最高点 2079.490，高于基准点最高点 2042.634，符合我们前文中所讲到的条件，所以这根 K 线是 β。再往左，下一根 K 线是 2014 年 2 月 24 日到 28 日的周 K 线，最高点 2099.717，高于 β 的最高点 2079.490；最低点 2014.381，低于 β 的最低点 2030.946，不符合 α 的条件，所以这根 K 线不是 α。前文中我们讲到 α 和 β 是可以跳跃的，所以继续向左寻找 α，下一根 K 线是 2014 年 2 月 17 日到 21 日的周 K 线，最低点 2098.328，高于 β 的最低点 2030.946；最高点 2177.978，高于 β 的最高点 2079.490，符合条件，所以这根 K 线是 α。

α 和 β 都找到了，我们再来看基准点右侧，第一根 K 线是 2014 年 3 月 17 日到 21 日的周 K 线，最低点 1986.071，高于基准点最低点 1974.382；最高点 2052.472，高于基准点最高点 2042.634，符合我们前文中所讲到的条件，所以这根 K 线是 γ。前文中我们讲到 γ 和 δ 必须是连续的，所以如果 γ 右边的一根 K 线不符合 δ 的条件的话，那么图 11.3.B 中的走势就不能称为微趋势上升基础图，所以 δ 点很重要。我们来看图中走势，γ 右侧一根 K 线是 2014 年 3 月 24 日到 28 日的周 K 线，最低点 2035.243，高于 γ 最低点 1986.071；最高点 2079.551，高于 γ 最高点 2052.472，符合 δ 的条件，所以这根 K 线是 δ，所以图中是一个标准的微趋势上升基础图。

只要明白了微趋势的上升基础形态，下降基础形态也就明白了。基础点的要求都是一样的，只不过基准点由微趋势上升基础形态中的最低点变成了最高点，基础点之间的区间关系的条件需要由大于变成小于。如图 11.3.C 所示：

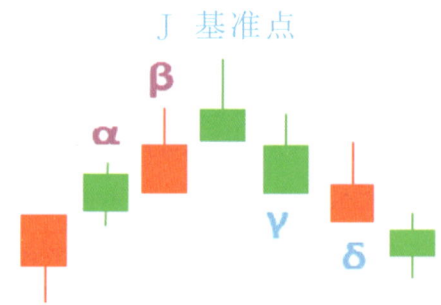

图 11.3.C　微趋势下降基础图

图11.3.C是微趋势下降基础图。在图中，同样将基准点标记为J点，也是左右两边的中心点，基准点必须是波段的高点，与左右两个基础点相比有最大的最高价（最高价最大）；β是左边第一个基础点，它的高点和低点都要小于基准点，整个波动的区间都要比基准点小；α是左边第二个基础点，它的波动区间要小于β的波动区间，也就是最高价和最低价都要小于β，同样，α和β不一定是连续的K线，可以出现跳跃，只要符合条件的K线就可以是基础点。γ是基准点右边的第一个基础点，它的条件是波动区间要小于基准点的波动区间；δ是基准点右边第二个基础点，这个基础点要求波动区间要小于γ的波动区间，同时要求γ和δ必须是连续的。只要是符合了这些条件，就可以称为微趋势下降基础了。

综上所述，可以得到以下的微趋势下降基础判断公式条件：

1. α 区间 < β 区间 < J 区间；

2. δ 区间 < γ 区间 < J 区间；

3. α 和 β 可以跳跃，γ 和 δ 必须连续；

4. J 是 α-δ 区间里的最高价。

微趋势实战案例如图 11.3.D：

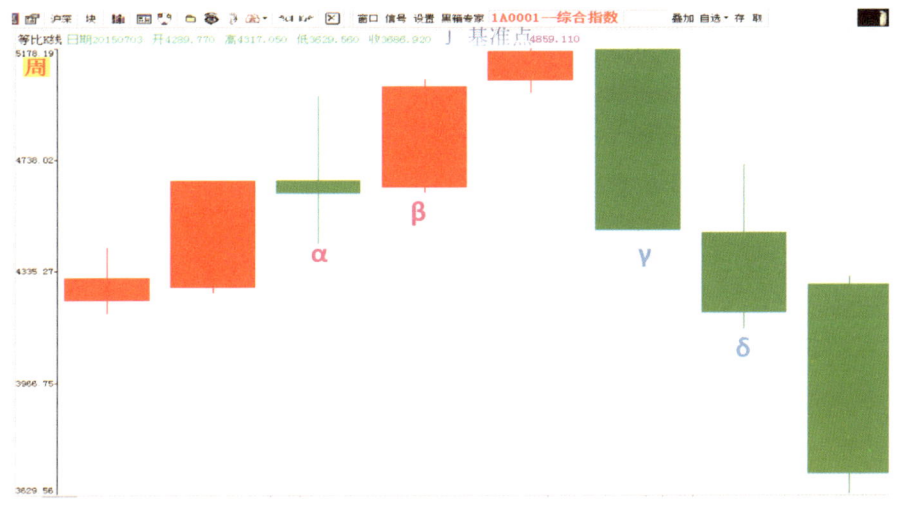

图 11.3.D　上证指数周 K 线走势图

　　图 11.3.D 是上证指数从 2015 年 5 月 11 日到 2015 年 7 月 3 日的周 K 线走势图，我们可以看到，波段的最高点出现在 2015 年 6 月 8 日到 12 日的这根 K 线，所以这根 K 线就是基准点，最高点 5178.190，最低点 4997.480。我们先看基准点左边第一根 K 线（2015 年 6 月 1 日到 6 月 5 日的周 K 线），最低点 4615.230，低于基准点的最低点 4997.480；最高点 5051.630，低于基准点最高点 5178.190，符合我们前文中所讲到的条件，所以这根 K 线是 β。再往左，下一根 K 线是 2015 年 5 月 25 日到 29 日的周 K 线，最高点 4986.503，低于 β 的最高点 5051.630；最低点 4431.560，低于 β 的最低点 4615.230，符合条件，所以这根 K 线是 α。α 和 β 都找到了，我们再来看基准点右侧，第一根 K 线是 2015 年 6 月 15 日到 19 日的周 K 线，最低点 4476.500，低于基准点最低点 4997.480；最高点 5176.790，低于基准点最高点 5178.190，符合我们前文中所讲到的条件，所以这根 K 线是 γ。前文中我们讲到 γ 和 δ 必须是连续的，所以如果 γ 右边的一根 K 线不符合 δ 的条件的话，那么图中的走势就不能称为微趋势下降基础图，所以 δ 点很重要。我们来看图中走势，γ 右侧一根 K 线是 2015 年 6 月 22 日到 26 日的周 K 线，

最低点 4139.530，低于 γ 最低点 4476.500；最高点 4720.700，低于 γ 最高点 5176.790，符合 δ 的条件，所以这根 K 线是 δ，图中是一个标准的微趋势下降基础图。

通过前文的讲解我们知道了上升基础和下降基础的条件，要想掌握微趋势跟踪，就必须先找出微趋势的基础，基础是微趋势研究的前提。

微趋势反转

微趋势反转是在基础完成之后，股价在短期内最有可能出现头部或底部的地方。反转本身只研究空间，但是由于特定的条件，也可以对时间做出提前的预测。读到这里可能有些读者会不太理解，下面笔者通过图文详细解说，如图 11.3.E 所示：

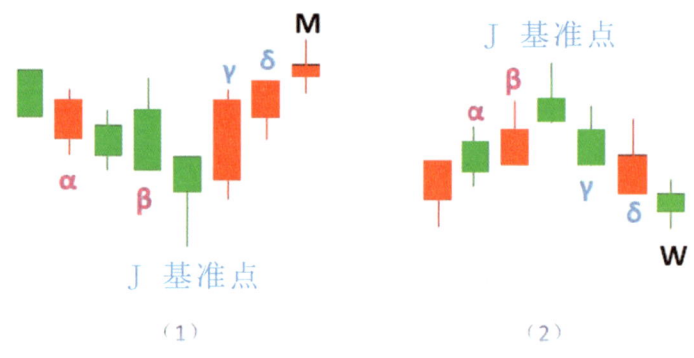

图 11.3.E　微趋势反转图

图 11.3.E 是微趋势反转图，其中左侧是上升反转图，右侧是下跌反转图。仔细观察，相信每一位读者都能够发现它和微趋势基础基本是一样的，只是多了一个点（上升微趋势反转图是 M 点，下降微趋势反转图是 W 点）。M 点（或 W 点）就是反转点。图 11.3.E（1）中 M 点出现在创新高的位置，即 M 点的最高价大于 δ 点的最高价。这就是确认微趋势反转的唯一条件，因为基础确立以后只要股价创出新高就是短线的出场点。

我们来看前文中的案例，图 11.3.F 是前文中图 11.3.B 的后市走势图，我们已经证明了它是一个标准的微趋势上升基础形态。

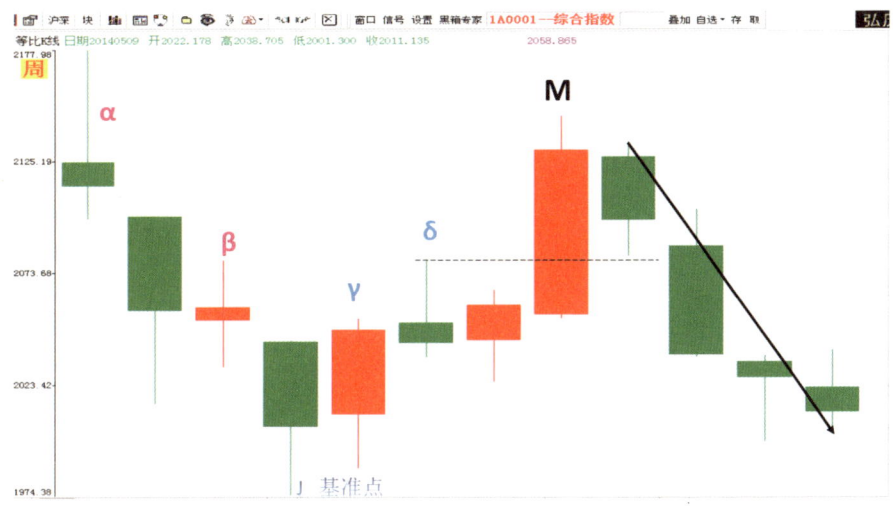

图 11.3.F　　上证指数周线走势图

图 11.3.F 中 δ 是 2014 年 3 月 24 日到 28 日的周 K 线，最高点 2079.551。前文中我们讲到，在微趋势上升反转图中反转点 M 出现在创新高的位置，即 M 点的最高点会高于 δ 点的最高点。那么图中我们可以看到，指数在 2014 年 4 月 7 日到 11 日这根 K 线以长阳线突破了 δ 点的最高点 2079.551，最高点为 2146.670，则这一天就是反转点 M。反转点出现之后趋势立即反转，指数开始呈现下跌走势，则 M 点就是我们的短期止损点。

我们来看微趋势下降反转的情况，如图 11.3.G 是前文中图 11.3.D 的后市走势图，我们已经证明了它是一个标准的微趋势下降基础形态。

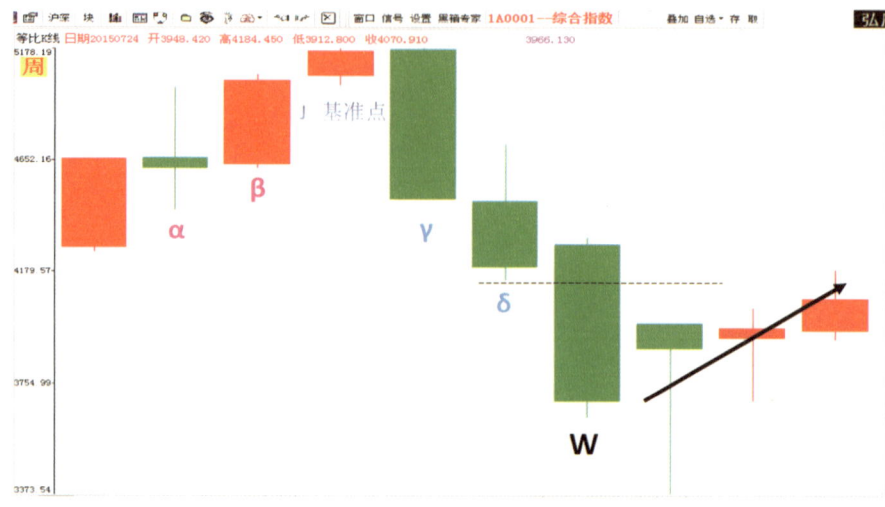

图 11.3.G　上证指数周线走势图

图 11.3.G 中 δ 是 2015 年 6 月 22 日到 26 日的周 K 线，最低点 4139.530，与上升反转图中的 M 点相对应，在微趋势下降反转图中反转点 W 出现在创新低的位置，即 W 点的最低点会低于 δ 点的最低点。那么图中我们可以看到，指数在 2015 年 6 月 29 日到 7 月 3 日这根 K 线以大阴线跌破了 δ 点的最低点 4139.530，创出新低，最低点为 3629.560，则这一天即反转点 W。与上一个案例不同的是，反转点出现之后下一根 K 线指数出现长下影线创新低，但立刻开始呈现上涨走势，趋势同样在反转点出现后迅速反转，则 W 点就是我们的短期买入点。

在实际操作中，M 点出现的位置可能会有两种情况，一种情况是出现在下跌过程中的弱势反弹，另一种情况则是出现在大波段开始之前。因为在微趋势基础完成后，股价创出新高，开始试探市场的卖压，短期有回调的需求，一般会在基础点 δ 的最低价的附近见底。当然了，随着研究的逐渐深入各位读者还会发现，如果 M 点的最高价高于 α 的最高价，往往意味着股价的走势将会出现大波段的上涨，这就说明 M 点只是短期调整，回调过后就会出现买点。而与之相对应的，实际操作中 W 点也可能出现在两种位置，第一是上涨过程中的小幅调整，第二则是市场中大幅下跌开始之前。如果 W 点的最低价低于 α 点的最低价，那么作为投资者此时就要当心了，因为这往往预示着大的风险。

在反转点（W 或者 M）之后，股价再次创出新高或者新低，此时判断股价的走势变化，就需要用到微趋势跟踪了。

微趋势跟踪

微趋势跟踪是在反转点出现以后，判断股价顶底的方式。微趋势跟踪是研究反转点之间的关系，当第一个反转点出现，股价再次创出新高后应该如何操作？如图 11.3.H 所示：

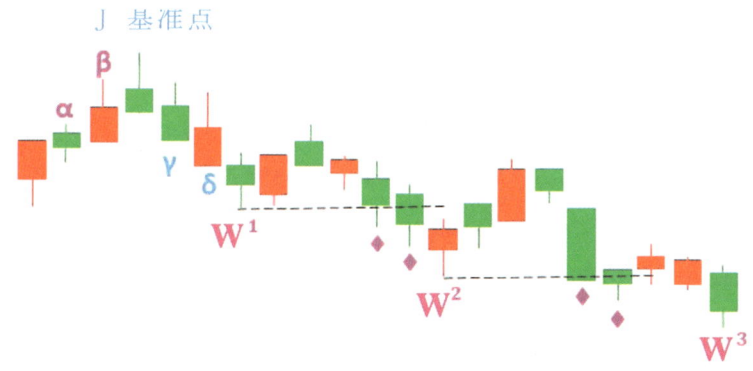

图 11.3.H　微趋势下降跟踪图

图 11.3.H 是微趋势下降跟踪图。在图中最左侧可以看到完整的微趋势下降基础形态，当反转点 W^1 出现后，市场开始出现反弹，其后股价开始下跌并创出新低；当股价连续三次创出新低（用粉红色的菱形来标记创新低的点），又出现了第二个反转点，我们将这个反转点称为 W^2，该反转点出现后，股价出现短线的反弹，但是力度较弱，不能出现反转，随后继续创出新低；又连续创出三次新低，出现的第三个反转点，我们称为 W^3，该反转点的出现标志着微趋势跟踪的结束。

所以在实际操作中，短期操作者可以在点 W^1 进行抄底试探性买入，

破译趋势基因

一旦股价创新低则卖出，等待股价连续创出三次新低，出现下一个反转点 W^2 时再买入，如果股价再次创新低则再卖出，等待股价连续三次创出新低，出现反转点 W^3 时再买入即可，尽管使用这种方法操作成功率非常高，但笔者仍然建议投资者设立明确的止损机制，因为这在任何时刻都是必要的。在股市中，不赔不赚的情况是很少见的，也就是说只要保证不亏损，那么盈利对你来说几乎就毫无难度了，这也是很多成功的投资家的投资理念。

这里需要注意的一点是，在微趋势下降基础反转点 W^1 点出现之后可能会出现股价不反弹并且继续下跌的情况，一旦出现这种情况，就需要展开微趋势跟踪。股价跌破 W^1 点之后连续创三次新低，将会出现第二个反转点 W^2，该反转点出现后，股价出现短线的反弹，但是力度较弱，不能出现反转，随后继续创出新低，并且再次连续三次创出新低之后出现第三个反转点 W^3，微趋势跟踪结束。

实际上不只是 W^1 点可能出现这种情况，W^2 点也可以不出现反弹，股价直接创出新低。当出现此种情况时，投资者只需继续跟踪静待时机来临，具体来说，就是等待股价再次连续三次创出新低，出现第三个反转点 W^3，微趋势跟踪结束之时，往往也是机会来临之时（但此时仍要注意建立明确的止损机制，最大程度回避风险）。

在某一个波段里，连续出现三个反转点就意味着下跌趋势的结束。换句话说，趋势跟踪最多出现三次反转点。那么我们可以知道在微趋势下降跟踪图中，W^3 是最佳买入点，由于每一个反转点都有清晰的要求，都是连续三次创出新低，这样在每个反转点出现之前，我们就可以提前做好准备了。微趋势跟踪结束后，一般股价会出现一波上涨，在弱势的市场中，也会出现连续三次创新高的走势。

上涨过程中的微趋势跟踪则恰恰相反，如图 11.3.I 所示：

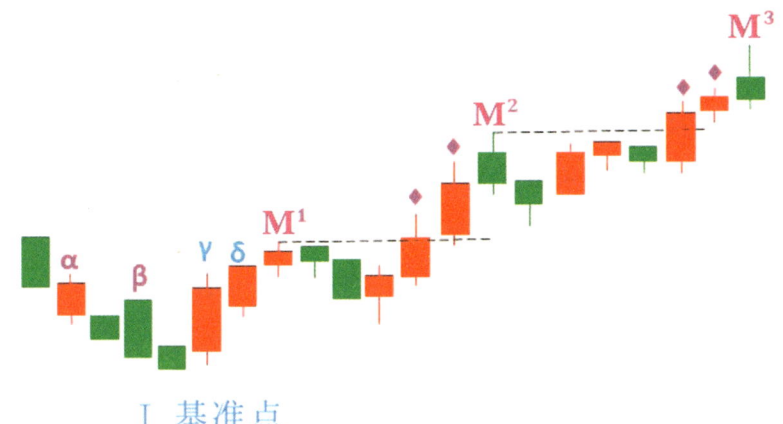

图 11.3.I 微趋势上升跟踪图

图 11.3.I 是微趋势上升跟踪图。在图中可以看到，当微趋势反转点 M^1 出现后，市场开始回调，其后股价开始上涨并创新高（用粉红色的菱形来标记创新高的点）；当股价连续三次创出新高后，又出现了第二个反转点 M^2，该反转点出现后股价出现短线的调整，但是下跌动能不强，继续创出新高；又连续创出三次新高后，出现第三个反转点 M^3，该反转点的出现标志着微趋势上升跟踪的结束。

所以在实际操作中，一旦出现反转点 M^1 时，短期操作者就应该卖出，一旦股价创新高则买入，等待股价连续创出三次新高后，出现下一个反转点 M^2 时再卖出，回避风险。如果股价再次创新高则再买入，直到股价连续三次创出新高，出现反转点 M^3 时再卖出，微趋势上升基础的跟踪更多的是为投资者提供一个止损点，止损机制的重要性笔者就不再多次强调了。

与微趋势下跌相对应的是，这里也需要注意类似的特殊情况，即在微趋势上涨基础反转点 M^1 点出现之后可能会出现股价不调整并且继续上涨的情况，出现这种情况之后需要继续展开微趋势跟踪。股价突破 M^1 点之后连续创三次新高，将会出现第二个反转点 M^2，该反转点出现后，股价出现短线的下跌，但是下跌动能较弱，不能出现反转。随后继续创

破译趋势基因

出新高，并且再次连续三次创出新高，出现第三个反转点 M^3，微趋势跟踪结束。

不只是 M^1 点可能出现这种情况，M^2 点也可以不出现反转，股价直接创出新高。短线投资者在 M^2 卖出，等到股价再创新高时买入，等待股价再次连续三次创出新高，出现第三个反转点 M^3 时，止损即可。

前文中讲微趋势下降跟踪时提到，在某一个波段里，连续出现三个反转点就意味着下降趋势的结束，这条性质在微趋势上升跟踪时也同样适用。也就是说，在微趋势上升跟踪图中 M^3 是最佳卖出点，由于每一个反转点都有清晰的要求，都要连续三次创出新高，这样在每个反转点出现之前，我们就可以提前做好准备，尤其是创出两次新高以后，我们就可以知道，只要股价再次创出新高就会出现反转点。

微趋势跟踪结束后，一般股价会出现一波下跌，即使在非常强势的市场中，一般也会出现连续三次创新低的走势，此后重新寻找符合微趋势基础的走势，继续微趋势跟踪。

微趋势涵盖的时间段很短，往往都无明显的趋势状态。但是只要将分析的周期加大，同样可以分析中长期走势。如图 11.3.J 所示：

图 11.3.J　上证指数周线走势图

图11.3.J是上证指数2012年10月到2013年5月的周K线走势图。在图中可以看到，上涨的基准点J（粉色J，2012年12月3日到7日的周K线，最低点1949.46，最高点2065.75）点确定以后，出现了符合要求的基础形态，粉色α（2012年11月5日到9日的周K线，最低点2062.42，最高点2123.33）粉色β（2012年11月12日到16日的周K线，最低点2001.72，最高点2079.57）和粉色γ（2012年12月10日到14日的周K线，最低点2059.47，最高点2152.50）粉色δ（2012年12月17日到21日的周K线，最低点2142.95，最高点2190.40），基础形态确定后，就需要关注反转点来判断指数下一步走势。

2012年12月24日到28日（最高点2234.87大于粉色δ的最高点2190.40）出现了第一个反转点M^1。反转点出现后市场并没有下跌，所以要展开趋势跟踪。在M^1点出现后，只要出现三次最高价超过M^1点最高价，且依次创新高的走势，就会出现M^2。我们可以看到2012年12月31日到2013年1月4日的周K线最高点2296.11，高于M^1点最高价，下一根周K线最高点2295.48，未能创出新高；再下一根K线是2013年1月14日到18日的周K线最高点2332.78，第二次创出新高；指数最终在2013年1月21日到25日的周K线，以最高点2362.94，第三次创出新高出现了反转点M^2。根据前文中笔者讲到的微趋势跟踪规律，指数再次出现三次最高价超过M^2的最高价，且依次创新高，就会出现M^3。2013年1月28日到2月1日的周K线最高点2421.15，2013年2月4日到8日的周K线最高点2443.03，2013年2月18日到2月22日的周K线最高点2444.80，三根连续的周K线依次创出新高，指数最终在2013年2月18日到22日的周K线出现了反转点M^3。前文中我们说过，趋势跟踪最多出现三次反转点，所以M^3就是最佳的卖出时机。可以看到，M^3出现之后指数开始大幅下跌。

下面我们来看微趋势下降跟踪的案例，在图11.3.J中由下降的基准点即第二个J点（蓝色J，2013年2月18日到22日的周K线，最高点2444.80，最低点2308.76）确定微趋势基础形态，蓝色α（2013年

1月21日到25日的周K线，最高点2362.94，最低点2287.30），蓝色β（2013年1月28日到2月1日的周K线，最高点2421.15，最低点2295.35），蓝色γ（2013年2月25日到3月1日的周K线，最高点2369.65，最低点2289.89），蓝色δ（2013年3月4日到8日的周K线，最高点2352.02，最低点2259.25）。

基础形态确定后出现了反转点W^1（2013年3月11日到15日的周K线，最低点2250.01低于蓝色δ最低点2259.25）；在指数出现三次最低点低于W^1点最低点，且依次创新低以后，就会出现W^2，我们可以看到2013年3月18日到22日的周K线，最低点2232.02。2013年3月25日到29日的周K线，最低点2228.81。2013年3月30日到4月3日的周K线，最低点2217.25。连续三根K线的最低点低于W^1的最低点2250.01，且依次降低，指数最终在2013年4月1日到4月3日的周K线出现了W^2；根据前文中微趋势跟踪的判断规则，再次出现三次最低点低于W^2最低点的走势，且依次创出新低，就会出现W^3。W^2之后第一根K线是2013年4月8日到12日的周K线，最低点2180.67，低于W^2最低点2217.25，第一次创新低；下一根K线是2013年4月15日到19日的周K线，最低点2165.78，第二次创新低；下一根K线是2013年4月22日到26日的周K线，最低点2173.86，未能创出新低；再看下一根K线是2013年5月2日到5月3日的周K线，最低点2161.14，第三次创出新低，指数最终在2013年5月2日到5月3日的周K线出现了W^3。前文中提到过，微趋势跟踪最多就会出现三次反转点，所以W^3就是最佳的买进时机。图中我们可以看到W^3之后指数开始出现一连串的阳线上涨。

左小右大的微趋势基础

笔者在寻找符合微趋势基础形态的走势时，偶尔会发现左小右大的走势，如图11.3.K，那么这样的走势又有着什么样的特殊性质呢？

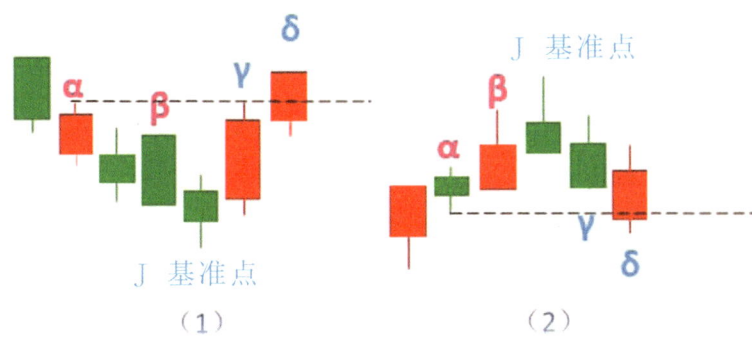

图 11.3.K 左小右大的微趋势图形

所谓左小右大的情况就是指在微趋势上涨基础图形（图中1）中 δ 的最高点高于 α 的最高点，这种形态的出现代表着股价上涨动能强劲。

或者在微趋势下降的基础图形（图中2）中的 δ 的最低点低于 α 的最低点，代表着股价下跌动能强大。

这种情况的出现往往预示着股价后期走势会出现大的上涨（微趋势上涨基础形态右大左小时）或者大的下跌（微趋势下跌基础形态右大左小时）。我们来看实际走势的案例，如图 11.3.L：

图 11.3.L 上证指数日线走势图

图 11.3.L 是上证指数从 2015 年 7 月 10 日到 2015 年 8 月 31 日的日 K 线走势图，在图中可以看到，微趋势下跌的基准点 J 是 2015 年 7 月 24 日（最高点 4184.45，最低点 4044.83），基准点确定以后，出现了符合要求的基础形态：

基准点左边一根 K 线是 β，2015 年 7 月 23 日，最高点 4132.61，低于基准点最高点，最低点 4019.04，低于基准点最低点，符合条件。

β 左边一根 K 线是 α，2015 年 7 月 22 日，最高点 4042.34，低于 β 最高点，最低点 3960.86，低于 β 最低点，符合条件。

基准点右边一根 K 线是 γ，2015 年 7 月 27 日，最低点 3720.44，低于基准点最低点，最高点 4051.16，低于基准点最高点，符合条件。

γ 右边第一根 K 线是 δ，2015 年 7 月 28 日，最低点 3537.36，低于 γ 最低点，最高点 3762.53，低于 γ 最高点，符合条件。

δ 的最低点是 3537.36，小于 α 的最低点 3960.86，属于右大左小的情况，可以看到指数在不久之后就出现了大幅下跌。

大盘上是这样，个股中也是如此么？

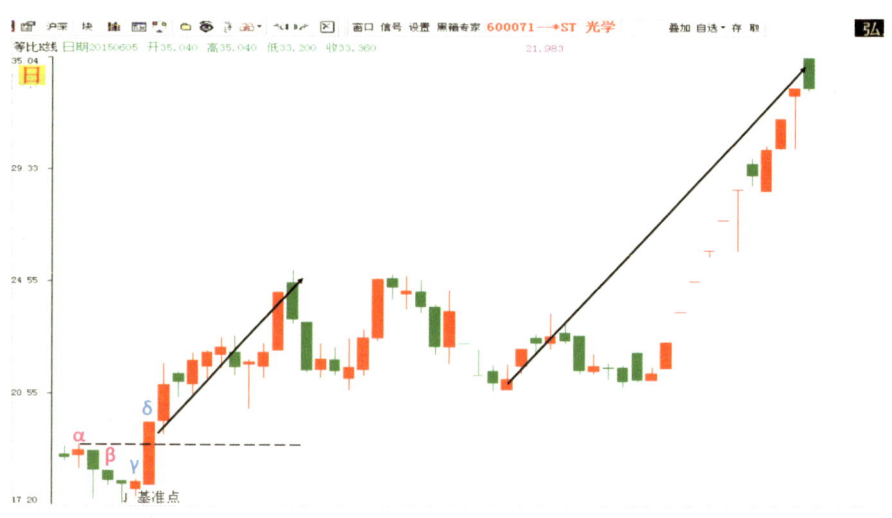

图 11.3.M *ST 光学日线走势图

图 11.3.M 是 600071——*ST 光学从 2015 年 3 月 20 日到 2015 年 6 月 5 日的日 K 线走势图，在图中可以看到，微趋势上涨的基准点 J 是 2015 年 3 月 26 日，最高价 17.84，最低价 17.20，基准点确定以后，出现了符合要求的基础结构：

基准点左边一根 K 线是 β，2015 年 3 月 25 日，最高价 18.15，高于基准点最高价，最低价 17.70，高于基准点最低价，符合条件。

β 左边一根 K 线是 2015 年 3 月 24 日，最高价 18.73，高于 β 最高价，最低价 17.31，低于 β 最低价，不符合条件。

再来看 β 左边第二根 K 线，2015 年 3 月 23 日，最低价 18.18，高于 β 最低价，最高价 18.92，高于 β 最高价，符合条件，所以这一天是 α。

基准点右边一根 K 线是 γ，2015 年 3 月 27 日，最低价 17.40，高于基准点最低价，最高价 17.90，高于基准点最高价，符合条件。

γ 右边第一根 K 线是 δ，2015 年 3 月 30 日，最低价 17.72，高于 γ 最低价，最高价 19.61，高于 γ 最高价，符合条件。

δ 的最高价是 19.61，大于 α 的最高价 18.92，属于右大左小的情况，可以看到股价在不久之后就出现了小幅上涨，并且在横盘一段时间之后开始大幅上涨。

综上所述，微趋势是市场中最小的趋势单位，也被称为趋势的基因。研究好微趋势组成就能对股价做出时空的预测。当然，这些预测都属于左侧交易系统，投资者需要做好及时的止损。

小 结

微趋势的范围很广，在本章里只涉及了微趋势的跟踪。微趋势的基础、反转和跟踪是它的核心。微趋势还有很多的规律可以挖掘，各位读者需要有更大的耐心来研究它，例如微趋势跟踪的左右对称和左右对比，都有一定的规律，掌握了这些规律就可以更加精确地使用微趋势跟踪。

　　通过本章的讲述，各位读者可以对微趋势有一个充分的了解，但是距离掌握的程度应该还有些差距。实际上微趋势的应用范围非常广泛，既可应用于年线、季线，也可应用于月线、周线，使用方法也多种多样，我们既可以通过微趋势基础来对远期走势进行预判，又可以通过微趋势跟踪来把握长期走势，甚至可以通过微趋势基础中左右K线的大小关系来判断现在是上涨强势还是下跌强势等等，在下一章中笔者将会用大量的实战案例来为大家讲解微趋势在实战中的应用技巧。

第十二章　微趋势实战案例解析

——一次实践胜过千年空谈

前文中笔者举了微趋势在日线和周线应用的案例，实际上微趋势在各种时间范围上都适用，只不过使用起来在细节上有许多需要注意的地方。这些细节若要一一表述清楚，需要浪费大量的篇幅，并且读者很难有一个直观的印象，这些零零碎碎的小知识点也不便于记忆。正如本章的副标题一样，一次实践胜过千年空谈，通过对实战案例的解析，希望各位读者能够更好地掌握微趋势在各个周期上的应用。

破译趋势基因

第一节　微趋势在年线上的应用

年线走势图上一根 K 线反映一年的走势，任何细微的变化反映到日线上往往就是巨大的差距，所以年线上的微趋势就变得非常有研究价值了。

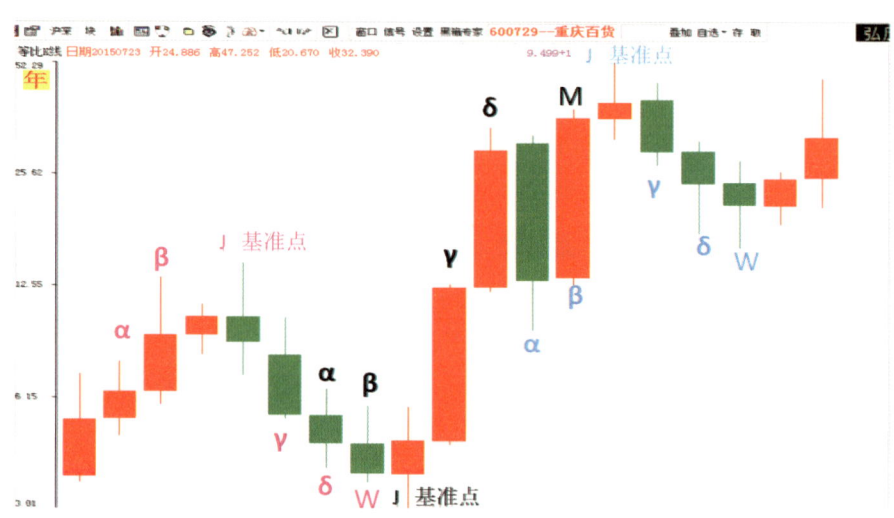

图 12.1.A　重庆百货年线走势图

图 12.1.A 是 600729——重庆百货从 1997 年至 2015 年的年 K 线走势图，图中我们可以看到两个微趋势下跌基础和一个微趋势上涨基础，分别以粉红色、蓝色和黑色标识，我们首先来看最左侧粉红色标识的走势，波段的最高点出现在 2001 年的年 K 线上，最高价 14.504，最低价 7.037，标记为基准点 J。

当基准点 J 确定以后，下一步需要寻找符合要求的基础结构。基准点左边一根 K 线是 2000 年的年线，最高价 11.122，低于基准点最高价，最低价 8.020，高于基准点最低价，不符合要求。基准点左边第二根 K

线是1999年的年线，最高价13.225，低于基准点最高价，最低价5.822，低于基准点最低价，符合条件，所以这根K线是β。β左侧一根K线是1998年的年线，最高价7.709，低于β最高价，最低价4.768，低于β最低价，所以这根K线是α。基准点右边一根K线是2002年的年线，最高价10.204低于基准点最高价，最低价5.342低于基准点最低价，符合条件，所以这根K线是γ。γ右边第一根K线是2003年的年线，最高价6.480，低于γ最高价，最低价3.880，低于γ最低价，所以这根K线是δ。至此出现了符合要求的微趋势基础形态，在图中用粉色α、β、J、γ、δ标记。

δ右边第一根K线是2004年的年线，最低价3.549，低于δ的最低价，创新低，可以确定反转点W。根据我们在上一章中提到的规律，W点出现之后，股价往往会出现反转，可以看到粉色W点出现之后股价出现了连续三年的大幅上涨。

我们再来看中间黑色标识的走势，这是一个标准的微趋势上涨基础，波段的最低价出现在2005年的年K线上，标记为基准点J。基准点左边一根K线是β，是2004年的年线。可以看到这根K线的最高价与最低价都高于基准点的最高价与最低价。基准点左边第二根K线是α，是2003年的年线，α的最高价与最低价都高于β的最高价与最低价。基准点右边一根K线是γ，是2006年的年线，同样最高价与最低价都高于基准点的最高价与最低价。γ右边第一根K线是2007年的年线，这根K线是δ，最高价与最低价都高于γ的最高价与最低价。至此出现了符合要求的微趋势基础形态，在图中用黑色α、β、J、γ、δ标记。

δ的最高价是34.357，δ右边第一根K线是2008年的年线，最高价32.906，低于δ最高价，不符合反转点的条件。第二根K线是2009年的年线，最高价38.773，高于δ的最高价，创新高，可以确定反转点M。根据我们前面提到的规律，M点出现之后，股价往往会出现反转，可以看到黑色M点出现之后股价虽然再创新高，但最终出现了

破译趋势基因

总体持续四年的下跌走势。

最后来看右侧蓝色标识的走势，与黑色标识走势相对应，这是一个相当标准的微趋势下跌基础，波段的最高点出现在 2010 年的年 K 线上，标记为基准点 J。β 是基准点左边的第一根 K 线，即 2009 年的年线；α 是基准点左边第二根 K 线，即 2008 年的年线；γ 是基准点右边第一根 K 线，2011 年的年线；δ 是基准点右边的第二根 K 线，2012 年的年线，最低价 17.436。至此出现了符合要求的微趋势基础形态，在图 12.1.A 中用蓝色 α、β、J、γ、δ 标记。

δ 右边第一根 K 线是 2013 年的年线，最低价 15.924，低于 δ 的最低价，创新低，可以确定反转点 W。根据我们前面提到的规律，W 点出现之后，股价往往会出现反转，可以看到蓝色 W 点出现之后股价出现了连续两年的上涨。

对于短线投资者来说，掌握数年的大趋势有助于顺势而为，防止被套。而对于长线投资者来说，对长期趋势的把握，正是他们获利的基石，由此可以看出微趋势在年线上应用的意义。

喜欢研究的读者会发现，微趋势基础形态的出现是相当频繁的。例如：

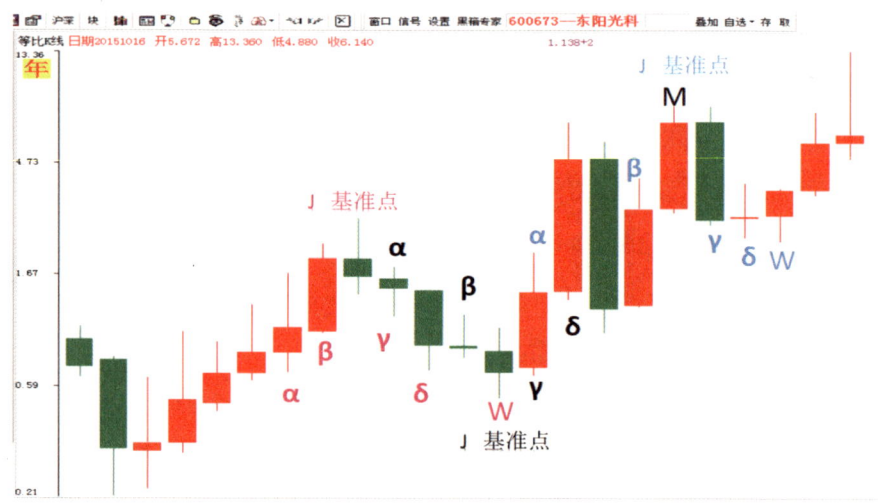

图 12.1.B　东阳光科年线走势图

如图 12.1.B 是 600673——东阳光科从 1993 年到 2015 年的年 K 线走势图，图中我们可以看到，在东阳光科的年线图中同样存在着两个微趋势下跌基础和一个微趋势上涨基础，我们还是分别以粉红色、蓝色和黑色标识。

我们首先来看最左侧粉红色标识的走势，波段的最高点出现在 2001 年的年 K 线上，最高价 2.802，最低价 1.378，标记为基准点 J。

当基准点 J 确定以后，首先需要寻找符合要求的基础结构。基准点左边一根 K 线是 2000 年的年线，最高价 2.213，低于基准点最高价，最低价 0.961，符合条件，所以这根线是 β。β 左侧的一根 K 线是 1999 年的年线，最高价 1.252，低于 β 最高价，最低价 0.616，低于 β 最低价，所以这根 K 线是 α。α 和 β 都找到了，再来找 γ 和 δ。基准点右边一根 K 线是 2002 年的年线，最高价 1.791，低于基准点最高价，最低价 1.123，低于基准点最低价，符合条件，所以这根 K 线是 γ。γ 右边第一根 K 线是 2003 年的年线，最高价 1.435，低于 γ 最高价，最低价 0.678，低于 γ 最低价，所以这根 K 线是 δ。γ 和 δ 之间无间隔，符合微趋势下跌基础条件。至此出现了符合要求的微趋势基础形态，在图中用粉色 α、β、J、γ、δ 标记。

δ 右边第一根 K 线是 2004 年的年线，最低价 0.759，高于 δ 的最低价，没有创新低，不是反转点。δ 右边第二根 K 线是 2005 年的年线，最低价 0.524，创出新低，可以确定这一根 K 线是反转点 W。根据我们前面提到的规律，反转点 W 出现之后，股价往往会出现反转，可以看到粉色 W 点出现之后股价出现了连续两年的大幅上涨。

我们再来看中间黑色标识的走势，可以看到这是一个微趋势上涨基础，波段的最低点出现在 2005 年的年 K 线上，标记为基准点 J。

当基准点 J 确定以后，需要寻找符合要求的基础结构，基准点左边一根 K 线是 β，是 2004 年的年线，这根 K 线的最高价与最低价都高于基准点的最高价与最低价；基准点左边第二根 K 线最低价低于 β 最低价，不符合条件；基准点左边第三根 K 线是 α，是 2002 年的年线，α 的最高价与最低价都高于 β 的最高价与最低价；基准点右边第一根 K 线是 γ，是 2006 年的年线，同样最高价与最低价都高于基准点的最高价与最低价；γ 右边第一根 K 线是 2007 年的年线，这根 K 线是 δ，最高价与最低价都高于 γ 的最高价与最低价，δ 的最高价是 6.900。至此出现了符合要求的微趋势基础形态，在图中用黑色 α、β、J、γ、δ 标记。

δ 右边第一根 K 线是 2008 年的年线，最高价 5.751 低于 δ 最高价，不符合反转点的条件；δ 右边第二根 K 线是 2009 年的年线，最高价 4.081 同样低于 δ 最高价，不符合反转点的条件；δ 右边第三根 K 线是 2010 年的年线，最高价 8.008 高于 δ 的最高价，创出新高，可以确定反转点 M。根据我们前面提到的规律，M 点出现之后，股价往往会出现反转，可以看到黑色 M 点出现之后股价开始大幅下跌。

最后来看右侧蓝色标识的走势，这是一个相当标准的微趋势下跌基础，波段的最高点出现在 2010 年的年 K 线上，标记为基准点 J。β 是基准点左边的第一根 K 线，是 2009 年的年线；α 是基准点左边第四根 K 线，是 2006 年的年线，中间的几根线都不符合要求。γ 是基准点右边第一根 K 线，是 2011 年的年线；δ 是基准点右边的第二根 K 线，是 2012 年的年线，一个十字星，最低价 2.339，至此出现了符合要求的微趋势基础形态，在图中用蓝色 α、β、J、γ、δ 标记。

δ 右边第一根 K 线是 2013 年的年线，最低价 2.254，低于 δ 的最低价，创出新低，可以确定反转点 W。根据我们前面提到的规律，W 点出现之后，股价往往会出现反转，可以看到蓝色 W 点出现之后股价出现了连续两年的上涨。

年线上每一根 K 线就代表股价一年的走势，很多股票到了年线上总共就只有十几根 K 线，所以在年线上很少用到微趋势跟踪的情况。

第二节　微趋势在半年线上的应用

当然，在实际操作中，对于短线操作者来说，年线周期太长了，以至于预测的结果不够精确。我们可以预测出某一年或几年股价总体走势上涨，但一年中股价不可能一直上涨，那么何时涨、怎么涨就成了短线投资者们关注的问题，这个问题该如何解决？缩短每一根 K 线代表的时间。

微趋势在半年线上的应用案例如下：

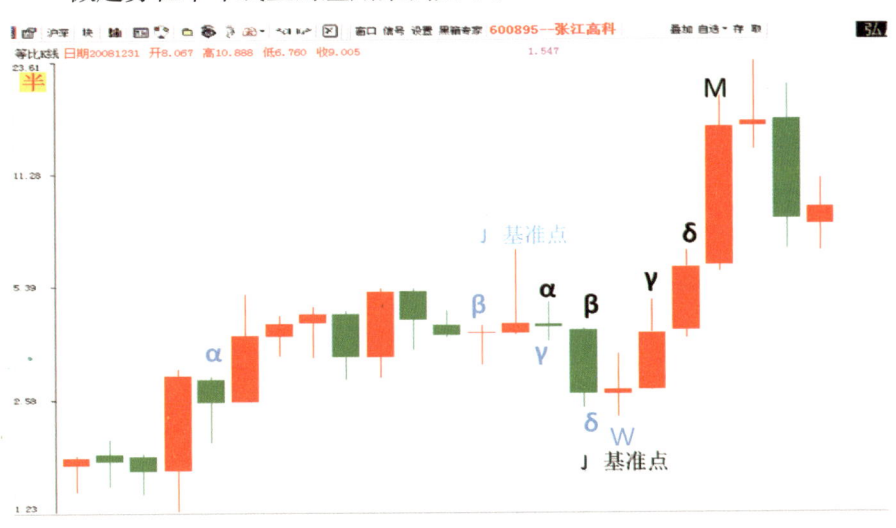

图 12.2.A　张江高科半年线走势图

如图 12.2.A 是 600895——张江高科从 1997 年 7 月到 2008 年 12 月的半年 K 线走势图，我们可以看到在张江高科的半年走势线图中存在着一个微趋势下跌基础形态和一个微趋势上涨基础形态，分别以蓝色和黑色标识出来。

我们首先来看最左侧蓝色标识的走势，波段的最高点出现在 2004

年的前半年的 K 线上，最高价 6.824，最低价 3.917，标记为基准点 J，当基准点 J 确定以后，需要我们来寻找符合要求的基础结构。

基准点左侧第一根 K 线是 2003 年后半年的 K 线，最高价 4.175，低于基准点最高价，最低价 3.208，低于基准点最低价，符合条件，所以这根线是 β；图 12.2.A 中可以看到基准点左边八根 K 线都不符合要求，第九根 K 线是 1999 年后半年的 K 线，最高价 2.976 低于 β 最高价，最低价 1.927 低于 β 最低价，所以这根 K 线是 α；α 和 β 都找到了，我们再来看 γ 和 δ，基准点右边一根 K 线是 2004 年后半年的 K 线，最高价 4.843 低于基准点最高价，最低价 3.735 低于基准点最低价，符合条件，所以这根 K 线是 γ；γ 右边第一根 K 线是 2005 年前半年的 K 线，最高价 4.064 低于 γ 最高价，最低价 2.412 低于 γ 最低价，所以这根 K 线是 δ。γ 和 δ 之间无间隔，符合微趋势下跌基础条件。

δ 右边第一根 K 线是 2005 年后半年的 K 线，最低价 2.275，低于 δ 的最低价，创新低，可以确定反转点 W。根据我们前面提到的规律，W 点出现之后，股价往往会出现反转，可以看到蓝色 W 点出现之后股价出现了连续两年的大幅上涨。

再来看图 12.2.A 中右侧黑色标识的走势，可以看到这是一个微趋势上涨基础形态，波段的最低点与左侧微趋势下跌基础形态的反转点重合，出现在 2005 年后半年的 K 线上，标记为基准点 J。当基准点 J 确定以后，出现了符合要求的基础结构：基准点左边一根 K 线是 β，是 2005 年前半年的 K 线，可以看到这根 K 线的最高价与最低价都高于基准点的最高价与最低价；基准点左边第二根 K 线是 α，这根 K 线是 2004 年后半年的 K 线，α 的最高价与最低价都高于 β 的最高价与最低价；基准点右边一根 K 线是 γ，是 2006 年前半年的 K 线，同样最高价与最低价都高于基准点的最高价与最低价；γ 右边第一根 K 线是 2006 年后半年的 K 线，这根 K 线是 δ，最高价与最低价都高于 γ 的最高价与最低价，δ 的最高价是 6.788。

δ 右边第一根 K 线是 2007 年前半年的 K 线，最高价 18.689，高于

δ 的最高价，创新高，可以确定反转点 M。根据我们前面提到的规律，M 点出现之后，股价往往会出现反转，可以看到黑色 M 点出现之后股价短暂地创出新高之后开始大幅下跌。

前面我们讲到，因为大多数股票年 K 线数量不多，在年线上很少用到微趋势跟踪，这种情况在半年线上得到明显的改善。

微趋势跟踪在半年线上的应用案例如下：

图 12.2.B　万家乐半年线走势图

图 12.2.B 是 000533——万家乐从 1997 年到 2015 年的半年 K 线走势图，图中左侧波段的最低点是 1999 年前半年的 K 线，最高价 5.113，最低价 3.429，仅比左侧第一根 K 线低 0.007 元，不是很明显，但它仍然是最低点，我们把它标记为基准点 J。

当基准点 J 确定以后，出现了符合要求的基础结构：基准点左侧一根 K 线是 β，是 1998 年后半年的 K 线，可以看到这根 K 线的最高价与最低价都高于基准点的最高价与最低价（前文中说过这根 K 线最低价比基准点最低价高 0.007 元）；基准点左侧第二根 K 线是 α，这根 K 线是 1998 年前半年的 K 线，α 的最高价与最低价都高于 β 的最高价与最低价；基准点右侧一根 K 线是 γ，是 1999 年后半年的 K 线，同样最高价与最低价都高于基准点的最高价与最低价；γ右侧第一根K线是2000年前半年的K线，这根K线是δ，最高价与最低价都高于γ的最高价与最低价，δ的最高价是6.920。

δ右侧第一根K线是2000年后半年的K线，最高价8.149，高于δ的最高价，创新高，可以确定反转点M^1，根据我们前面提到的规律，M^1点出现之后，股价往往会出现反转，可以看到M^1点处，股价虽短暂创出新高，但之后仍开始大幅下跌。经过这次持续数年、跌幅达70.96%的下跌之后，股价开始上升并最终于2007年前半年达到11.634，第一次创出新高，在图中用粉色菱形标记。之后股价开始下跌，2008年后半年开始上涨，最终于2010年前半年达到12.260，再次创出新高，图12.2.B中用蓝色菱形标记。之后股价又经历过一轮下跌与上涨，在2015年前半年借牛市的东风达到15.574，第三次创出新高，则这个点是M^2。前文中我们讲到，在微趋势跟踪时，如果出现M^2则股价可能会下跌。也就是说，如果你掌握微趋势跟踪的方法的话，就可以通过观察半年线的走势，在股价第三次创出新高的时候，知道股价有可能在2015年6、7月份出现暴跌，从而躲过风险。

与年线相比，半年线的优势在于更精确，并且可以运用微趋势跟踪的方法来把握机会和回避风险。

第三节　微趋势在季线上的应用

很多喜欢短线的读者会觉得半年线还是太长，我们再缩短一下时间，看看微趋势在季线上的应用：

图12.3.A是000833——贵糖股份从2004年7月到2010年3月的季K线走势图，图中我们可以看到一个微趋势下跌基础形态和一个微趋势上涨基础形态，分别以蓝色和黑色标识。

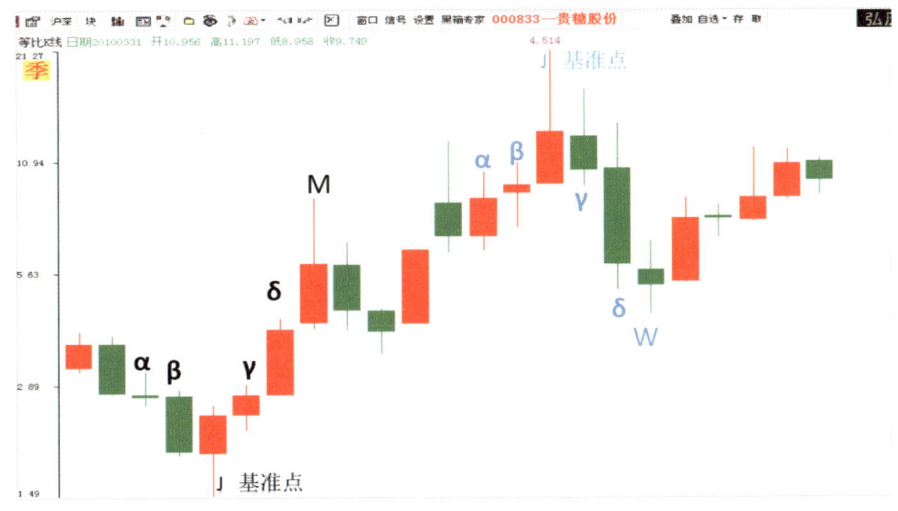

图 12.3.A　贵糖股份季线走势图

我们首先来看最左侧黑色标识的走势，波段的最低点出现在 2005 年的 7 月到 9 月的 K 线上，最高价 2.558，最低价 1.489，标记为基准点 J。当基准点 J 确定以后，需要找到符合要求的基础结构。

基准点左侧一根 K 线是 2005 年 4 月到 6 月的 K 线，最高价 2.807，高于基准点最高价，最低价 1.893，高于基准点最低价，符合微趋势上涨基础的条件，所以这根线是 β。β 左侧第一根 K 线是 2005 年 1 月到 3 月的 K 线，最高价 3.125，高于 β 最高价，最低价 2.547，高于 β 最低价，所以这根 K 线是 α，α 和 β 都找到了，我们再来看 γ 和 δ，基准点右侧一根 K 线是 2005 年 10 月到 12 月的 K 线，最高价 2.886，高于基准点最高价，最低价 2.191，高于基准点最低价，符合条件，所以这根 K 线是 γ。γ 右侧第一根 K 线是 2006 年 1 月到 3 月的 K 线，最高价 4.296，高于 γ 最高价，最低价 2.716，高于 γ 最低价，且与 γ 之间无间隔，所以这根 K 线是 δ，则基准点、α、β、γ、δ 符合微趋势下跌基础条件。

δ 右侧第一根 K 线是 2006 年 4 月到 6 月的 K 线，最高价 8.796，高于 δ 的最高价，创新高，可以确定反转点 M，根据我们前面提到的规律，M 点出现之后，股价往往会出现反转，可以看到黑色 M 点出现之后股价出现了连续两个季度的大幅下跌。

我们再来看右侧蓝色标识的走势，图 12.3.A 中可以看到这是一个微趋势下跌基础形态，波段的最高点出现在 2008 年 1 月至 3 月的 K 线上，标记为基准点 J。当基准点 J 确定以后，出现了符合要求的基础结构：基准点左侧一根 K 线是 β，是 2007 年 10 月至 12 月的 K 线，可以看到这根 K 线的最高价与最低价都低于基准点的最高价与最低价；基准点左侧第二根 K 线是 α，这根 K 线是 2007 年 7 月到 9 月的 K 线，α 的最高价与最低价都低于 β 的最高价与最低价；基准点右侧一根 K 线是 γ，是 2008 年 4 月到 6 月的 K 线，同样最高价与最低价都低于基准点的最高价与最低价，γ 右侧第一根 K 线是 2008 年 7 月到 9 月的 K 线，这根 K 线是 δ，最高价与最低价都低于 γ 的最高价与最低价，且 γ 和 δ 之间无间隔，符合微趋势下跌基础的条件，δ 的最低价是 5.077。

δ 右侧第一根 K 线是 2008 年 10 月到 12 月的 K 线，最低价 4.392，低于 δ 的最低价，创新低，可以确定反转点 W。根据我们前面提到的规律，W 点出现之后，股价往往会出现反转，可以看到蓝色 W 点出现之后股价立即开始了上涨。

微趋势跟踪在季线上的应用案例如下：

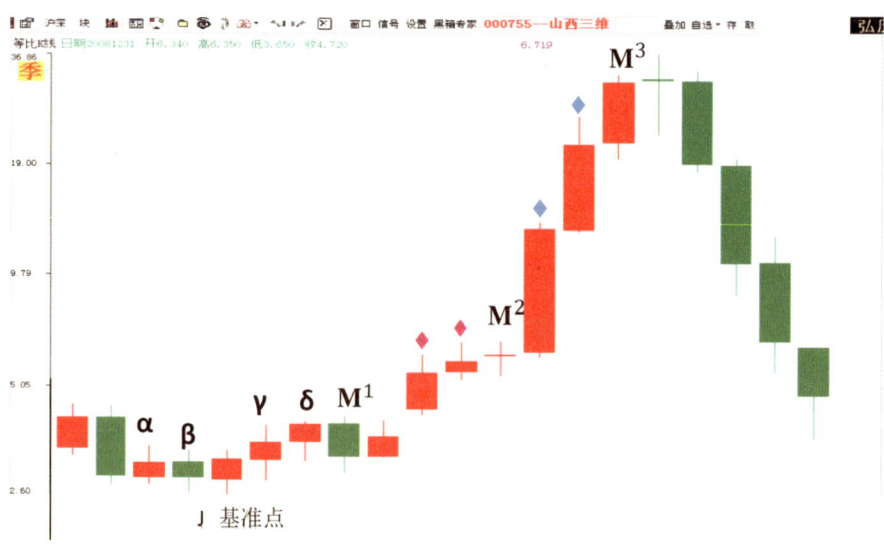

图 12.3.B　山西三维季线走势图

图 12.3.B 是 000755——山西三维从 2004 年到 2008 年的季 K 线走势图，图中左侧波段的最低点是 2005 年 1 月到 3 月的季线，最高价 3.409，最低价 2.601，仅比左侧第一根 K 线的最低价 2.639 低 0.038 元，不是很明显，但它仍然是最低点，我们把它标记为基准点 J。

当基准点 J 确定以后，出现了符合要求的基础结构：基准点左侧第一根 K 线是 β，这根 K 线是 2004 年 10 月到 12 月的季线，可以看到这根 K 线的最高价与最低价都高于基准点的最高价与最低价；基准点左侧第二根 K 线是 α，这根 K 线是 2004 年 7 月到 9 月的 K 线，α 的最高价与最低价都高于 β 的最高价与最低价；基准点右侧第一根 K 线是 γ，是 2005 年 4 月到 6 月的 K 线，同样最高价与最低价都高于基准点的最高价与最低价；γ 右侧第一根 K 线是 2005 年 7 月到 9 月的 K 线，这根 K 线是 δ，最高价与最低价都高于 γ 的最高价与最低价，δ 的最高价是 4.061。

δ 右边第一根 K 线是一根大阴线，这根阴线是 2005 年 10 月到 12 月的 K 线，最高价 4.187，比 δ 的最高价高 0.126 元，创出新高，可以确定反转点 M^1。根据我们前面提到的规律，M^1 点出现之后，股价往往会出现反转，可以看到 M^1 点出现之后股价出现了一根假阳线下跌。之后 2006 年 4 月到 6 月股价跳空高开以一根长阳线上涨突破前期高点，创出新高 6.045，图 12.3.B 中我们用粉红色菱形标记创新高的点。7 月到 9 月继续上涨，达到 6.521，第二次创出新高，10 月到 12 月股价收一根十字星，最高价 6.554，第三次创出新高，出现反转点 M^2，之后股价出现连续大幅上涨。2007 年 1 月至 3 月，4 月至 6 月，7 月至 9 月，股价连连突破前期高点，用蓝色菱形标记创新高的点，最终 M^3 出现在 2007 年 7 月至 9 月的季线上。前文中我们讲到，微趋势跟踪时，最多出现三个反转点，也就是说 M^3 点之后，股价将会出现下跌，图中我们可以看到，股价出现了持续 5 个季度，跌幅达 85.13% 的巨幅下跌。

季线上的微趋势跟踪，应用更加普遍，并且精确度更高，同时每一根 K 线代表股价三个月的走势，我们判断出的结果也很有效力。实际上在应用微趋势时，选择正确的时间范围是非常重要的。如果一根 K 线所代表的走势时间太长，就会影响精确度，而一根 K 线所代表的走势时间太短，那么就有可能影响判断出来的结果的效力。而根据笔者的经验，对于中长线操作者而言，在应用微趋势，尤其是微趋势跟踪时，选择月线或者季线应该是比较合适的。

第四节 微趋势在月线上的应用

微趋势在月线中的应用案例如下：

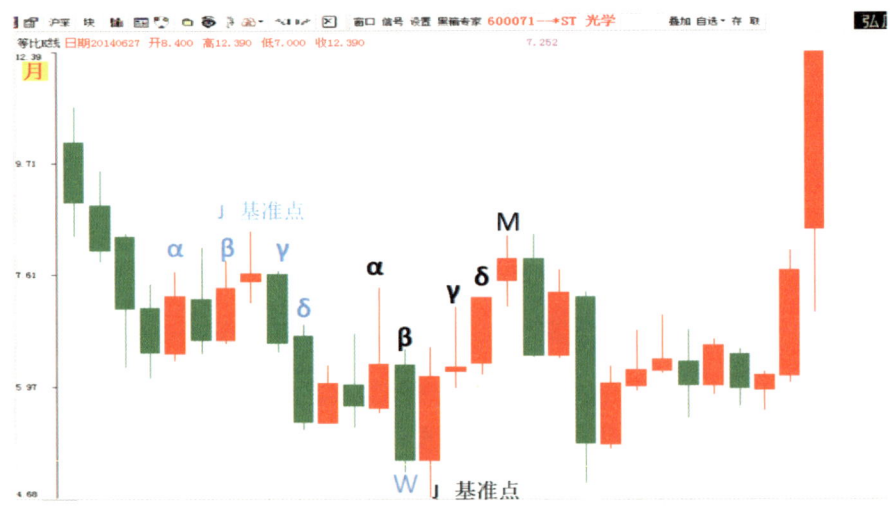

图 12.4.A　*ST 光学月线走势图

图 12.4.A 是 600071——*ST 光学从 2011 年 10 月到 2014 年 6 月的月 K 线走势图，图中我们可以看到一个微趋势下跌基础形态和一个微趋势上涨基础形态，我们还是分别以蓝色和黑色标识。

我们首先来看最左侧蓝色标识的走势，波段的最高点出现在 2012

年的 5 月的月 K 线上，最高价 8.370，最低价 7.150，标记为基准点 J。当基准点 J 确定以后，可以寻找到符合要求的基础结构，基准点左侧一根 K 线是 2012 年 4 月的月 K 线，最高价 7.850，低于基准点最高价，最低价 6.550，低于基准点最低价，符合条件，所以这根线是 β；基准点左侧第二根 K 线是 2012 年 3 月的月 K 线，最高价 8.080，高于 β 最高价，不符合条件；基准点左侧第三根 K 线是 2012 年 2 月的月 K 线，最高价 7.660，低于 β 最高价，最低价 6.300，低于 β 最低价，所以这根 K 线是 α。

α 和 β 都找到了，我们再来看 γ 和 δ，基准点右侧一根 K 线是 2012 年 6 月的月 K 线，最高价 7.680，低于基准点最高价，最低价 6.420，低于基准点最低价，符合条件，所以这根 K 线是 γ；γ 右边第一根 K 线是 2012 年 7 月的月 K 线，最高价 6.830，低于 γ 最高价，最低价 5.420，低于 γ 最低价，所以这根 K 线是 δ。γ 和 δ 之间无间隔，符合微趋势下跌基础条件。

可以看到 δ 点确定之后 2012 年 8 月、9 月、10 月连续三个月都没有创出新低，直到 11 月出现新低 4.940，可以确定反转点 W。根据我们前面提到的规律，W 点出现之后，股价往往会出现反转，可以看到蓝色 W 点出现时股价虽然创出新低，但很快开始反转，并且出现了连续四个月的大幅上涨。

再来看图 12.4.A 中右侧黑色标识的走势，这是一个微趋势上涨基础形态，波段的最低点出现在 2012 年 12 月的月 K 线上，标记为基准点 J。当基准点 J 确定以后，出现了符合要求的基础结构，基准点左侧第一根 K 线是 β，是 2012 年 11 月的月 K 线，可以看到这根 K 线的最高价与最低价都高于基准点的最高价与最低价；基准点左侧第二根 K 线是 α，这根 K 线是 2012 年 10 月的月 K 线，α 的最高价与最低价都高于 β 的最高价与最低价；基准点右侧第一根 K 线是 γ，是 2013 年 1 月的月 K 线，同样最高价与最低价都高于基准点的最高价与最低价；γ 右侧第一根

K 线是 2013 年 2 月的月 K 线，这根 K 线是 δ，最高价与最低价都高于 γ 的最高价与最低价，δ 的最高价是 7.240。

δ 右边第一根 K 线是 2013 年 3 月的月 K 线，最高价 8.290，高于 δ 的最高价，创出新高，可以确定反转点 M。根据我们前面提到的规律，M 点出现之后，股价往往会出现反转，可以看到黑色 M 点出现之后股价立即开始大幅下跌。

微趋势跟踪在月线上的应用案例如下：

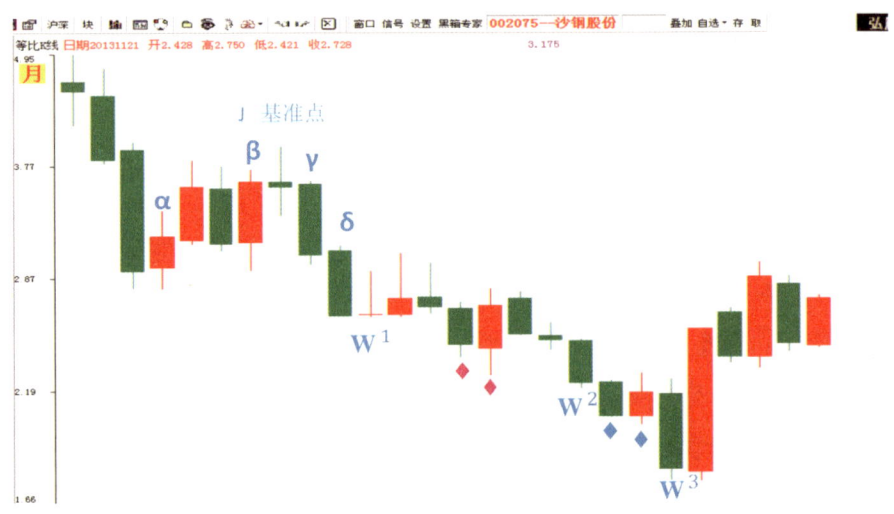

图 12.4.B　沙钢股份月线走势图

图 12.4.B 是 002075——沙钢股份 2011 年 10 月到 2013 年 11 月的月 K 线走势图，图中左侧波段的最高点是 2012 年 5 月的月 K 线，最高价 3.957，最低价 3.336，我们把它标记为基准点 J。

当基准点 J 确定以后，出现了符合要求的基础结构：基准点左侧第一根 K 线是 β，这根 K 线是 2012 年 4 月的月 K 线，最高价是 3.735，低于基准点最高价，最低价是 2.921，低于基准点最低价；基准点左侧第二根 K 线是 2012 年 3 月的月 K 线，最高价是 3.771，高于 β 最高价，不符合 α 的条件。由于 α 和 β 之间允许存在间隔，所以我们继续往左数，基准点左侧第三根 K 线是 2012 年 2 月的月 K 线，同样是最高价 3.821 大于 β 最高价，不符合 α 的条件。基准点左侧第四根 K 线是 2012 年 1 月的月 K 线，最高价 3.378 低于 β 最高价，最低价 2.793，低于 β 最低价，符合条件，所以这根 K 线是 α。

基准点右侧第一根 K 线是 γ，是 2012 年 6 月的月 K 线，同样最高价与最低价都低于基准点的最高价与最低价。γ 右边第一根 K 线是 2012 年 7 月的月 K 线，这根 K 线是 δ，最高价与最低价都低于 γ 的最高价与最低价，δ 的最低价是 2.614，γ 和 δ 之间无间隔，符合微趋势基础结构要求。

下面我们来展开微趋势跟踪，δ 右边是 2012 年 8 月的月 K 线，是一根十字星，最低价 2.607，比 δ 最低价低 0.007 元，创出新低，可以确定反转点 W^1。根据我们前面提到的规律，W^1 点出现之后，股价往往会出现反转，可以看到 W^1 点出现之后股价出现了持续两个月的小幅上扬。

股价运行到 2012 年 11 月以长阴线下跌，以最低价 2.364 跌破前期低点，创出新低，图 12.4.B 中我们用粉红色菱形标记创新低的点。2012 年 12 月一根长阳线上涨但该月股价最低价为 2.264，仍低于 11 月最低价，再次创出新低。之后连续两个月股价均未创出新低，直到 2013 年 3 月最低价 2.193，第三次创新低，出现反转点 W^2。之后股价出现连续大幅下跌，2013 年 4 月、5 月、6 月股价连连跌破前期低点，用蓝色菱形标记创新低的点，最终 W^3 出现在 2013 年 6 月的月 K 线上，前文中我们讲到，微趋势跟踪时，最多出现三个反转点，也就是说 W^3 点之后，股价将会出现上涨，图中我们可以看到，股价在之后 3 个月内涨幅高达 61.20%。如果我们在 W^3 点买入，将获得丰厚的回报。

让我们把时间周期再缩短，来看微趋势在周线上的应用。前文中笔者也列举过微趋势在日线和周线上应用的例子，相比于长周期，微趋势跟踪在周线和日线上的应用更为广泛。

前文中笔者谈到，对于中长线操作者而言，在应用微趋势尤其是微趋势跟踪时，选择月线或者季线应该是比较合适的。而与之相对应的，微趋势在周线和日线的应用无疑是更加适合短线操作者的。

第五节 微趋势在日线和周线上的应用

微趋势在日线和周线上的应用案例如下：

图 12.5.A 安纳达周线走势图

图 12.5.A 是 002136——安纳达从 2014 年 7 月 5 日到 2015 年 6 月 3 日的周 K 线走势图，图中我们可以看到一个微趋势下跌基础形态，波段的最高点出现在 2014 年的 12 月 13 日到 19 日的周 K 线上，最高价 11.960，最低价 10.440，标记为基准点 J。

当基准点 J 确定以后，我们来寻找符合要求的基础结构，基准点左侧第一根 K 线是 2014 年 12 月 6 日到 12 日的周 K 线，最高价 10.580，低于基准点最高价，最低价 10.050，低于基准点最低价，符合条件，所以这根 K 线是 β。β 左侧第一根 K 线是 2014 年 11 月 29 日到 12 月 5 日的周 K 线，最高价 10.910，高于 β 最高价，不符合条件。由于 α 和 β

之间可以存在间隔，所以我们继续往左侧寻找，β 左侧连续十一根 K 线的最高价全部高于 β 的最高价，直到 β 左侧第十二根 K 线才符合 α 的条件，这根 K 线是 2014 年 9 月 13 日到 19 日的周 K 线，最高价 8.860，低于 β 最高价，最低价 8.200，低于 β 最低价，所以这根 K 线是 α。

α 和 β 都找到了，我们再来看 γ 和 δ，基准点右侧第一根 K 线是 2014 年 12 月 20 日到 26 日的周 K 线，最高价 11.350，低于基准点最高价，最低价 10.060，低于基准点最低价，符合条件，所以这根 K 线是 γ。γ 右侧第一根 K 线是 2014 年 12 月 27 日到 31 日的周 K 线，最高价 10.650，低于 γ 最高价，最低价 9.370，低于 γ 最低价，所以这根 K 线是 δ。γ 和 δ 之间无间隔，符合微趋势下跌基础条件。

图 12.5.A 中我们可以看到，β 点确定之后股价连续两周都没有创出新低，直到 2015 年 1 月 17 日到 23 日股价收一根十字星，下影线最低达到 9.230，低于 δ 最低价，创出新低，可以确定反转点 W。根据我们前面提到的规律，W 点出现之后，股价往往会出现反转，可以看到蓝色 W 点出现之后股价出现了长时间大幅度的连续上涨，截止到 2015 年 6 月第一周出现最高点时，涨幅已经达到 125.05%，这其中蕴含的利润不言而喻。

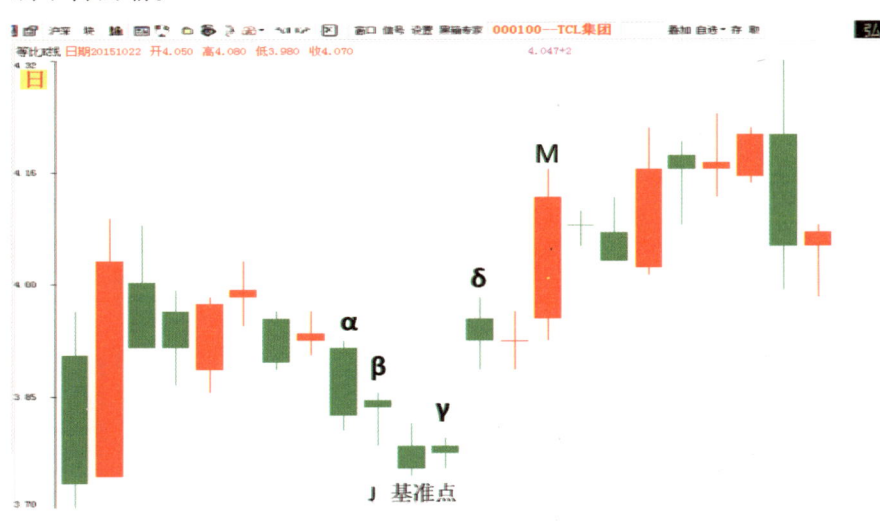

图 12.5.B　TCL 集团日线走势图

破译趋势基因

图 12.5.B 是 000100——TCL 集团从 2015 年 9 月 15 日到 2015 年 10 月 22 日的日 K 线走势图，图中我们可以看到一个微趋势上涨基础，波段的最低点出现在 2015 年 9 月 29 日的日 K 线上，标记为基准点 J。当基准点 J 确定以后，出现了符合要求的基础结构，基准点左边一根 K 线是 β，是 2015 年 9 月 28 日的日 K 线，可以看到这根 K 线的最高价与最低价都高于基准点的最高价与最低价。基准点左边第二根 K 线是 α，这根 K 线是 2015 年 9 月 25 日的日 K 线，α 的最高价与最低价都高于 β 的最高价与最低价。基准点右边一根 K 线是 γ，是 2015 年 9 月 30 日的日 K 线，同样最高价与最低价都高于基准点的最高价与最低价。γ 右边第一根 K 线是 2015 年 10 月 8 日的日 K 线，这根 K 线是 δ，最高价与最低价都高于 γ 的最高价与最低价，δ 的最高价是 3.980。δ 右边第一根 K 线是 2015 年 10 月 9 日的日 K 线，最高价 3.960，低于 δ 的最高价，不符合反转点标准。δ 右边第二根 K 线是 2015 年 10 月 12 日的日 K 线，最高价 4.160，高于 δ 的最高价，创新高，可以确定反转点 M，可以看到途中的微趋势上涨基础属于右大左小的情况，所以上涨力度强而下跌力度弱。根据我们前面提到的规律，M 点出现之后，股价往往会出现反转，两相结合，可以看到黑色 M 点出现之后股价经过小幅调整再创新高。

周线上的微趋势跟踪案例如下：

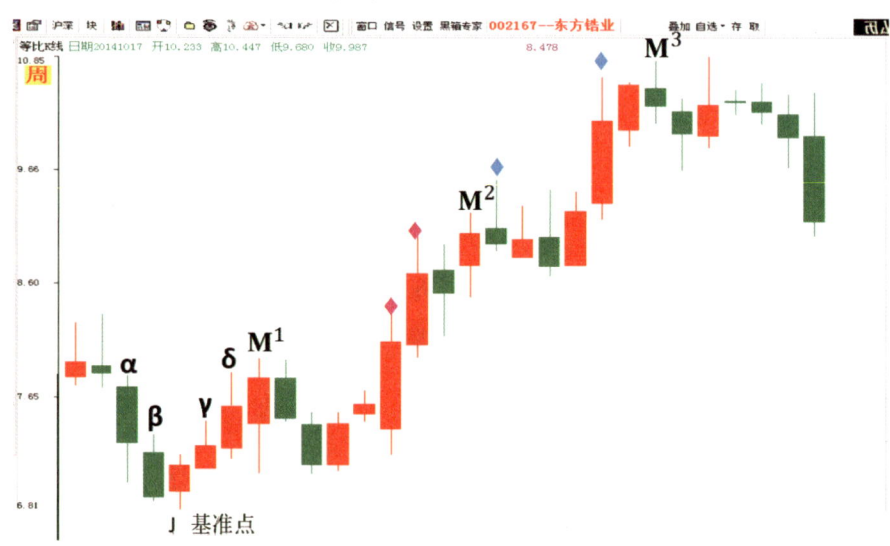

图 12.5.C　东方锆业周线走势图

图 12.5.C 是 002167——东方锆业从 2013 年 10 月 12 日到 2014 年 10 月 24 日的周 K 线走势图，图中左侧波段的最低价是 2013 年 11 月 11 日到 15 日的周 K 线，最高价 7.207，最低价 6.813，我们把它标记为基准点 J。当基准点 J 确定以后，出现了符合要求的基础结构，基准点左边一根 K 线是 β，这根 K 线是 2013 年 11 月 4 日到 8 日的周 K 线，最高价是 7.360 高于基准点最高价，最低价是 6.867 高于基准点最低价，基准点左边第二根 K 线是 2013 年 10 月 28 日到 11 月 1 日的周 K 线，最高价是 7.820 高于 β 最高价，最低价 7.000 高于 β 最低价，所以这根 K 线是 α。基准点右边第一根 K 线是 γ，是 2013 年 11 月 18 日到 22 日的周 K 线，同样最高价与最低价都高于基准点的最高价与最低价。γ 右边第一根 K 线是 2013 年 11 月 25 日到 29 日的周 K 线，这根 K 线是 δ，最高价与最低价都高于 γ 的最高价与最低价，δ 的最高价是 7.840，γ 和 δ 之间无间隔，符合微趋势基础结构要求，可以展开微趋势跟踪。δ 右边是 2013 年 12 月 2 日到 12 月 6 日的周 K 线，最高价 7.960，比 δ 最高价高 0.12 元，创出新高，可以确定反转点 M^1。根据我们前面提到的规律，M^1 点出现之后，股价往往会出现反转，可以看到 M^1 点出现之后股价出现了持续两周的下跌。

之后股价开始触底，到 2014 年 7 月第一周以长阳线突破前期高点，创出新高，图 12.5.C 中我们用粉红色菱形标记创新高的点。2013 年 7 月 7 日到 11 日的周 K 线是一根长阳线，再次创出新高，之后一周股价小幅调整，未创出新高，直到 2013 年 7 月 21 日到 25 日的周 K 线长阳线再创新高。第三次创新高，出现反转点 M^2，下一周股价再次创出新高后开始下跌，用蓝色菱形标记创新高的点。持续三周的下跌之后，股价从第四周（2014 年 8 月 18 到 22 日）开始反弹，2014 年 8 月 25 日到 8 月 29 日的周 K 线创出新高（图中第二个蓝色菱形标识）。之后股价调整一周后再次上涨，最终 M^3 出现在 2014 年 9 月 8 日到 12 日的周 K 线上。前文中我们讲到，微趋势跟踪时，最多出现三个反转点，也就是说 M^3 点之后，股价将会出现下跌。图 12.5.C 中我们可以看到，股价在

M^3 点出现之后出现大幅下跌。

日线上的微趋势跟踪案例如下：

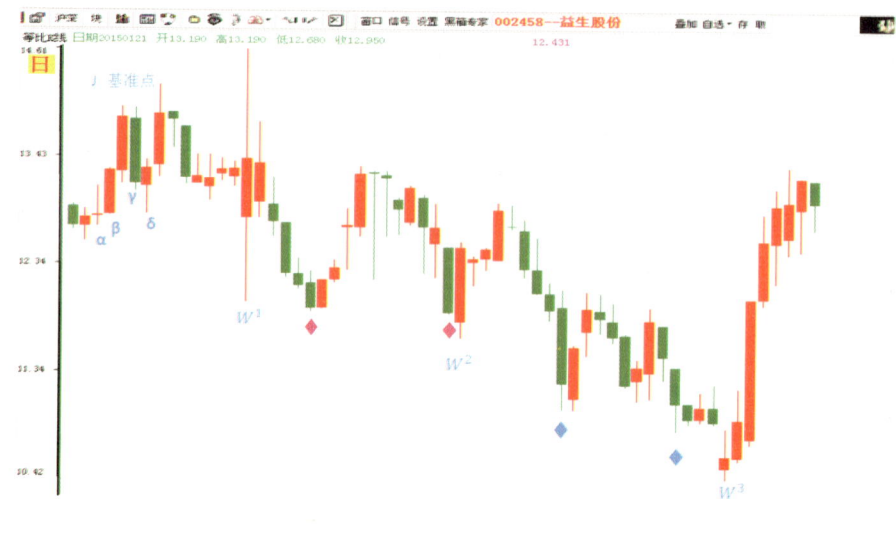

图 12.5.D 益生股份日线走势图

　　图 12.5.D 是 002458——益生股份从 2014 年 9 月 9 日到 2015 年 1 月 21 日的日 K 线走势图，图中左侧波段的最高点是 2014 年 9 月 15 日的日 K 线，最高价 13.960，最低价 13.130，我们把它标记为基准点 J。当基准点 J 确定以后，出现了符合要求的基础结构，基准点左边一根 K 线是 β，是 2015 年 9 月 12 日 K 线，最高价 13.290 低于基准点最高价，最低价 12.810 低于基准点最低价。基准点左边第二根 K 线是 α，这根 K 线是 2014 年 9 月 11 日的日 K 线，最高价 13.110 低于 β 最高价，最低价 12.700 低于 β 最低价。基准点右边一根 K 线是 γ，是 2014 年 9 月 16 日的日 K 线，最高价 13.940 与最低价 13.050 都低于基准点的最高价与最低价。γ 右边第一根 K 线是 2014 年 9 月 17 日的 K 线，这根 K 线是 δ，最高价 13.390 与最低价 12.830 都低于 γ 的最高价与最低价，δ 的最低价是 12.830。δ 之后股价经历了一波横盘震荡，在 7 个交易日内股价都没有创出新低，直到 2014 年 11 月 17 日股价出现了很

长的上影线和很长的下影线，最低价 11.970，跌破了 δ 的最低价创出新低，可以确定反转点 W^1。根据我们前面提到的规律，W^1 点出现之后，股价往往会出现反转，可以看到 W^1 点出现之后股价又上涨了 1 个交易日，之后开始下跌，但是 11 月 17 日这天的下影线实在很长，股价连续下跌了 4 个交易日才在 2014 年 11 月 24 日这根 K 线创出新低（图中用粉色菱形标记创新低的点）。股价在经历了一轮涨跌之后于 2014 年 12 月 9 日以一根大阴线跌破前期低点，创出新低（图中第二个粉色菱形标记），次日股价第三次创出新低，W^2 点确定，与 W^1 点相同。W^2 点出现之后，股价往往也会出现反转，可以看到 W^2 点出现，股价连续上涨 4 个交易日才开始见顶回落，之后又连续下跌 5 个交易日，股价于 2014 年 12 月 22 日创出新低（图中蓝色菱形标记）。之后股价又经历一轮涨跌，2015 年 1 月 6 日创新低（第二个蓝色菱形标记），4 个交易日之后，股价低开高走，再创新低，W^3 点确定。在进行微趋势跟踪时，最多出现三个反转点，也就是说 W^3 点之后，股价将会出现上涨，图 12.5.D 中我们可以看到，W^3 点出现之后股价开始大幅上涨，涨幅高达 23.31%。

微趋势跟踪广泛应用于日线，股市中更需要见微知著。在应用微趋势跟踪时，很多小的细节往往预示着股价后期的变化。

小 结

股市风起云涌，瞬息万变，在实战之中对微趋势的使用也要根据当下的实际情况而灵活多变。也许微趋势在所有预测方法中并不是最好的，但不可否认，微趋势的提出和发现是具有开创性意义的，它必然是股市预测学桂冠上最璀璨的明珠之一。

结束语

　　艺不压身，博学多识。在复杂的股市里，靠精简制胜是掩耳盗铃、自欺欺人，我们要适应这种复杂、适应这种变化。

　　在股市中，实战是检验真理的唯一标准。股市中的方法和技巧都是实用至上的，对于投资者来说，理论再完善、方法再精巧，如果不能为我所用，带来收益，就没有太大的意义。所以真正有价值的方法和理论都是经历过各方面考验，并且能够真正适用于广大投资者的。历经考验的投资方法不难获得，但是适合自己的投资方法却是万金难求——有的方法适合长线操作，有的方法适合短线获利；有的方法激进，有的方法保守；有的适合牛市追利，有的适合熊市保本……甚至同样的方法不同的人使用会有不同的结果。

　　所以作为投资者要保持旺盛的学习欲，不断学习新的知识，即使找到了适合自己的方法也要对它不断进行完善，最终形成自己的一套交易模型和投资理念，这样才能实现长久获利。

　　本书中笔者提到的理论和方法，也许并不是每一个都适合你，然而寸有所长，尺有所短。每个人都有擅长的东西，所以我们每个人应该抱有一种谦虚的学习心态，就像孔子向7岁的项橐学习那样。圣人孔子为什么要拜7岁的小孩为师，并向他学习？因为三人行必有我师，有一点值得你学习的东西就够了，其他的都不重要。我们要像一块海绵，尽可能地去吸取，不要有偏见，可以有意见，但是需要自己钻研，也许属于你的那一份宝藏就埋藏在书中某个不起眼的角落，静静等待你来发掘。

后 记
——阅读是一种智慧

☆如果猩猩会读书

文字，实在是人类历史上最伟大的发明。

文字产生了书籍，书籍使传承变得更有效率；传承产生了智慧，智慧使人类统治了地球。就像高尔基所说："书籍是人类进步的阶梯。"书籍是知识得以传承的基石，是人类文明发展和延续的载体。

人类一直以万物之灵自居，一直是自然界最具智慧的种族，但你是否思考过这样一个问题：人类的智慧来自哪里？

在探究这个问题之前，我们不妨先来看下面一组事实：

1. 黑猩猩会制作和使用简单的工具。

2. 鹦鹉对图形的记忆力非常出众，甚至能做数学题。

3. 章鱼特别善于模仿，并且能够通过思考来解决复杂的问题。

4. 大象有家族和自我的概念，并且记忆力很好。

5. 海豚除了有自我认知和死亡的概念，还有强烈的同情心和好奇心——恐怕这也是许多人被他们拯救的原因。

6. 逆戟鲸有复杂的逻辑思维和丰富的情感，甚至会表现出鲜明的"个性"。

尽管很聪明，也仅是动物的智慧。这些"不学无术"的家伙们的智慧只能达到这样的程度。

那么，人如果不读书呢？

模型理论 ③ 破译趋势基因

鲁德雅德·吉卜林曾写过一本叫作《丛林奇谈》的书（或者有些人看过由这本书改编的迪士尼动画《丛林王子》），书中讲述了一个由野兽抚养长大的男孩莫格利的故事，故事本身或许玄奇梦幻，素材却是取自现实。

来自网络上的数据显示：截止到20世纪50年代末，科学上已知有30例孩童在野外长大的案例，这些案例中大部分孩童是由野兽抚养长大，其中最著名的就是印度"狼孩"。

但这些孩子无一例外像野兽多过像人，并且其智商大多只有三到四岁的程度。除非这些在不同时期、不同地区发生的案例中的"莫格利"都非常巧合的在先天上有缺陷（当然，提出这种可能仅是出于对概率学的尊重），那么我们可以证明：把人类孩童放到野兽的环境中，他也只会成为野兽而不是人，甚至不会体现出智商上的优越性。

人之所以成为人，并非天生高贵或者智商超群，而是因为知识和经验的传承，而传承的最主要方式就是学习，学习的最主要方式就是阅读。几乎所有的知识、经验、智慧和技能都可以通过阅读来获得。

所以智慧来自阅读。

我们有理由相信，如果黑猩猩能够学会阅读的话，它们将有可能进化为真正的智慧生物。

☆ 别让阅读如此难熬

当我们在生活中遭受挫折而有感于自己能力的不足时，当我们不安于现状而渴望获得更多时，学习往往就是摆脱困境或者谋求进步的最佳方式。

我们翻开一本书，往往是因为意识到了自己需要掌握这些知识，或者意识到了书中的这些知识的价值。

理智告诉我们需要汲取这些知识，但当我们硬着头皮翻开书，那些密密麻麻的蝇头小楷只会让我们感到厌烦，犹如催眠的歌声一般放大我们的疲倦和困意。实际上，就在不久之前，笔者的一个朋友还对我说我推荐给他的床头读物治愈了他的失眠症。

笔者由衷地为他可以睡个好觉而感到高兴，同时也为这位朋友的阅读习惯感到惋惜——在笔者看来，他根本不懂该如何读书。

☆一本书的正确打开方式

为何阅读对我们来说如此难熬？

原因有很多，但最重要的一点是兴趣，在做大多数事情的时候，疲惫与困倦都是产生在厌烦的基础上，很多时候我们并不是真的累了，而是无聊和厌烦让我们感觉到疲惫，人在做他感兴趣的事情的时候从来不会疲惫。

阅读也是如此，对于一本书来说，如果你并非真的喜爱其中的内容或者需要其中的知识，就不要翻开它，除非你也想靠它治愈失眠症。

很多时候选择一本你真正感兴趣的书才是成功阅读的第一步，强行阅读一本自己不喜欢的书无疑是一种自我折磨。

另外，当你觉得阅读让你感到疲惫或者不快时不妨换个时间，换个方式来试试。

如何保持你对一本书的兴趣？

关键在于心态，如果你想达到较好的阅读效果，就千万不要强迫自己读书。在读书时，找一个让自己舒服的心态远比找一个让自己舒服的姿势更能提高效果。

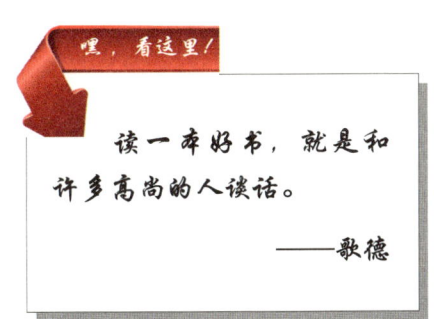

嘿，看这里！

读一本好书，就是和许多高尚的人谈话。
——歌德

良好的读书心态能够让我们长时间地保持对阅读的热情，反之，不好的心态只会让我们在阅读时心情越来越糟糕。

一本好书既像朋友又像老师，我们不应该为了读书而去读书，最好是抱着自我提升的心态，慢慢地去阅读，要让读书成为一种享受。

在阅读时还需要注意的一点就是最好要有明确的阅读目的（当然，小说、杂志这一类文学作品不在此列），《庄子·养生主》中有这样一段话："吾生也有涯，而知也无涯。以有涯随无涯，殆已！"说的就是人生短暂，而知识是无穷无尽的，如果不能明确自己的目的，汲取对自己有用的知识，而眉毛胡子一把抓的话，最终只能"殆矣"。

所以用有限的时间去尽可能获取对自己最有用的知识，才是阅读最重要的意义，也是最难把握的一点。

《三国演义》中水镜先生司马徽向刘备推荐诸葛亮的时候有这样一段话："孔明与博陵崔州平、颍川石广元、汝南孟公威与徐元直四人为密友。此四人务于精纯，惟孔明独观其大略。尝抱膝长吟，而指四人曰'公等仕进可至刺史、郡守'众问孔明之志若何，孔明但笑而不答。每常自比管仲、乐毅，其才不可量也。"

诸葛亮以智名闻天下，天赋并不一定比它的几位好友要高，但为何最终成为"功盖三分国，名成八阵图"的诸葛武侯？原因就在于读书之法，他的几位好友是"务于精纯"，唯独诸葛亮是"观其大略"，这就是读书目的的不同。

务于精纯是为学之道，观其大略是为实之道，一个强调深度，一个强调广度，对于大多数人来说，两者间并没有本质上的优劣之分。从股市学习的角度讲，依前者读书可为专才，依后者读书可为通才，如果你想成为某一方面的专家学者，就"务于精纯"通于一道，达于一道，能人所不能，但在处理实际问题的能力方面难免有所欠缺。

而如果想要成为实践派大师，就需要知识面足够宽广，在读书时就要注重对知识的全面性掌握和知识领域的开拓。只有拥有渊博的知识，才能对股市中的各种现象及成因了如指掌，面对股市中的变化才能够波澜不惊、从容应对。

这就是阅读目的的重要性。笔者的建议是：如果你真的需要某一方面的知识的话，最好培养自己在这方面的兴趣和爱好，就像孔子说的：

"知之者不如好之者,好之者不如乐之者。"兴趣永远是阅读的最佳动力。

对于阅读,最后还要提及的一点就是阅读习惯,阅读时的习惯对一个人的影响是巨大的,养成好的阅读习惯将有助于提高阅读的效率,因为每个人都是独一无二的,所以不能武断地认为什么样的习惯是好的阅读习惯,因为同样的习惯,在一些人身上会起到正面的效果,而在另一些人身上则会完全呈现负面效果。

但发现并培养对自己有利的读书习惯是增加阅读趣味性,提高阅读效率的好方法。

下面笔者列举一些适用面较广的阅读习惯,希望能够对各位读者有所帮助。

1.书籍不要完全堆在书架上,那样它们只会起到装饰作用(当上面落满灰尘时甚至连装饰作用都不会有),把你正在读、经常读或者喜欢读的书放在你的身边,比如床头柜、沙发、茶几、车里甚至随身携带,这样当电视剧中插播广告或者堵车时你就可以拿出书来读一读。

很多好书是值得随身携带的,晋朝有一本记录用常见草药或方法处理急性病症的医书,因为作者认为很值得随身携带,就给它命名为《肘后备急方》。因为古代的衣服都是宽袍大袖,装东西都是装在袖子里面肘后的位置,如果是在今天写成估计会被叫作《兜里必备急救指南》。

2.找到适合自己的读书方法,比如流传较广的"三遍读书法""兴趣阅读法"等,也可以借鉴名人的经验,比如鲁迅先生的"跳读"法;舒庆春先生(老舍)的"印象"法;著名数学家华罗庚的"厚薄"法;散文家余秋雨的"畏友"读书法等。当然,别人走过的路可以借鉴,但最适合自己的读书方法还需要每个读者自己去探索。

> 嘿,看这里!
>
> 播种行为,可以收获习惯;播种习惯,可以收获性格;播种性格,可以收获命运。
>
> ——萨克雷

3.养成做读书笔记的习惯，或者读完一本书后随手写下心得，这样以后可以只通过寥寥数语的笔记就想起书中的知识，也方便以后"温故而知新"，回忆起初次阅读时的感受也许会有新的体悟。

就像毛主席的老师徐特立先生说的那样："不动笔墨不读书。"

阅读是掌握前人智慧和经验的最好方法，也是谋求自身进步和发展的最好方法，每个人都需要阅读，为什么要让阅读成为一种煎熬呢？

笔者希望这本书能够给大家带来知识的同时带给大家愉快的阅读体验。

如果您对本书中的内容有任何疑问或者建议，可以扫描下面的二维码添加模型理论公众号，与我们进行沟通。